U0553312

BLUE BOOK

智 库 成 果 出 版 与 传 播 平 台

装备制造业蓝皮书

BLUE BOOK OF EQUIPMENT MANUFACTURING INDUSTRY

中国装备制造业发展报告（2022）

REPORT ON THE DEVELOPMENT OF EQUIPMENT MANUFACTURING
INDUSTRY IN CHINA (2022)

研　创／机械工业经济管理研究院

主　编／徐东华　史仲光
副主编／张　挺

社会科学文献出版社
SOCIAL SCIENCES ACADEMIC PRESS（CHINA）

图书在版编目（CIP）数据

中国装备制造业发展报告.2022/徐东华,史仲光
主编;张挺副主编.--北京:社会科学文献出版社,
2023.8
（装备制造业蓝皮书）
ISBN 978-7-5228-1975-4

Ⅰ.①中…　Ⅱ.①徐…　②史…　③张…　Ⅲ.①制造工
业-经济发展-研究报告-中国-2022　Ⅳ.①F426.4

中国国家版本馆 CIP 数据核字（2023）第 106244 号

装备制造业蓝皮书
中国装备制造业发展报告（2022）

主　　编／徐东华　史仲光
副 主 编／张　挺

出 版 人／冀祥德
责任编辑／张建中
文稿编辑／刘　燕
责任印制／王京美

出　　版／社会科学文献出版社·政法传媒分社（010）59367126
　　　　　地址：北京市北三环中路甲 29 号院华龙大厦　邮编：100029
　　　　　网址：www.ssap.com.cn
发　　行／社会科学文献出版社（010）59367028
印　　装／三河市东方印刷有限公司

规　　格／开　本：787mm×1092mm　1/16
　　　　　印　张：22.5　字　数：336 千字
版　　次／2023 年 8 月第 1 版　2023 年 8 月第 1 次印刷
书　　号／ISBN 978-7-5228-1975-4
定　　价／168.00 元

读者服务电话：4008918866

装备制造业蓝皮书编委会

顾　　　问　　何光远　　包叙定　　邵奇惠　　王瑞祥　　王天凯
　　　　　　　王淀佐　　陈士能　　陆燕荪　　孙祖梅　　李勇武
　　　　　　　苏　波　　马忠智　　马向晖　　高德柱　　李寿生
　　　　　　　张晓林　　尹成杰　　张　峰　　王永志　　李永安

主　　　编　　徐东华　　史仲光

副　主　编　　张　挺

主要执笔人　　王　茜　　袁星煜　　李河新　　周永亮　　宋　嘉
　　　　　　　李　鹏　　郭文娜　　王　辉　　童　童　　梁永胜
　　　　　　　智一歌　　王铁印　　聂喜荣　　张雍达　　张菁如
　　　　　　　蔡　鑫　　郭　威　　杨湉湉　　栗蕾乔　　黄嘉桐
　　　　　　　安　晨　　褚　祺　　宋爱民　　牛丽娜　　吕汉阳
　　　　　　　戚　悦　　赵　妍　　黄靖宇　　李天洋

主要编撰者简介

徐东华 国家二级研究员、教授级高级工程师、编审、享受国务院政府特殊津贴专家,机械工业经济管理研究院党委书记、院长,《智慧中国》杂志社社长、总编辑,国家重大技术装备专家委员会委员。曾任中共中央书记处农村政策研究室副研究员,国务院发展研究中心研究员、研究室主任,国务院国资委研究中心研究员,中国机械工业联合会专家委员,中国石油和化学工业联合会专家委员,国家发展改革委工业项目评审委员,福建省政府、德州市政府等经济顾问。参加了国家"八五"至"十四五"国民经济和社会发展规划研究工作,我国多个工业主管部委的产业政策、行业发展规划工作,以及我国制造业、装备制造业发展规划工作,所撰写的研究报告多次被中央政治局常委和国务院总理等领导批转到国家经济综合部、委、办、总局,其政策性建议被采纳。兼任中共中央"五个一工程奖"评委,中央电视台特邀财经观察员,中国社会科学院经济所、金融所、工业经济所博士生答辩评审委员,北京大学光华管理学院、清华大学经济管理学院、中国传媒大学、北京化工大学、厦门大学兼职教授,长征火箭股份有限公司等上市公司独立董事。在《经济日报》《光明日报》《经济参考报》《求是》《经济学动态》《经济管理》等报刊发表百余篇理论研究文章。

史仲光 教授级高级工程师,机械工业经济管理研究院副院长兼职业发展与评价研究所所长、机械工业职业技能鉴定指导中心执行主任。具有30余年机械行业从业经历,在机械企业曾从事产品设计、质量管理、生产管理、战略规划和综合管理工作 16 年，在机关和事业单位从事机械行业、轻工行业发展规划制定，质量管理，职业技能鉴定工作 15 年。主持和参与了 2015 年版《中华人民共和国职业分类大典》（机械部分）和《中国机械工业职业发展观察报告》(2013) 的编写，主持并参与了"机械工业职业技能鉴定工作管理体系研究"(2003)、"2004~2010 年机械工业高技能人才队伍建设振兴方案的研究"(2004)、"机械工业标准化职业培训认证体系研究" (2005)、"机械行业国家职业（工种）分类体系研究"(2007) 课题。主持并参与了《电站锅炉》《电线电缆》《数控机床》中关于劳动定额标准的编审，以及《车工》《铣工》《变压器制造工》《汽车装调工》《轴承制造工》《弹簧工》《数控机床装调维修工》《工程机械维修工》《电梯安装维修工》《模具工》《汽车技术服务师》等百余本国家职业标准和职业培训教程的编写与审定工作，这些作品由中国劳动社会保障出版社或机械工业出版社出版发行。

张 挺 管理学博士，高级经济师，机械工业经济管理研究院院长助理、产业经济研究所所长、重大技术装备研究中心主任、环境能源研究所所长。主要研究方向为复杂系统理论、产业经济等。入选 2021 年度"中国产业研究青年学者百强"。参与编写出版了 2017~2022 年《装备制造业蓝皮书：中国装备制造业发展报告》和《PPP 模式：全流程指导和案例分析》等专著。先后参与编制了国机集团、一重等大型央企咨询课题，国家发展改革委、国务院国资委、工业和信息化部等中央部委，北京市、天津市等地方省市课题 30 余项。主持了制造业上市公司创造价值百强报告、制造业上市公司 ESG 发展评价等研究项目。在《管理世界》《中国人口·资源与环境》《宏观经济管理》等权威核心刊物发表文章多篇。

摘　要

　　装备制造业，是为满足国民经济发展和国家安全需求而制造各种技术装备的产业总称。"十四五"时期，我国装备制造业对国民经济发展的支撑引领作用显著增强，企业竞争力明显提升，国际影响力持续提高，但同时存在供给结构不合理、产业基础和创新能力较弱、供需两侧循环不畅等问题，需大力推动装备制造业高端化、智能化、绿色化、国际化发展，为我国经济社会发展和国家战略安全提供坚实保障。

　　《中国装备制造业发展报告（2022）》分为总报告、行业篇、企业篇和专题篇。总报告介绍了 2021 年中国装备制造业的产业规模、经济运行、产业结构、技术创新及对外经济概况，提出当前产业发展中面临的主要问题，在对发展面临的外部环境和投资状况进行分析，对未来发展前景进行展望的同时从多个方面提出发展建议。行业篇从产业规模、经济运行、行业结构、技术水平等方面对 2021 年电工电器、工程机械、农业机械、机床工具、石化装备、仪器仪表六个细分行业领域的发展情况进行了系统研究，结果表明各行业处于逐步复苏阶段，发展增速稳步提高，部分核心技术取得重大突破，但仍存在自主创新能力不强、产业结构不合理等问题，并提出了相应的发展建议。企业篇介绍了中国制造业上市公司价值创造情况，制造业上市公司在资产价值、产业价值、创新价值等方面均有优异表现，总结了装备制造行业中技术创新企业的典型案例。专题篇对 2021 年国际装备制造业的发展概况进行了研究，并分析了美国、德国、日本装备制造业发展趋势及产业布局。此外，系统研究了国际及我国工业互联网行

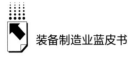

业的发展概况，分析了我国工业互联网行业面临的主要挑战，提出了坚持创新驱动、降低使用门槛等发展对策。

关键词： 装备制造业　产业发展　产业结构

目 录 ↖⟍

I 总报告

Ⅱ　行业篇

Ⅲ　企业篇

Ⅳ　专题篇

皮书数据库阅读**使用指南**

总 报 告
General Reports

B.1
中国装备制造业发展概况

徐东华*

摘　要： 本报告主要从产业规模、经济运行、产业结构、技术创新等方面整理总结了2021年中国装备制造业的发展概况。"十四五"开局之年，装备制造业的增加值增速明显恢复，资产规模稳步增长，固定资产投资增速大幅上升，产品结构持续升级。目前，中国装备制造业整体运营状况较好，营业收入稳步增长，营业成本增速上升，利润总额平稳提高，营运能力及盈利能力均有所提升，偿债能力基本持平。从细分行业看，主要行业的资产规模出现分化特征。在技术创新方面，中国装备制造业研发经费支出保持稳步增长，科技创新能力和水平不断提升。在对外经济方面，中国装备制造业对外贸易增速提升，对外直接投资稳步增长，外商投资力度加大。党的二十大报告强调要推动制造业高端化、智能化和绿色化发展。

---

* 徐东华，国家二级研究员、享受国务院政府特殊津贴专家，国务院国资委机械工业经济管理研究院党委书记、院长，《智慧中国》杂志社社长、总编辑。

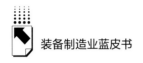

当前中国装备制造业面临的问题主要有以下几方面。在经济运行方面，总体来说，中国制造业整体恢复势头趋缓、行业企业的亏损面改善乏力、应收账款上升、原材料价格上涨压力持续释放。在"补短板"方面，中国装备制造业存在核心技术自控力相对薄弱、协同创新机制不健全等问题。在"锻长板"方面，存在先进装备推广应用受阻、标准体系尚不完备等问题。在产业结构方面，存在高端化发展水平有待提升、产业链协同格局尚待构建、集群建设效应有待增强等问题。在发展模式方面，存在数智化转型动力不足、绿色低碳转型滞后、产业融合深度不足等问题。

关键词： 装备制造业　产业结构　技术创新　中国

一 2021年中国装备制造业①产业规模概况

（一）增加值增速显著反弹

2021年中国装备制造业增加值的增长速度为12.9%，与2020年相比增长6.3个百分点，超过全国工业增加值增速3.3个百分点，高于全国制造业增加值增速3.1个百分点。因此，装备制造业对制造业增长贡献突出。装备

---

① 全书所指装备制造业按照《国民经济行业分类》（GB/T 4754—2017），主要包括：34通用设备制造业，35专用设备制造业，36汽车制造业，37铁路、船舶、航空航天和其他运输设备制造业，38电气机械和器材制造业，39计算机、通信和其他电子设备制造业，40仪器仪表制造业，43金属制品、机械和设备修理业。按照传统行业管理分为农业机械行业，内燃机行业，工程机械行业，仪器仪表行业，文化办公设备行业，食品包装机械行业、石化通用行业，重型机械行业，机床工具行业，电工电器行业，汽车行业，通用基础件行业，铁路、船舶、航空航天和其他运输设备行业，机器人与智能制造行业，其他民用机械行业，计算机、通信和其他电子设备行业等16个行业。

制造业增加值占全国规模以上工业增加值的 32.4%，较 2020 年下降 1.3 个百分点。其中，中国机械工业增加值的增长速度在 2021 年达到 6.00%，同比增长 0.90 个百分点。按月份看，由于疫情因素的影响，1~2 月，机械工业增加值增速大幅降低，下半年恢复积极增长，全年呈现逐月恢复性上升趋势（见表 1）。

表 1　2021 年中国工业和机械工业增加值增速

单位：%，个百分点

月份	工业			机械工业		
	本月	累计	累计同比增减	本月	累计	累计同比增减
1~2	—	35.1	48.6	—	-28.30	-30.30
3	14.1	24.5	32.9	-10.10	-19.00	-25.30
4	9.8	20.3	25.2	8.60	-9.70	-14.70
5	8.8	17.8	20.6	10.10	-4.60	-9.00
6	8.3	15.9	17.2	9.00	-1.50	-5.70
7	6.4	14.4	14.8	13.80	1.20	-2.70
8	5.3	13.1	12.7	11.50	2.50	-1.60
9	3.1	11.8	10.6	12.80	3.80	-0.30
10	3.5	10.9	9.1	12.70	4.80	0.50
11	3.8	10.1	7.8	11.10	5.50	0.80
12	4.3	9.6	6.8	10.60	6.00	0.90

注：如无特殊说明，本报告数据均来自国家统计局网站和机械工业联合会。
资料来源：国家统计局网站、机械工业联合会。

2021 年，8 个细分行业增加值增速都是积极的，且除了汽车制造业外，其他 7 个行业增加值增速同 2020 年相比都呈增长态势，其中铁路、船舶、航空航天和其他运输设备制造业，计算机、通信设备及其他电子设备制造业，仪器仪表制造业，金属制品、机械和设备修理业这 4 个行业增加值增速提升值较大，均不低于 8 个百分点（见表 2）。

表2 2021年中国装备制造业细分行业增加值增速及同比增减情况

单位：%，个百分点

行业	2020 年增速	2021 年增速	同比增减
通用设备制造业	5.1	12.4	7.3
专用设备制造业	6.3	12.6	6.3
汽车制造业	6.6	5.5	-1.1
铁路、船舶、航空航天和其他运输设备制造业	-0.3	8.4	8.7
电气机械及器材制造业	8.9	16.8	7.9
计算机、通信设备及其他电子设备制造业	7.7	15.7	8.0
仪器仪表制造业	3.4	12.0	8.6
金属制品、机械和设备修理业	-3.3	5.5	8.8

资料来源：国家统计局网站。

（二）资产规模稳步增长

中国装备制造业资产规模在 2021 年累计达到 461368.2 亿元，同比增长 11.73%，增速较 2020 年提升 3.49 个百分点。按月份看，装备制造业资产规模同比增速全年保持在 10% 以上，1~10 月增速呈现平稳下降趋势，11~12 月出现回升（见图 1）。

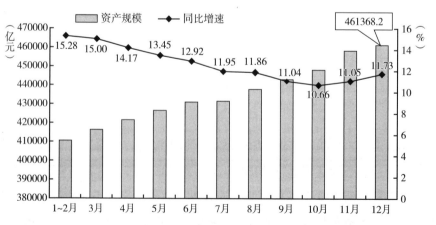

图 1 2021 年 1~12 月中国装备制造业累计资产规模及同比增速

资料来源：国家统计局网站。

（三）行业固定资产投资增速大幅提升

2021 年，装备制造业细分行业固定资产投资增速大幅提升。其中，金属制品、机械和设备修理业的提升幅度最大，同比增长 74.9 个百分点。仅汽车制造业的固定资产投资出现下滑，其他 7 个行业均实现正增长（见表 3）。

表 3　2020~2021 年中国装备制造业细分行业固定资产投资增速对比

单位：%，个百分点

行业	2020 年	2021 年	同比增减
通用设备制造业	−6.6	9.8	16.4
专用设备制造业	−2.3	24.3	26.6
汽车制造业	−12.4	−3.7	8.7
铁路、船舶、航空航天和其他运输设备制造业	2.5	20.5	18.0
电气机械及器材制造业	−7.6	23.3	30.9
计算机、通信设备及其他电子设备制造业	12.5	22.3	9.8
仪器仪表制造业	−7.1	12.0	19.1
金属制品、机械和设备修理业	−31.3	43.6	74.9

资料来源：国家统计局网站。

（四）产品结构持续升级

2021 年，战略性新兴产品、新动能产品、绿色能源产品的产量均实现快速增长，为中国装备制造业的高质量发展注入了动力。同时，中国装备制造业的主要产品生产量稳步增长，带动中国装备制造业经济不断发展与壮大。

一是新能源汽车等战略性新兴产品产量保持大幅增长。技术创新推动了新产品的迅速发展，而居民消费的不断升级，也给战略性新兴产品的发展提供了巨大的舞台。2021 年，新能源汽车的总产量高达 354.5 万辆，同比增长 1.6 倍，各月均保持成倍增长势头。新能源汽车市场渗透率达到 13.4%，与 2020 年相比增长了 8 个百分点。分车型看，纯电动汽车、插电式混合动力汽车、燃料电池汽车的产量分别为 294.2 万辆、60.1 万辆、0.2 万辆，同比分别增长 1.7 倍、1.3 倍、48.7%。①

二是工业机器人等工业新动能产品产量保持高速增长。当前工业互联网和智能制造已进入实质性应用阶段，企业在自动化生产、在线运维等方面数字化转型成效明显。② 2021 年中国工业机器人的总产量为 36.6 万台（套），与 2020 年相比增长了 67.9%。

三是太阳能电池等绿色能源产品产量保持较快增长。在"双碳"目标等政策的引导下，中国装备制造业的绿色低碳转型加快推进。2021 年，中国太阳能电池总产量为 23405.4 万千瓦，较 2020 年增长 42.1%。大气污染防治设备总产量为 480837 台（套），较 2020 年增长 15.4%。

四是微型计算机设备等主要工业产品产量实现持续增长。我国工业复苏显著，2021 年社会生产力持续提高，主要产品产量进一步增长。2021 年，中国微型计算机设备总产量为 46692 万台，与 2020 年相比增长 22.3%。

二 2021年中国装备制造业经济运行概况

（一）整体运行稳中向好

1.营业收入稳步增长

2021 年，中国装备制造业的营业收入总计 420565.7 亿元，呈稳步增长态势，营业收入较 2020 年增长 15.66%，营业收入增速较 2020 年增长 11.05 个百分点。从月度数据来看，2021 年各月的营业收入相对于 2020 年均有所提升，其中 1~2 月的增幅最大，达到 64.58%，9 月的增幅最小，为 3.80%，同比增速呈现先降后升趋势（见图 2）。

---

① 《2021 年 12 月汽车工业经济运行情况》，工业和信息化部网站，2022 年 1 月 13 日，https：//www.miit.gov.cn/gxsj/tjfx/zbgy/qc/art/2022/art_ 63f16aa43e3543c28bb285b7dc759eea.html。
② 《工业实力持续增强 转型升级成效明显——党的十八大以来经济社会发展成就系列报告之三》，国家统计局网站，2022 年 9 月 15 日，http：//www.stats.gov.cn/xxgk/jd/sjjd2020/202209/t20220915_ 1888243.html。

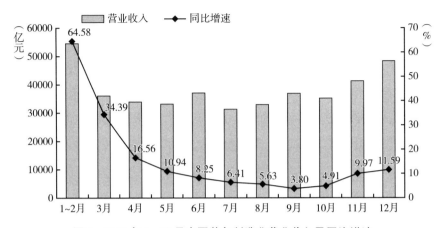

图 2　2021 年 1～12 月中国装备制造业营业收入及同比增速

资料来源：国家统计局网站。

2. 营业成本增速上升

2021 年，中国装备制造业发生营业成本 354985.4 亿元，较 2020 年增长了
14.74%，增速较上年上升了 10.43 个百分点。从月度数据来看，2021 年各月的
营业成本相对于 2020 年均有所提升，同比增速整体呈现先大幅回落，后波动回
升的态势，与营业收入的同比增速趋势基本一致。营业成本的同比增速同样在
1～2 月达到最大值，为 62.29%。9 月的增幅最小，为 3.55%（见图 3）。

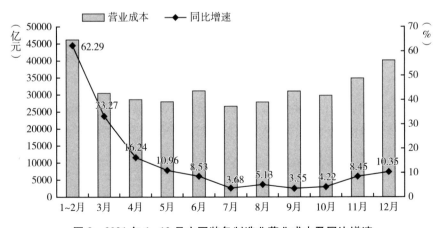

图 3　2021 年 1～12 月中国装备制造业营业成本及同比增速

资料来源：国家统计局网站。

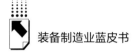

3. 利润总额平稳提高

2021 年，中国装备制造业相关企业利润总额达到 25805 亿元，较 2020 年增长 15.28%，增速与上年相比上升 4.31 个百分点。从月度数据来看，同比增速起伏较大。5 月、7 月、8 月、10 月、11 月 5 个月的利润总额同比有一定程度的下降，最大降幅出现在 8 月，达到-21.16%。其他 7 个月的利润总额均有所提升，尤其在 1~2 月，增幅达到了 841.78%（见图 4）。

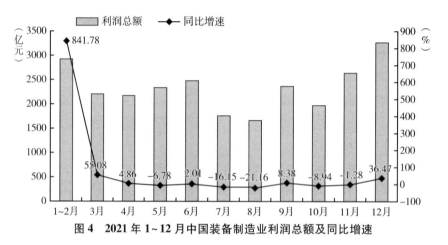

图 4　2021 年 1~12 月中国装备制造业利润总额及同比增速

资料来源：国家统计局网站。

（二）营运能力不断提升

2021 年，中国装备制造业平均总资产周转率为 96.47%，较 2020 年提升 1.9 个百分点。月度数据显示，2021 年 1~2 月，中国装备制造业资产周转率为全年最高点（13.29%），随后呈现稳定波动趋势，年末达到次高点（10.48%）（见图 5）。

（三）盈利能力略微提升

1. 营业成本率保持稳定

2021 年，中国装备制造业平均营业成本率为 84.45%，与 2020 年相比增长了 0.28 个百分点。装备制造业营业成本率总体保持稳定，维持在

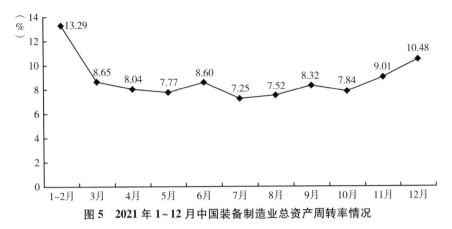

图 5 2021 年 1~12 月中国装备制造业总资产周转率情况

资料来源：国家统计局网站。

83%以上。从月度数据来看，装备制造业的营业成本率分别在 7 月和 10 月有小幅上升，全年总体呈现下降趋势，12 月达到了全年最低值（83.13%）（见图 6）。

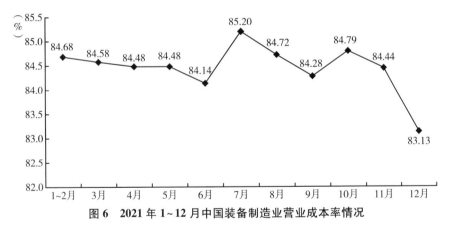

图 6 2021 年 1~12 月中国装备制造业营业成本率情况

资料来源：国家统计局网站。

2. 总资产利润率平稳提升

2021 年，中国装备制造业盈利能力向好，行业总资产利润率为 5.59%，较上年提高了 0.13 个百分点。从月度数据来看，1~2 月的总资产利润率为全年最高点（7.13%），3~10 月的总资产利润率走势相对平稳，8 月的总资产利润率为全年最低点（3.80%），11~12月增势明显，年末12月，总资产利润率升至7.09%（见图7）。

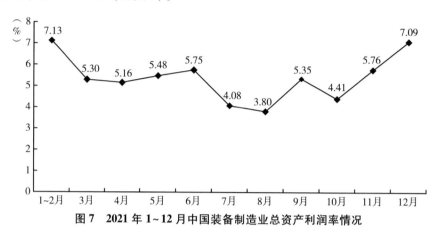

图7 2021年1~12月中国装备制造业总资产利润率情况

资料来源：国家统计局网站。

（四）偿债能力基本持平

2021年末，中国装备制造业的资产负债率为56.20%，比2020年末升高了0.08个百分点，偿债能力基本持平。从月度数据来看，装备制造业资产负债率整体呈现波动趋势，年末下降趋势明显，全年最低值为1~2月的56.13%，最高值出现在6月，为56.65%（见图8）。

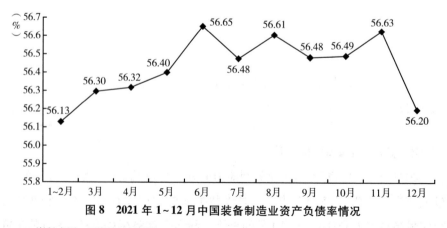

图8 2021年1~12月中国装备制造业资产负债率情况

资料来源：国家统计局网站。

三 2021年中国装备制造业产业结构概况

（一）各行业资产规模分化

2021年，中国装备制造业不同行业的资产规模呈现分化趋势。资产规模较大的三个行业计算机、通信和其他电子设备制造业，电气机械和器材制造业和汽车制造业分别占装备制造业资产规模的31.90%、19.33%和19.23%。与上年相比，除了铁路、船舶、航空航天和其他运输设备制造业外，其他各细分行业的资产规模均有不同程度的增长。从资产规模增速来看，电气机械和器材制造业的增速最快（15.66%），其次是计算机、通信和其他电子设备制造业（13.37%）（见表4）。

表4 2021年中国装备制造业细分行业资产规模及其同比增减情况

单位：亿元，%

行业	资产规模	同比增减
通用设备制造业	52456.3	8.42
专用设备制造业	50351.6	6.09
汽车制造业	88741.3	5.54
铁路、船舶、航空航天和其他运输设备制造业	18588.0	-27.67
电气机械和器材制造业	89199.1	15.66
计算机、通信和其他电子设备制造业	147178.1	13.37
仪器仪表制造业	12443.8	7.20
金属制品、机械和设备修理业	2410.0	0.84

资料来源：国家统计局网站。

（二）各行业营业收入稳定提升

2021年，中国装备制造业所有细分行业的营业收入均呈稳定上升趋势。其中，电气机械和器材制造业的增长速度最快，为23.68%；其次为仪器仪

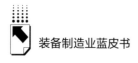

表制造业，与 2020 年相比增长了 15.90%；通用设备制造业，与 2020 年相比增长了 15.08%（见表 5）。

表 5　2021 年中国装备制造业细分行业收入情况

单位：亿元，%

行业	营业收入	同比增减
通用设备制造业	47010.6	15.08
专用设备制造业	36563.5	12.80
汽车制造业	86706.2	6.72
铁路、船舶、航空航天和其他运输设备制造业	13094.1	11.08
电气机械和器材制造业	85320.2	23.68
计算机、通信和其他电子设备制造业	141285.3	14.75
仪器仪表制造业	9101.4	15.90
金属制品、机械和设备修理业	1484.4	4.68

资料来源：国家统计局网站。

（三）各行业成本增速同步升高

2021 年，中国装备制造业 8 个细分行业营业成本的增速均有所提高，其中电气机械和器材制造业的增速增长幅度最大，为 20.61 个百分点。营业成本排前 3 名的行业分别是计算机、通信和其他电子设备制造业，汽车制造业，电气机械和器材制造业，其营业成本分别占装备制造业的 34.24%、20.86%、20.49%，合计占 75.59%。从同比增减情况来看，增幅较大的前三个行业分别是电气机械和器材制造业、仪器仪表制造业和通用设备制造业（见表 6）。

表 6　2021 年中国装备制造业细分行业成本情况

行业	2021 年营业成本（亿元）	2021 年增速（%）	2020 年增速（%）	同比增减（个百分点）
通用设备制造业	38588.3	15.85	2.4	13.45
专用设备制造业	28871.6	13.62	6.4	7.22
汽车制造业	74061.6	7.81	3.7	4.11

行业	2021年营业成本（亿元）	2021年增速（%）	2020年增速（%）	同比增减（个百分点）
铁路、船舶、航空航天和其他运输设备制造业	11124.3	11.96	-0.8	12.76
电气机械和器材制造业	72744.9	25.31	4.7	20.61
计算机、通信和其他电子设备制造业	121544.4	13.66	8.1	5.56
仪器仪表制造业	6811.7	16.63	2.8	13.83
金属制品、机械和设备修理业	1238.6	3.86	-5.2	9.06

资料来源：国家统计局网站。

（四）各行业利润水平差别较大

2021年，中国装备制造业8个细分行业均实现了盈利，但是，不同行业的利润总额存在明显差异。其中汽车制造业，计算机、通信和其他电子设备制造业，电气机械和器材制造业的利润总额均超过了4000亿元，利润总额分别是5305.7亿元、8283.0亿元、4555.5亿元，合计占整个装备制造业的比重达70.31%。与2020年相比，6个行业呈现正向增长态势，2个行业呈现负向增长态势。其中铁路、船舶、航空航天和其他运输设备制造业的跌幅最大（-15.86%）（见表7）。

表7　2021年中国装备制造业细分行业利润情况

单位：亿元，%

行业	利润总额	同比增减
通用设备制造业	3153.1	8.28
专用设备制造业	2947.9	10.17
汽车制造业	5305.7	1.90
铁路、船舶、航空航天和其他运输设备制造业	538.1	-15.86
电气机械和器材制造业	4555.5	12.21
计算机、通信和其他电子设备制造业	8283.0	38.93
仪器仪表制造业	957.0	10.98
金属制品、机械和设备修理业	65.0	-1.22

资料来源：国家统计局网站。

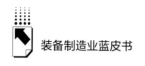

四 中国装备制造业技术创新概况

（一）创新引领动能转换

1. 技术创新成果较为突出

2021年，一系列"大国重器"相继问世。2月19日，基于中国生产的指令架构和内核的国内首款电力专用主控芯片"伏羲"，在南方电网公司历时5年研制、多场景验证后量产。中国船舶聚力建造生产的海军三型主战舰艇，包含长征18号艇、大连舰、海南舰三艘舰艇，于4月23日在海南三亚的某军港实现集中交接入列。5月15日，天问一号着陆巡视器着陆于火星乌托邦平原南部预选着陆区。这也是中国第一次由航天科技等企业承担完成火星探测任务，该任务取得了圆满成功。6月17日，由航天科技抓总研制的神舟十二号的载人发射任务顺利完成，三位航天员相继进入天和核心舱，这是中国人第一次成功进入自己国家的空间站，具有里程碑、划时代意义。中国铁建研发的世界首台千吨架桥一体机"昆仑"号，于6月22日投入新建福州至厦门高铁湄洲湾跨海特大桥使用。7月20日，由中国中车承担研制、具有完全自主知识产权、时速600公里的高速磁浮交通系统在山东青岛成功下线，这是世界首套设计时速达600公里的高速磁浮交通系统，标志着中国掌握了高速磁浮成套技术和工程化能力。[①]

2. 高端装备制造业加速壮大

高端装备制造业技术含量高、附加值高、数字化程度高，将成为中国装备制造业及实体经济发展的新引擎。在一系列政策的扶持下，2021年，一些地区的高端装备制造业为当地发展构筑了新优势。2021年，以动车组为代表的山东高端装备产业不断建链、补链、延链、强链，取得了良好成效，

---

① 《2021年度央企十大国之重器出炉：国产新冠特效药等入选》，"潇湘晨报"百家号，2021年12月30日，https://baijiahao.baidu.com/s? id＝1720551779466767952&wfr＝spider&for＝pc。

山东省装备制造业中，规模以上工业企业 9688 家，实现了 2.4 万亿元的营业收入，在全国排第 4 名。2021 年，山东省高端装备制造业的增加值占装备工业的比重达 46.4%。截至 2021 年底，全省高端装备省级及省级以上制造业创新中心已建成 8 家，工业设计中心已建成 141 家，制造业单项冠军企业已设立 187 家，培育 22 家国家级技术创新示范企业，拥有获得国家科技进步一等奖的成果 3 项，创新研发并推广首台（套）装备制造业及关键零部件 1443 个。同时，高端装备产业的聚集度、产业链韧性不断提升。截至 2021 年底，山东省已经培育出 11 个省级"雁阵形"产业集群，轨道交通装备和智能家电 2 个产业集群成为国家先进制造业集群。2021 年，全省加快推行的 42 条重点产业链中，高端装备占 7 条，分别是汽车、工程机械、农机装备、数控机床、氢燃料电池、海工装备和轨道交通装备。①

3. 智能化赋能产业提质增效

随着数字经济的发展，中国数字化转型基础不断夯实，工业互联网发展速度越来越快，大数据、人工智能、云计算、区块链等新一代信息技术的创新能力得到极大的提高，5G 移动通信技术、设备及应用创新全球领先，软件和信息技术服务业规模不断扩大，为装备制造业的智能化转型奠定了坚实基础。② 一些区域装备企业的智能制造得到了长足发展。2021 年，长沙以智能制造赋能先进制造业产业集群高质量发展，加快集群企业智能化改造，包括长沙工程机械集群、功率半导体集群、智能汽车产业集群在内的"1+2+N"产业集群建设成效显著。在产业集群的拉动下，长沙获批国家智慧城市基础设施与智能网联汽车协同发展首批试点城市，成为全国唯一获得智能网联汽车领域 4 块国家级牌照的城市。

4. 新业态引领产业转型升级

近些年，部分装备制造业企业积极开展两业融合，开发新业态，引领产

---

① 《山东力争 2025 年高端装备制造业占比超 50%》，人民网，2022 年 2 月 28 日，http://sd.people.com.cn/n2/2022/0228/c166192-35152392.html。

② 《工业和信息化部：十年来，我国制造业数字化网络化智能化发展加速推进》，人民网，2022 年 9 月 9 日，http://finance.people.com.cn/n1/2022/0909/c1004-32523501.html。

业转型升级，打造经济新增长极。2021 年，青岛特锐德电气股份有限公司获批国家发展改革委 2021 年国家服务业"面向智能充电设备制造、建设和运营的全生命周期工业互联网创新应用项目"，拉动装备制造业企业向系统集成、一体化解决方案供应商转变。得益于智能制造和充电网运营服务两大业务板块，特锐德实现了经营指标的集体飘红。2022 年前三季度特锐德营收为 68.84 亿元，与 2020 年相比增长了 22.38%。其中，新能源汽车充电网业务将数据、算法应用于运营、智能充电调度等全生命周期管理，打造亿级电动汽车储能网，通过 AI 计算实现能源削峰填谷，平台车辆注册用户超过 130 万人。截至 2022 年上半年，特锐德已经在全国范围内运营 28.69 万个公共充电终端，其中新能源汽车充电网业务营收占比达 35.14%，在行业内保持第一。

（二）研发投入不断增长

1. 研发经费内部支出整体增长

研发经费内部支出实现稳步增长，同时各细分行业数额增长存在差异。2020 年，国内的研发经费内部支出合计 8587.04 亿元，较上年增长 15.75%。分行业看，仪器仪表制造业的研发经费内部支出较上年增长 28.21%；计算机、通信和其他电子设备制造业支出金额最高，累计支出 2915.16 亿元。

日常性支出仍然是主要的研发经费内部支出方向。2020 年，中国装备制造业研发经费的日常性支出为 7963.30 亿元，与上年相比增长 16.17%，占研发经费内部支出的 92.74%，较上年提升 0.34 个百分点；资产性支出为 623.74 亿元，比上年增长 10.61%，在研发经费内部支出中的占比为 7.26%，比上年减少 0.34 个百分点。在 8 个细分行业中，仪器仪表制造业的研发经费内部支出增幅最大，其中，日常性支出同比增长 26.64%，资产性支出同比增长 58.68%；汽车制造业的日常性支出增幅最小，与上年相比增加了 6.75%，同时是资产性支出降幅最大的行业，与 2019 年相比降低了 6.85%（见表8）。

表8　2020年中国装备制造业研发经费内部支出情况

单位：亿元，%

行业	日常性支出		资产性支出		经费内部支出	
	金额	增速	金额	增速	金额	增速
通用设备制造业	906.55	17.27	71.34	43.08	977.89	18.84
专用设备制造业	919.51	24.73	46.48	17.61	965.99	24.37
汽车制造业	1273.01	6.75	90.40	-6.85	1363.41	5.72
铁路、船舶、航空航天和其他运输设备制造业	456.35	12.47	28.82	23.57	485.17	13.07
电气机械和器材制造业	1464.52	12.59	102.54	-2.72	1567.06	11.44
计算机、通信和其他电子设备制造业	2650.19	19.82	264.97	12.15	2915.16	19.08
仪器仪表制造业	275.89	26.64	17.82	58.68	293.71	28.21
金属制品、机械和设备修理业	17.28	9.43	1.37	8.19	18.65	9.34

资料来源：2020~2021年《中国科技统计年鉴》。

2.内部研发经费显著提升

企业资金为主要资金来源。从中国装备制造业企业的研发经费来源分布来看，2020年，资金来源的95.74%为企业资金，达到8220.88亿元，同比增长16.81%；政府资金为324.85亿元，较上年下降14.57%，占全部资金来源的3.78%，比2019年下降1.35个百分点；仅有0.31%来自境外资金，金额为26.75亿元，较2019年大幅增长了46倍；其他资金来源占比很低，金额为14.56亿元（见图9）。

企业资金呈显著增长趋势。2020年，装备制造业各细分行业的企业资金均出现增长。按行业看，2020年计算机、通信和其他电子设备制造业企业资金最多，达2768.27亿元，占企业资金来源总额的33.67%；仪器仪表制造业企业资金增速最快，企业资金达280.77亿元，较上年增加了28.42%。

政府资金对行业有所侧重。2020年，政府资金最多的行业是计算机、通信和其他电子设备制造业，金额达132.58亿元，与上年相比减少

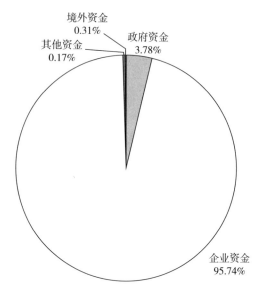

图9 2020年中国装备制造业企业研发经费内部资金来源分布

资料来源：2020~2021年《中国科技统计年鉴》。

5.34%，占政府资金总额的40.81%，较上年上升3.98个百分点；铁路、船舶、航空航天和其他运输设备制造业政府资金的增幅最大，较上年增长16.53%。除上述几个行业外，专用设备制造业、仪器仪表制造业的政府资金也都有不同程度的增长，分别增长12.15%和15.63%。与此同时，通用设备制造业，汽车制造业，电气机械和器材制造业，金属制品、机械和设备修理业，计算机、通信和其他电子设备制造业这五大行业的政府资金有所下降，其中汽车制造业与上年相比降幅最大，下降了69.35%。

境外资金和其他资金显著提升。2020年，总体来看，装备制造业各行业获得的境外资金及其他资金较上年有显著提升。仪器仪表制造业与金属制品、机械和设备修理业重新获取境外资金，其他资金的增速也十分明显。计算机、通信和其他电子设备制造业这两类资金增长也比较显著。此外，汽车制造业其他资金也大幅增加（见表9）。

表9　2020年中国装备制造业内部研发经费资金来源

单位：亿元，%

行业	企业资金		政府资金		境外资金		其他资金	
	金额	增速	金额	增速	金额	增速	金额	增速
通用设备制造业	952.76	19.00	20.43	−7.73	3.85	4181.78	0.85	8918.09
专用设备制造业	929.18	24.30	32.56	12.15	3.89	3137.67	0.37	2581.75
汽车制造业	1336.95	8.41	17.24	−69.35	5.27	3663.14	3.95	13341.50
铁路、船舶、航空航天和其他运输设备制造业	392.50	11.66	90.28	16.53	1.54	1612.00	0.84	4096.02
电气机械和器材制造业	1542.29	13.29	19.59	−56.19	4.24	5956.86	0.94	2195.38
计算机、通信和其他电子设备制造业	2768.27	19.95	132.58	−5.34	7.45	12316.17	6.86	17091.73
仪器仪表制造业	280.77	28.42	12.06	15.63	0.46	—	0.41	68800.00
金属制品、机械和设备修理业	18.16	7.56	0.11	−33.00	0.05	—	0.34	47871.43

资料来源：2020～2021年《中国科技统计年鉴》。

3. 外部研发经费支出稳步增长

外部研发经费支出呈现稳步增长态势。2020年，中国的装备制造业规模以上企业外部研发经费支出为705.47亿元，与上年相比增加了14.25%。从行业来看，除仪器仪表制造业外，其他各行业的外部研发经费支出均较2019年有所提升。计算机、通信和其他电子设备制造业的外部研发经费支出最多，达到341.44亿元，较上年增长20.22%；专用设备制造业外部研发经费支出增加幅度最大，比2019年增加49.06%；通用设备制造业外部研发经费支出也大幅增加，增速达到20.85%。

对国内研究机构和高校支出占外部研发经费支出的比重基本持平。2020年，对国内研究机构和高校支出金额为282.95亿元，与2019年相比增长12.53%，占外部研发经费支出的比重为40.11%，相比上年小幅上升了0.6个百分点。从支出的角度看，计算机、通信和其他电子设备制造业的支出以国内研究机构和高校为主，占比达到 56.23%，专用设备制造业对国内研究机构和高校支出金额增速最快，为 32.13%。金属制品、机械和设备修理业对国内研究机构和高校支出金额大幅减少，比 2019 年减少了 96.49%（见表 10）。

表 10　2020 年中国装备制造业规模以上企业外部研发经费支出

单位：亿元，%

行业	外部研发经费支出	增速	对国内研究机构和高校支出金额	增速
通用设备制造业	32.96	20.85	8.00	1.11
专用设备制造业	31.94	49.06	7.06	32.13
汽车制造业	155.92	4.44	33.86	4.53
铁路、船舶、航空航天和其他运输设备制造业	92.28	6.34	30.99	31.76
电气机械和器材制造业	38.77	7.95	8.46	-8.86
计算机、通信和其他电子设备制造业	341.44	20.22	192.00	13.29
仪器仪表制造业	11.93	-5.02	2.55	-4.29
金属制品、机械和设备修理业	0.23	4.77	0.03	-96.49

资料来源：2020~2021 年《中国科技统计年鉴》。

4. 新产品开发项目数量同比增长较快

2020 年，中国装备制造业规模以上企业共完成 41.88 万项新产品开发项目，较 2019 年增长 16.15%；新产品开发经费支出达 11032.98 亿元，较上年增长 9.64%；此外，新产品销售收入达 142355.04 亿元，较上年增长 12.73%。

按行业看，计算机、通信和其他电子设备制造业新产品开发经费支出、销售收入、出口收入最多，金额分别为 4064.06 亿元、50986.06 亿元和 22329.53 亿元；金属制品、机械和设备修理业的新产品开发经费支出、销售收入、出口收入最低且降幅最大，金额分别为 19.96 亿元、198.53 亿元和 21.90 亿元（见表 11）。

表11 2020年中国装备制造业规模以上企业新产品开发与生产情况

行业	新产品开发项目		新产品开发经费支出		新产品销售收入		新产品出口收入	
	数量（万项）	增速（%）	金额（亿元）	增速（%）	金额（亿元）	增速（%）	金额（亿元）	增速（%）
通用设备制造业	7.61	17.98	1150.42	11.92	13300.09	13.57	1718.86	1.39
专用设备制造业	7.08	22.62	1148.71	18.44	11547.85	28.88	1453.34	22.51
汽车制造业	4.99	10.34	1742.36	0.41	29162.02	4.63	1509.25	18.28
铁路、船舶、航空航天和其他运输设备制造业	1.90	20.72	637.81	17.70	7056.21	7.57	1379.26	1.79
电气机械和器材制造业	8.85	12.69	1904.34	7.93	27315.22	12.39	5310.06	2.58
计算机、通信和其他电子设备制造业	8.84	15.84	4064.06	10.50	50986.06	15.48	22329.53	22.73
仪器仪表制造业	2.50	16.44	365.32	13.18	2789.06	16.24	380.65	2.98
金属制品、机械和设备修理业	0.11	6.40	19.96	-13.80	198.53	-38.95	21.90	-77.76

资料来源：2020~2021年《中国科技统计年鉴》。

（三）研发组织建设持续加快

1. 研发机构总量不断增长

2020年，中国装备制造业规模以上企业建立的研发机构数量达49672个，同比增长11.23%；经费支出达到8381.57亿元，同比增长9.62%；仪器和设备购置金额为5097.31亿元，同比增长4.02%。

2. 不同行业的研发机构建设差异较大

2020年，中国装备制造业中R&D人员总数最多的行业是计算机、通信和其他电子设备制造业，达80.62万人，该行业的研发机构经费支出、仪器和设备购置金额也最高，分别为3509.24亿元、1635.60亿元；研发机构数量最多的行业为电气机械和器材制造业，达11600个。从增速来看，机构数量、仪器和设备购置金额增幅最大的均为金属制品、机械和设备修理业，分别同比增加23.60%和68.28%；铁路、船舶、航空航天和其他运输设备制造业的研发机构经费支出增速最快，同比增长23.71%（见表12）。

表12　2020年中国装备制造业规模以上企业办研发机构情况

行业	机构		经费支出		仪器和设备购置	
	数量（个）	增速（%）	金额（亿元）	增速（%）	金额（亿元）	增速（%）
通用设备制造业	9536	12.45	727.00	7.59	702.22	15.77
专用设备制造业	8209	12.45	765.46	23.68	462.65	8.89
汽车制造业	5021	9.99	1371.22	-5.07	874.21	-4.01
铁路、船舶、航空航天和其他运输设备制造业	1682	14.27	378.75	23.71	382.00	14.96
电气机械和器材制造业	11600	7.68	1364.57	12.29	838.38	-27.41
计算机、通信和其他电子设备制造业	10850	12.99	3509.24	11.16	1635.60	22.57
仪器仪表制造业	2664	12.12	253.39	15.85	184.68	46.64
金属制品、机械和设备修理业	110	23.60	11.94	17.33	17.57	68.28

资料来源：2020~2021年《中国科技统计年鉴》。

3. R&D 人员增速相对较快

R&D 人员实现快速增长，2020年，中国装备制造业规模以上企业 R&D 人员总数、R&D 人员全时当量、研究人员总数分别为255.35万人、192.19万人年、85.13万人，与上年相比分别增长7.03%、9.72%、43.44%。

4. 各行业 R&D 人员多呈上升趋势

2020年，除了汽车制造业外，其他7个行业的 R&D 人员总数均呈上升趋势，其中计算机、通信和其他电子设备制造业的 R&D 人员总数增长幅度最大，达13.64%（见表13）。

表 13　2020 年中国装备制造业规模以上企业 R&D 人员情况

行业	R&D 人员		R&D 人员		其中:研究人员	
	总数 （万人）	增速 （%）	全时当量 （万人年）	增速 （%）	总数 （万人）	增速 （%）
通用设备制造业	35.44	6.34	26.38	9.49	10.74	47.26
专用设备制造业	31.21	5.81	22.45	5.48	10.76	47.37
汽车制造业	34.71	-2.02	25.63	2.29	12.20	36.83
铁路、船舶、航空航天和其他运输设备制造业	14.41	10.49	10.39	11.35	5.84	54.56
电气机械和器材制造业	46.52	2.65	34.61	5.62	13.73	41.28
计算机、通信和其他电子设备制造业	80.62	13.64	63.30	16.40	26.93	40.60
仪器仪表制造业	11.61	13.19	8.88	15.19	4.60	54.94
金属制品、机械和设备修理业	0.83	8.86	0.55	2.54	0.33	51.77

资料来源：2020~2021 年《中国科技统计年鉴》。

　　计算机、通信和其他电子设备制造业以 26.93 万人成为研究人员总数最多的行业，较上年增长了 40.60%；2020 年装备制造业八大行业的研究人员总数均有显著增长，其中仪器仪表制造业增幅最大，为 54.94%（见图 10）。

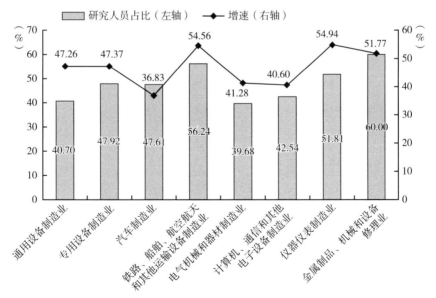

图 10　2020 年中国装备制造业 R&D 研究人员占比及增速

资料来源：2020~2021 年《中国科技统计年鉴》。

5. 不同行业的研发机构人员配置略有差异

2020 年，从具有硕博学历的研发人员在总体研发人员中的占比来看，计算机、通信和其他电子设备制造业的占比最高，达 57.55%；另外通用设备制造业以 20.60% 的占比成为装备制造领域硕博学历研发人员占比最低的行业（见图 11）。

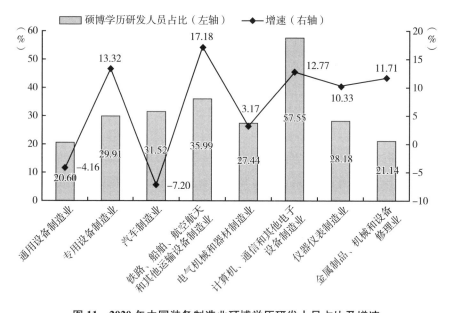

图 11　2020 年中国装备制造业硕博学历研发人员占比及增速

资料来源：2020~2021 年《中国科技统计年鉴》。

（四）科技产出侧重专利

1. 企业专利水平不断提升

2020 年，中国装备制造业规模以上企业专利申请数量高达 78.21 万件，同比增长 14.63%。其中，发明专利 30.06 万件，较上年增长 9.04%；有效发明专利 97.16 万件，较上年增长 19.02%。除金属制品、机械和设备修理业外，另外 7 个行业的专利申请数量、发明专利数量和有效发明专利数量都呈增长态势。

在专利申请、发明专利以及有效发明专利方面，仪器仪表制造业的增速最为突出，增速分别为24.46%、22.26%以及26.60%（见表14）。

表14 2020年中国装备制造业规模以上企业专利申请情况

单位：万件，%

行业	专利申请		发明专利		有效发明专利	
	数量	增速	数量	增速	数量	增速
通用设备制造业	11.05	16.28	3.12	11.13	11.53	25.84
专用设备制造业	11.35	20.23	3.57	15.01	13.02	21.11
汽车制造业	7.56	7.59	2.27	13.64	7.15	14.54
铁路、船舶、航空航天和其他运输设备制造业	3.40	19.04	1.52	19.19	4.32	11.93
电气机械和器材制造业	18.40	17.01	5.95	14.73	16.79	17.32
计算机、通信和其他电子设备制造业	22.50	9.84	12.23	1.48	40.22	18.27
仪器仪表制造业	3.81	24.46	1.35	22.26	3.98	26.60
金属制品、机械和设备修理业	0.14	8.15	0.05	18.28	0.15	-4.68

资料来源：2020~2021年《中国科技统计年鉴》。

2. 技术获取和技术改造支出增速持平

2020年，中国装备制造业规模以上企业技术获取和技术改造支出为2379.96亿元，与2019年基本持平，同比增长0.98%。其中50.32%为技术改造经费支出，支出金额为1197.68亿元，同比下降20.12%；29.47%为购买境内技术经费支出，支出金额为701.44亿元，同比增长95.55%；17.35%为引进技术经费支出，金额为412.95亿元，同比下降0.24%；2.85%为消化吸收经费支出，支出金额为67.89亿元，同比下降21.72%（见图12）。

分行业看，2020年，在引进技术和消化吸收方面，经费支出最高的为汽车制造业，分别为192.19亿元及55.16亿元。在技术改造方面，经费支出最高的为计算机、通信和其他电子设备制造业，为395.08亿元，购买境内技术经费支出最高的为通用设备制造业，达390.75亿元。从增

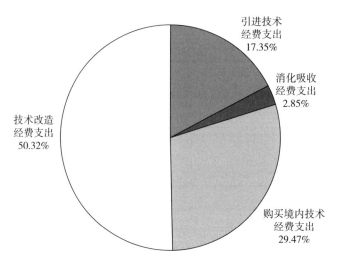

图 12 2020 年中国装备制造业规模以上企业技术获取和技术改造支出占比情况

资料来源：2020~2021 年《中国科技统计年鉴》。

速方面看，一半以上呈上升趋势，特别是在引进技术经费支出方面，计算机、通信和其他电子设备制造业的增幅最大，与 2019 年相比，增长了 88.75%；专用设备制造业同比增长了 41.16%。然而电气机械和器材制造业，汽车制造业和金属制品、机械和设备修理业这 3 个行业的引进技术经费支出降幅较大，分别下降 16.78%、28.56% 和 94.71%。在消化吸收经费支出方面，除计算机、通信和其他电子设备制造业外的 7 个行业，较 2019 年均呈现明显下降趋势，另外，金属制品、机械和设备修理业 2020 年无消化吸收经费支出。在购买境内技术经费支出方面，通用设备制造业发展明显，比 2019 年增加了 50 余倍，专用设备制造业、电气机械和器材制造业、仪器仪表制造业也出现了明显的增长，同比增速分别为 38.84%、29.83% 和 25.13%，其他 4 个行业均有所下降。在技术改造经费支出方面，仪器仪表制造业呈现最大涨幅，较上年增长 69.31%，同时，金属制品、机械和设备修理业跌幅最大，下降 64.66%（见表 15）。

表15 2020年中国规模以上装备制造业企业技术获取和技术改造经费支出情况

单位：亿元，%

行业	引进技术经费支出		消化吸收经费支出		购买境内技术经费支出		技术改造经费支出	
	金额	增速	金额	增速	金额	增速	金额	增速
通用设备制造业	17.68	7.96	2.45	−33.19	390.75	5245.42	108.11	2.30
专用设备制造业	9.06	41.16	0.62	−41.37	5.18	38.84	80.58	12.84
汽车制造业	192.19	−28.56	55.16	−24.24	32.26	−33.30	313.00	−54.77
铁路、船舶、航空航天和其他运输设备制造业	19.62	3.43	0.19	−71.87	36.05	−5.31	108.20	12.23
电气机械和器材制造业	11.97	−16.78	0.74	−64.10	36.22	29.83	164.97	−4.74
计算机、通信和其他电子设备制造业	161.13	88.75	8.72	36.74	198.32	−14.19	395.08	15.25
仪器仪表制造业	1.29	3.38	0.01	−88.25	2.54	25.13	27.06	69.31
金属制品、机械和设备修理业	0.01	−94.71	0.00	−100.00	0.12	−30.41	0.68	−64.66

资料来源：2020~2021年《中国科技统计年鉴》。

3. 课题开发数量显著下降

2020年，中国装备制造业规模以上企业在相关课题开发方面较2019年出现了明显的下滑，其中R&D课题数量为6306项，与2019年相比下降了34.34%；投入人员全时当量为1.25万人年，同比下降98.12%；投入经费72.99亿元，同比下降92.09%。

分行业看，计算机、通信和其他电子设备制造业R&D课题数量、投入人员全时当量、投入经费金额均位列第一，分别为2063项、3512人年和19.13亿元。在课题数量方面，一半的行业呈现增加趋势，仪器仪表制造业增速最快，为95.32%，另外降幅最大的行业是铁路、船舶、航空航天和其他运输设备制造业，为82.65%；在投入人员数量方面，除金属制品、机械和设备修理业外，其他行业的投入人员数量均出现了大幅下滑，降幅最大的行业是铁路、船舶、航空航天和其他运输设备制造业，下降了99.83%；在投入经费金额方面，除电气机械和器材制造业外，其他行业的投入经费金额均大幅下降，其中金属制品、机械和设备修理业降幅最大，下降了99.93%（见表16）。

表16 2020年中国装备制造业规模以上企业开发课题情况

行业	R&D课题		投入人员		投入经费	
	数量（项）	增速（%）	数量（人年）	增速（%）	金额（亿元）	增速（%）
通用设备制造业	648	-10.99	1606	-54.41	8.07	-68.56
专用设备制造业	1291	7.58	2333	-33.72	7.34	-26.00
汽车制造业	52	-22.39	248	-30.92	0.54	-63.03
铁路、船舶、航空航天和其他运输设备制造业	587	-82.65	1030	-99.83	14.97	-97.39
电气机械和器材制造业	447	24.86	845	-26.07	4.54	2.31
计算机、通信和其他电子设备制造业	2063	-36.41	3512	-91.92	19.13	-91.21
仪器仪表制造业	1211	95.32	2890	-44.40	18.36	-43.78
金属制品、机械和设备修理业	7	75.00	9	800.00	0.04	-99.93

资料来源：2020~2021年《中国科技统计年鉴》。

五 中国装备制造业对外经济分析

（一）对外贸易表现突出

在2021年，中国装备制造业累计出口交货值已达100357.1亿元，比上年增长16.19%。分行业看，计算机、通信和其他电子设备制造业的出口交货值最高，高达66010.0亿元，占比65.78%。与上年相比，除金属制品、机械和设备修理业外，其余7个行业的出口交货值都有所增长，其中汽车制造业最高，较上年增长了39.49%（见表17）。

表 17 2021 年中国装备制造业出口交货值

单位：亿元，%

行业	出口交货值	同比增减
通用设备制造业	6523.0	25.38
专用设备制造业	4490.4	18.51
汽车制造业	4933.9	39.49
铁路、船舶、航空航天和其他运输设备制造业	2365.3	22.11
电气机械和器材制造业	14482.4	22.24
计算机、通信和其他电子设备制造业	66010.0	12.83
仪器仪表制造业	1232.2	4.69
金属制品、机械和设备修理业	319.9	-15.77

资料来源：国家统计局。

（二）对外投资稳步增长

1. 对外直接投资稳定增长

2021 年，中国实现对外直接投资 1788.2 亿美元，同比增长 16.3%（见表 18），增速较 2020 年提升 4.03 个百分点，占全球对外直接投资的比重为 10.5%，规模位居全球第二。其中，流向装备制造业的对外投资额为 141.2 亿美元，与上年相比，增幅达到 18.7%，占中国制造业对外投资的 52.5%，占同期中国对外投资总交易额的 7.90%。① 从行业来看，汽车制造业，计算机、通信和其他电子设备制造业，专用设备制造业是对外直接投资额较高的 3 个行业。

2. 对美国及欧洲的直接投资有所缩减

在 2021 年中国的对外直接投资中，对北美洲地区的投资达到 65.8 亿美元，同比上升 3.8%，在当年的对外直接投资流量中占比 3.7%。其中对美投资 55.8 亿美元，较上年下降 7.3%。与此同时，对欧洲的投资达 108.7 亿美元，比上年下降 14.4%。

---

① 《2021 年度中国对外直接投资统计公报》，http：//images. mofcom. gov. cn/fec/202211/ 20221118091910924. pdf。

表18　2021年中国对外直接投资流量地区构成情况

单位：亿美元，%

洲别	金额	同比增长	比重
亚洲	1281.0	14.0	71.6
欧洲	108.7	-14.4	6.1
非洲	49.9	18.0	2.8
北美洲	65.8	3.8	3.7
拉丁美洲	261.6	57.0	14.6
大洋洲	21.2	46.2	1.2
合计	1788.2	16.3	100.0

资料来源：《2021年度中国对外直接投资统计公报》。

3.对共建"一带一路"国家投资创历史最高

到2021年末，中国在共建"一带一路"各国的投资，境内投资者直接投资额达到241.5亿美元（见图13），同比增长7.1%，在同期中国对外投资流量总额中占比13.5%。涉及的境外企业超过11000家，投资企业的行业分布涵盖了《国民经济行业分类》16个大类，其中有94.3亿美元投资额流向制造业，与上年度相比增长22.8%，占比达39.0%，比上年增加4.9个百分点。从投资的国别构成方面看，投资的主要流向国分别为越南、泰国、马来西亚、

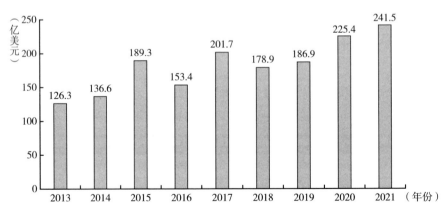

图13　2013~2021年中国对共建"一带一路"国家投资情况

资料来源：《2021年度中国对外直接投资统计公报》。

新加坡、印度尼西亚、老挝、阿拉伯联合酋长国、哈萨克斯坦、巴基斯坦、沙特阿拉伯等。

（三）外商投资力度加大

1. 高技术制造业利用外资规模回升

2021年，中国新设立的外商投资企业总数达47647家，较上年增加23.5%；实际使用外资金额为1809.6亿美元，较上年增加21.2%。[①] 其中，高技术制造业实际使用外资金额达到120.6亿美元（见表19），同比增长17.09%。

表19　2021年中国高技术产业吸收外资情况

	新设企业数（家）	比重（%）	实际使用外资金额（亿美元）	比重（%）
总计	47647	100.0	1809.6	100.0
高技术产业	13427	28.2	522.0	28.8
高技术制造业	1048	2.2	120.6	6.7
高技术服务业	12379	26.0	401.4	22.2

资料来源：商务部外资统计。

2. 外商投资限制放松

国家发展改革委、商务部在2021年12月27日发布了《外商投资准入特别管理措施（负面清单）（2021年版）》《自由贸易试验区外商投资准入特别管理措施（负面清单）（2021年版）》，此次修订缩减了全国范围的外资负面清单，并实现了自贸试验区负面清单制造业条目清零，进一步扩大装备制造业对外开放。[②]

相应地，各地政府也出台了相关政策为制造业领域的外商投资松绑。以

---

① 《中国外资统计公报2022》。

② 《国家发展改革委、商务部发布2021年版外资准入负面清单　进一步深化制造业开放》，"金融界"百家号，2021年12月27日，https://baijiahao.baidu.com/s? id=172028292885 4977071&wfr=spider&for=pc。

湖南省2021年1月出台的《湖南省国民经济和社会发展第十四个五年规划和二〇三五年远景目标纲要》为例，该纲要指出，要推动高质量"引进来"，提升利用外资水平。积极引入"三类500强"企业、行业龙头企业、外贸实体企业、总部经济和研发中心等。坚定不移地把引资、引技、引智结合起来，不断提高高端制造业和服务业对外资的利用水平。"十四五"期间，湖南省利用外商直接投资等指标的增长速度高于国内平均水平。2021年3月印发的《中国（湖南）自由贸易试验区管理办法（试行）》中，提出要在长沙片区重点对接"一带一路"建设，制定世界级先进制造业集群专项发展规划，推动自贸试验区建设具有全球影响力的先进制造业基地。在政策引领指导下，2021年，长沙在招商引资方面硕果累累，新引进155个总投资额超1800亿元的重大招商引资项目，实际使用外资突破了20亿美元，跃居中部省会城市第一。①

六　中国装备制造业发展中存在的主要问题

（一）中国装备制造业经济运行中存在的主要问题

1. 制造业整体复苏趋缓

从制造业整体运行情况来看，2021年，制造业PMI整体呈现逐月回落态势。2021年12月，制造业PMI为50.3%，略高于临界点，相对于2020年12月的51.9%有所回落，制造业的景气水平有所下降。2021年12月，制造业生产指数为51.4%，低于2020年末的54.2%，表明制造业生产活动放缓。

2. 行业企业亏损面改善乏力

2021年，全国装备制造业企业共计125572家。2021年12月的数据显

---

① 《2021年长沙奏响招商引资最强音：新引进重大项目155个　总投资1800余亿元》，"长沙晚报掌上长沙"百家号，2022年2月12日，https://baijiahao.baidu.com/s?id=1724510951226240419&wfr=spider&for=pc。

示，共有亏损企业 21032 家，16.75% 陷入亏损，与 2020 年同期相比下降了 0.47 个百分点，但较 2019 年同期上升了 0.64 个百分点。分月份看，2021 年，亏损面呈现逐月下滑趋势，且 1~9 月均低于 2020 年同期，年末与 2020 年同期基本持平（见图 14）。

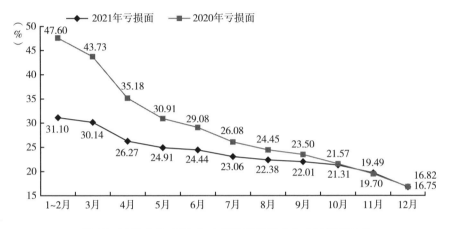

图 14 2021 年和 2020 年中国装备制造业企业亏损面对比

资料来源：国家统计局网站。

2021 年，8 个行业中，亏损面扩大的 2 个行业分别是汽车制造业、电气机械和器材制造业，分别较 2020 年扩大了 1.73 个和 0.29 个百分点；通用设备制造业和专用设备制造业的亏损面与 2020 年基本持平，分别下降了 0.03 个和 0.02 个百分点；金属制品、机械和设备修理业亏损面的改善程度最好，较 2020 年下降了 2.66 个百分点（见表 20）。

2021 年，中国装备制造业亏损额为 3750.1 亿元，与 2020 年相比增加了 12.58%。分行业看，8 个细分行业中有 6 个行业的亏损额较上年有所增长，分别为通用设备制造业（增长 82.8 亿元），专用设备制造业（增长 40.4 亿元），铁路、船舶、航空航天和其他运输设备制造业（增长 133.5 亿元），电气机械和器材制造业（增长 98.0 亿元），计算机、通信和其他电子设备制造业（增长 93.0 亿元），仪器仪表制造业（增长 10.5 亿元）。

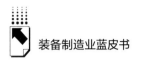

表 20　2020 年和 2021 年中国装备制造业细分行业亏损情况

单位：%、亿元

行业	亏损面		亏损额	
	2020 年	2021 年	2020 年	2021 年
通用设备制造业	13.73	13.70	231.9	314.7
专用设备制造业	15.42	15.40	275.3	315.7
汽车制造业	20.09	21.82	1045.8	1020.4
铁路、船舶、航空航天和其他运输设备制造业	17.83	17.20	172.8	306.3
电气机械和器材制造业	16.30	16.59	527.9	625.9
计算机、通信和其他电子设备制造业	20.91	19.23	994.0	1087.0
仪器仪表制造业	12.80	12.54	46.8	57.3
金属制品、机械和设备修理业	19.00	16.34	36.5	22.8

资料来源：国家统计局网站。

3. 应收账款总额提升较快

当前，中国装备制造业企业中，应收账款总额较大的问题突出。2021年，中国规模以上装备制造业企业的应收账款金额高达 9.73 万亿元，同比增长 9.53%。从细分行业角度看，应收账款超过万亿元的行业共有 5 个，比2020 年增加了 1 个。其中，应收账款最高的行业为计算机、通信和其他电子设备制造业（3.41 万亿元），其次为电气机械和器材制造业（2.03 万亿元），再次为汽车制造业（1.50 万亿元）。从 8 个行业增速来看，除铁路、船舶、航空航天和其他运输设备制造业外，其他行业应收账款较 2020 年均有所提高，增幅最大的是电气机械和器材制造业，与 2020 年相比增加了15.70%（见表 21）。

表 21　2021 年中国规模以上装备制造业企业应收账款增减情况

单位：亿元、%

行业	2020 年	2021 年	同比增减
通用设备制造业	10220.97	11265.60	10.22
专用设备制造业	9477.92	10158.90	7.18
汽车制造业	13898.45	15029.30	8.14

行业	2020 年	2021 年	同比增减
铁路、船舶、航空航天和其他运输设备制造业	4293.22	3434.40	-20.00
电气机械和器材制造业	17551.07	20306.10	15.70
计算机、通信和其他电子设备制造业	30494.61	34059.60	11.69
仪器仪表制造业	2459.53	2602.40	5.81
金属制品、机械和设备修理业	405.42	409.40	0.98

资料来源：国家统计局网站。

4. 原材料价格上涨压力持续释放

2021 年，外部市场环境复杂多变，全球大宗商品价格持续大幅上涨，导致钢材、有色金属、石油等上游原材料价格上涨，在 2022 年继续向下游装备制造行业传导，企业生产经营成本提升压力较大。同时，用工成本提升等因素，进一步压缩利润空间，造成部分企业增产不增收。

（二）中国装备制造业"补短板"存在的主要问题

1. 核心技术自控力薄弱

党的二十大报告提出，要着力提升产业链供应链韧性和安全水平。当前全球产业链供应链面临的堵链、断链、缺链等风险加剧。[①] 在电子通信行业，在高端芯片、基础材料、核心软件等领域，中国与世界领先水平的差距还很大，产业基础与核心技术攻关的不足会加剧产业链和供应链风险。半导体材料基本被国外的半导体公司垄断，中国半导体事业整体对外依存度高于 60%，尤其是大硅片、高端光刻胶等领域，中国对外依存度超过90%。在工业软件领域，中国是世界上唯一一个拥有完整工业体系的国家，但是目前工业软件渗透率还不到 10%，目前工业软件的发展状况可以

---

① 《增强产业链供应链韧性和竞争力》，中国经济网，2022 年 11 月 18 日，http：//www.ce. cn/xwzx/gnsz/gdxw/202211/18/t20221118_ 38236415. shtml。

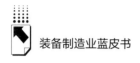

概括为"工程软件弱+高端软件少",工业软件的核心技术亟待突破。①

2. 协同创新机制不健全

目前,中国装备制造业面临关键共性技术供给不足、创新资源整合力度不大等问题。一是中国创新链条各环节衔接不通畅,科技与产业发展存在脱节。基础研究主要分布于大学及科研院所,产业部门更侧重自身产品技术创新,基础研究与应用研究的相对割裂,制约着关键共性技术供给。2012~2021年,全国60%以上的基础研究、80%以上的国家自然科学基金项目由高校承担,然而许多科研成果一直处于"休眠状态",无法真正地转化为实际社会财富。② 二是大中小企业融通创新的深度不够。当前,中国在大中小企业的技术外溢、创新资源共享方面还有一些问题。有限的共性技术研究基本封闭在核心企业集团内部,大量中小企业关键共性技术供给主要依赖引进或者模仿,对外依存度高。同时,中小企业的创新研发存在创新风险高、专项人才不足等严峻挑战。③

(三)中国装备制造业"锻长板"存在的主要问题

1. 先进装备推广应用受阻

成果应用与用户市场培育还有较大的突破空间。国产首台(套)四处碰壁,反映出企业自主创新产品在推广应用中面临多重问题。④ 目前,不少本土企业耗费人力、物力突破"卡脖子"核心技术,研制国产首台(套),并且在技术上达到国际先进水平,但依然面临国内用户不信任、国际同行挤压等"四处碰壁"的窘境。本土企业在国产首台(套)产业化之路上"举

① 曹雅丽:《供应链存短板 电子信息业发力"五基"攻关》,《中国工业报》2022年5月20日,第1版。
② 张舰、朱杰:《坚持科技自立自强 推动制造业高质量发展的战略重点》,《科技智囊》2022年第10期。
③ 周遍:《中小企业发展面临的趋势、问题与支持战略研究》,《宏观经济研究》2022年第7期。
④ 《媒体谈国产"首台套":客户不敢用不愿用,支持政策落地难》,"澎湃"百家号,2021年7月28日,https://m.thepaper.cn/baijiahao_ 13779501。

步维艰"，极大削弱了本土企业自主创新的积极性，甚至走回低端老路。①

2. 标准体系尚不完备

随着中国装备制造业产业链供应链现代化水平的提升，标准、计量、认证认可、检验检测等方面的发展，对国家质量基础设施建设提出了极为迫切的要求。中国现有装备制造业标准占国家标准和行业标准总数的 50% 以上，国内的标准体系较为完善，但总体水平与世界先进水平仍有一定差距，而且许多标准直接采纳国际标准和国外先进标准或由其转化而来，由中国自主制定的先进标准和主导制定的国际标准少之又少。标准是整个行业质量水平、技术发展和创新能力的集中体现，对装备制造业而言，标准决定质量，只有有高标准才有高质量。②

（四）中国装备制造业产业结构调整存在的主要问题

1. 高端化发展水平仍待提升

当前，装备制造业的产品结构与高端化的要求还存在一定距离。一是全而不优。产品品质方面，中高档次和个性化的产品供给不足，"中国制造"的产品品质竞争力不足；企业品牌方面，中国自主品牌的培育能力和市场竞争力缺乏，打造的国际知名品牌较少。二是创而不新。中国装备制造业基础科学研究短板比较突出；核心关键技术依赖度相对较高，核心芯片、工业软件、控制系统等核心零部件和关键技术面临部分发达国家技术封锁的问题有待突破；技术积累有待提高，工业基础产品的可靠性、稳定性不高，使用寿命相对不长。③

2. 产业链协同效应尚待构建

近几年，中国高质量企业的数量不断增多，但整体上，企业发展质量和

---

① 《市场应用举步维艰，国产"首台套"如何跑赢技术创新"最后一公里"》，健康界网站，2021 年 8 月 11 日，https://www.cn-healthcare.com/articlewm/20210811/content-1251924.html。

② 朱斌、陈惠玲：《高标准助推装备制造业的高质量发展》，《中国标准化》2022 年第 22 期。

③ 《"高级化+现代化"推动制造业高质量发展》，知乎网站，https://zhuanlan.zhihu.com/p/109485640。

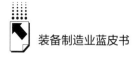
影响能力等均较低,产业链协同效应较弱。① 一是产业链"链主"企业核心作用不强。在带动上、下游企业,包括研发设计、基础材料、核心零部件、关键设备、生产制造和市场应用等环节的协同发展方面有所欠缺,没有起到领航效果。二是"专精特新"企业的成长遇到了问题。此类企业通常面临较大的生存压力,市场竞争力弱,创新人才资源不足,融资较为困难。

3. 集群建设效应有待增强

2019年以来,工业和信息化部大力推进先进制造业集群发展专项行动,采取"赛马"方式从不同行业内的领先者中评选出45个先进制造业集群决赛优胜者,引导和促进集群在市场竞争中不断提升发展质量和水平。45个先进制造业集群分布在19个省份,东部地区有30个,中部地区有8个,西部地区有5个,东北地区有2个。长三角、珠三角地区继续领跑,其中,江苏入选"国家队"的集群数量达到10个,占全国的22%,稳居全国第一。紧随其后的是广东,共有7个入围。②

在各地建设的集群内部也存在包括统一的创新协同机制不够完善、各设区市先进制造业优势特色不突出、现有资源和环境存在局限性等不足。以江苏省为例,目前,江苏省有多所教学及科研实力雄厚的高校和科研院所,具有明显的创新和协同发展的资源优势,但是在政策框架搭建、协同创新机制的顶层设计方面,仍然需要进一步改进和完善。从目前来看,各设区市各类先进制造业集群综合实力在全国处于绝对优势地位,但是依然有如镇江、淮安等设区市在本轮先进制造业加快发展的浪潮中,没有找到合理的发力点。一部分设区市没有明确要打造的先进制造业集群,部分市与市之间有较多重复的发展目标,不利于集中人力、物力、财力打造真正具有全球影响力的产业集群。江苏省各市发展先进制造业集群,受到本身行政区划面积和自然资

---

① 《六部门出台意见加快构建制造业优质企业梯度培育格局——力争2025年形成万家小巨人企业》,中国政府网,2021年7月7日,http://www.gov.cn/xinwen/2021-07/07/content_5622936.htm。

② 《先进制造业集群"国家队"图谱:中西部地区崛起,跨区域协同发展效应凸显》,"新浪财经"百家号,2022年11月10日,https://baijiahao.baidu.com/s? id=1749106016956255747&wfr=spider&for=pc。

源等要素的限制，例如镇江、常州、无锡等地理面积较小，自然资源较匮乏，在发展新能源等产业方面不具备优势；盐城、徐州、淮安三个市面积相对较大，有沿海风力、水力、阳光等比较充沛的自然资源，但是在吸引高端人才方面存在一定的困难。[①]

（五）中国装备制造业发展模式存在的主要问题

1. 数智化转型动力不足

中国处于装备制造业数字化和智能化转型的初级阶段，仍存在一些困难。一方面是数字化转型需要大量投入，然而不同行业及企业的数字化能力不同，相应的智能化需求也不同；另一方面是工业软硬件装备供给能力不足、工业大数据开发创新能力不足。加之部分装备系统严格封闭，缺乏外部通信连接和数据共享标准接口设计，或者设计接口非标准化，系统开放改造和数据共享难度较大，影响了装备网络接入和互联互通，影响转型进程。[②]

数智化发展可为行业的高质量发展注入新动能，但目前中国装备制造业企业的数智化转型动力较为欠缺。一是行业体制机制僵化封闭。部分企业管理者经营观念与经营机制均比较落后，产业结构合理性有待商榷。二是两化融合深度不够。在智能制造方面，仍缺乏适应的行业规范和带头企业，传统企业在数字化转型的进程中缺乏模范带头企业的引领，企业效益和生产效率均有待提高。三是装备制造业企业层级数据化、智能化联通存在阻碍。比如，辽宁省的装备制造业"老字号"优势工业龙头企业在产线层面、车间层面、信息系统层面的单项数字化技术尚可，但未能实现企业层面的数据信息化，产业链上下游企业之间未能实现互联互通，并且省内制造业企业在智

---

① 李扬、李晓燕、倪庆：《江苏省先进制造业集群发展现状研究》，《营销界》2021年第39期。
② 《全国人大代表、华工科技董事长马新强：在"数字经济"东风下，装备制造业必将从"大有可为"到"大有作为"》，"每日经济新闻"百家号，2022年3月2日，https://baijiahao.baidu.com/s?id=1726197544739848095&wfr=spider&for=pc。

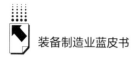

能化改造和协同化运营等方面缺乏典型样本。①

2. 绿色低碳转型相对滞后

与发达国家相比，中国装备制造业企业的绿色低碳转型相对滞后，主要有以下三个方面的原因。一是转型成本较高。传统制造业向绿色低碳制造业转型升级，需淘汰落后的产能设备，加强技术创新。短期来看，先进的设备与技术创新需大量资本、人才资源投入。外加污染排放监管费用、环境管理成本与环保税费等生态环境治理外部成本，中小型制造业企业将面临较大的风险与压力。二是技术水平与资源利用水平落后。中国制造业以实现碳达峰碳中和为目标的改革起步较晚，许多技术与转型发展模式借鉴西方发达国家，常由于缺乏核心技术而受制于他国，无法高效转型。在资源利用效率方面，中国各种类资源利用效率均比西方发达国家低20%左右，提升潜力巨大。三是绿色低碳制度不完善，政策环境尚未形成。比如2021年中国正式开放碳交易市场，但与2002年和2005年就开始构建碳交易市场的英国和美国等发达国家相比，中国的碳交易市场目前仍处于起步阶段。在这一阶段，市场化会给法律的监管带来较大的压力与困难。②

3. 产业融合深度不足

党的二十大报告提出，要构建高质量、高效率的新型服务体系，推进现代服务业与先进制造业的深度融合。近几年，中国的"两业融合"步伐不断加快，速度不断提升，但同时存在发展不平衡、协同性不强、发展深度不够和政策环境及体制机制存在制约等多方面的问题。③

---

① 马佳、于欣鑫：《工业互联网背景下辽宁省制造型企业数字化转型升级路径研究》，《中国市场》2022年第28期。
② 张瑜宸等：《碳中和、碳达峰目标下制造业转型现状及路径分析》，《商展经济》2022年第19期。
③ 《关于推动先进制造业和现代服务业深度融合发展的实施意见》（发改产业〔2019〕1762号）。

B.2
中国装备制造业发展展望

史仲光　张　挺*

摘　要： 2021年，全球经济加快复苏步伐，各主要经济体经济发展逐步
回归正轨。国际上，随着国际贸易增速回升和外国直接投资强劲
反弹，产业链供应链形成了相互依赖、不可分割的格局，然而新
科技革命将会拉大数字鸿沟，相关风险不可忽视。从国内来看，
疫情之下中国在经济总量、产业结构转型、科技成果和外贸体量
方面表现优异。总体来说，2021年中国制造业整体发展平稳，
但仍存在大而不强、全而不优的矛盾，制造业的发展步入爬坡过
槛的攻坚阶段。当前中国装备制造业投资市场风险投资较为活
跃，企业并购和公开募股规模均不断扩大，部分新兴技术、高端
装备等领域成为投资热点，如"5G+工业互联网"、工业机器人、
商业航天、高性能医疗设备、锂电设备等。

关键词： 装备制造业　5G+工业互联网　工业机器人　医疗设备　锂电设备
商业航天

---

* 史仲光，教授级高级工程师，机械工业经济管理研究院副院长，兼职业发展与评价研究所所
长、机械工业职业技能鉴定指导中心执行主任；张挺，博士，高级经济师，机械工业经济管
理研究院院长助理、产业经济研究所所长、重大技术装备研究中心主任、环境能源研究所所
长，主要从事复杂系统科学、产业经济研究。

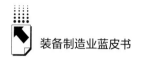

一 国内外经济形势分析

（一）全球经济格局面临深刻调整

1. 全球经济逐渐复苏

2021年，全球经济加快复苏步伐，各主要经济体经济发展逐步回归正轨。2021年，全球经济从2020年的低点开始复苏（见图1），由于更多的国家采取了更加灵活的防疫措施，经济开放程度不断提高。部分国家加大财政政策方面的支持力度，进一步推动了全球需求共振。但与此同时，受变种毒株持续反复影响，经济复苏过程中仍存在诸多不确定因素。在全球整体经济预期不断上调的大背景下，地区间复苏不均衡、不充分、不持续的现象依然普遍存在，将直接制约未来整体的复苏节奏与效果。根据国际货币基金组织（IMF）的测算，2022年全球经济增速急剧回落至3.20%。

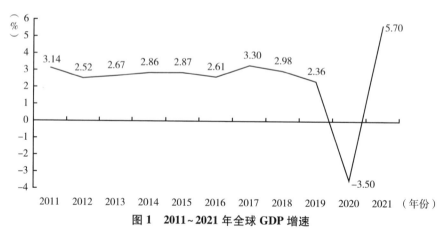

图1　2011~2021年全球GDP增速

资料来源：世界银行、国际货币基金组织。

2. 国际贸易增速有所回升

根据联合国贸易和发展会议发布的报告，世界贸易额在2021年达到28.5万亿美元，创造了新的历史最高值，比2020年和2019年分别增加了25%和

13%。整体来说，全球货物贸易在 2021 年继续保持强劲复苏态势，而服务贸易最终回到了疫情之前的水平。2021 年第四季度各大主要贸易经济体的进出口都超过了 2019 年的水平，同时，发展中国家的货物贸易与发达国家相比增长更为强劲。与 2020 年相比，发展中国家和发达国家的出口额分别增长了 30%和 15%。① 另外，由于全球大宗商品价格上涨，以大宗商品为主要出口产品的区域出口增幅也较大。由于疫情防控措施的调整、经济刺激计划的减弱、供应链的缩短以及供应商的多元化，2022 年全球贸易总额达到 32 万亿美元，但贸易增长势头未能在 2022 年下半年延续，2023 年上半年可能陷入停滞。

3. 制造业竞争格局呈现新变化

从全球范围来看，制造业竞争格局呈现新变化，产业链供应链形成了相互依赖、不可分割的格局，主要体现在如下两个方面。一是中间产品贸易在全球范围内呈现强势发展态势。中间产品贸易是衡量制造业全球供应链是否稳定的关键指标。麦肯锡的研究报告指出，世界中间产品贸易量在 1993 年占全球贸易量的 1/4，而到了 2021 年，已突破 2/3，而且世界五大国家中间产品贸易额之和占世界中间产品贸易总额的 1/3 以上。世界贸易组织《全球中间产品出口报告》显示，大多数主要出口国的中间产品贸易已经恢复并超过疫情之前的水平，到了 2021 年，各季度全球中间产品出口均保持 20%以上的增长。二是全球 60%以上的制成品贸易集中在欧亚地区。2010~2021 年，虽然包括东亚和太平洋地区、欧洲和中亚地区、北美地区在内的制成品出口在全球制成品出口中所占的比重都略微减少，分别由 2010 年的 28.8%、43.2%、12.7%下降到 2021 年的 26.9%、39.5%、11.8%，但是东亚和太平洋地区、欧洲和中亚地区这两大地区所占的总比重仍然超过 60%。

4. 新科技革命拉大数字鸿沟

2021 年，新经济、新业态如数字经济、在线办公等蓬勃发展。今后，相信诸多领域如 5G、生物技术、能源技术、人工智能等将会出现重大突破，

---

① 《2021 全球贸易额创历史新高》，国家发展改革委网站，2022 年 2 月 28 日，https：//www.ndrc.gov.cn/fggz/lywzjw/jwtz/202202/t20220228_ 1317785.html。

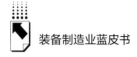

同时，"通信革命""智能革命"将超过任意一次工业革命。区块链技术是数字经济、数字货币发展的先导，是促进国际货币体系变革的动力。国际上的科技竞争必然会加剧，世界各国都会加强科技创新，科技的竞争将会是世界上地缘政治和经济竞争中的主导力量。发展中国家与发达国家之间的数字鸿沟进一步拉大。

5. 外国直接投资强劲反弹

联合国贸易和发展会议发表报告指出，全球外国直接投资（FDI）总额于 2021 年强劲回升，较 2020 年增长 77%，由 9290 亿美元升至 1.65 万亿美元，已经超越疫情前的水准。从地区来看，2021 年 FDI 在不同经济体间表现出较大差异，其中流向发达地区的 FDI 增长最快，总额达到约 7770 亿美元。2021 年全球新增的 FDI 中，超过 5000 亿美元流入发达经济体，几乎占3/4。与此同时，流入发展中经济体的 FDI 总额接近 8700 亿美元，同比增长30%。疫情发生后，全球震荡持续，部分地区地缘政治紧张情势不断升级，制造业新增投资及全球价值链仍处低位，据目前数据来看，2022 年全球 FDI 反弹势头延续但有所减弱。

（二）中国经济总量与增速位居世界前列

1. 国民经济运行总体平稳

2021 年，中国 GDP 达到 114.4 万亿元，比上年同期增长 8.10%（见图 2），实现了设定的预期目标，即 GDP 全年增长 6% 以上；2019～2021 年中国经济平均增长 5.1%，经济增长水平国际领先；人均 GDP 为 80976 元，按年平均汇率折算已经突破了 1.2 万美元。2021 年末，中国外汇储备稳居世界第一，余额为 32502 亿美元。

2. 产业结构转型持续优化

2021 年，第一产业增加值 83086 亿元、第二产业增加值 450904 亿元、第三产业增加值 609680 亿元，分别比上年增长 7.1%、8.2% 和 8.2%，三次产业占比分别为 7.3%、39.4% 和 53.3%（见图 3）。2021 年，服务业发展优势突出，文化、体育和娱乐业受到疫情重创后加快复苏，新成立的公司比

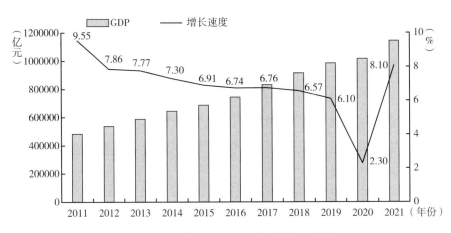

图 2　2011~2021 年中国 GDP 及其增长速度

资料来源：国家统计局。

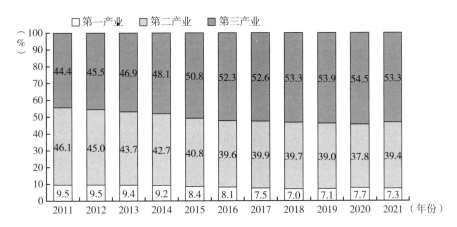

图 3　2011~2021 年中国三次产业结构变化

资料来源：国家统计局。

上年同期增长了 30.4%。① 综合来看，2021 年中国产业结构仍在持续优化。

3. 科技创新能力持续提升

2021 年中国航天事业的发展，是中国科学技术发展的一个缩影。2021

① 《产业结构持续优化　发展新动能不断增强》，"人民网"百家号，2022 年 2 月 8 日，https：//baijiahao. baidu. com/s？id=1724173915949276635&wfr=spider&for=pc。

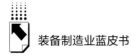

年中国科学技术发展稳健，已经步入高水平自主发展道路。基础研究领域不断取得新进展，关键核心技术攻关实现新突破。与此同时，中国的知识产权保护体系不断健全，知识价值导向的激励政策得到了进一步落实。2021年，中国共有69.6万件发明专利获得授权，国际专利申请连续3年居世界首位。世界知识产权组织发布的《2021年全球创新指数报告》指出，中国创新能力综合排名上升至世界第12位。整体上，中国科技创新能力持续提升，促进中国经济高质量发展。

4. 外贸规模再创新高

2021年，中国进出口总额达60514.9亿美元，与2020年相比增长30%。其中，出口同比增长29.9%，为33639.6亿美元；进口同比增长30.1%，为26875.3亿美元，贸易差额为6764.3亿美元。中国依托完备的制造业体系和良好的疫情防控措施，保持了产业链供应链体系的稳定可靠，满足了国际市场和消费者需求。中国与其他主要贸易伙伴的进出口在2021年均保持稳定增长。其中，共建"一带一路"国家进出口增速较快，以发展中国家为主，增速为23.6%，高于总体增速2.2个百分点。[①] 在疫情的影响下，2021年中国外贸的活力和韧性依然十足（见图4），有效推动世界经济均衡、健康并可持续地复苏，进一步凸显了中国外贸在全球产业链和供应链中的重要程度。

5. 制造业增长潜力巨大

2021年，中国制造业增加值为4.23万亿美元，同比增长9.8%，合人民币31.40万亿元（见图5），表明中国制造业整体平稳发展。中国制造业增加值已经连续12年居全球首位。目前，中国外部环境的复杂性显著增加，内部因素条件也发生了深刻变化，制造业大而不强、全而不优的矛盾日趋突出，制造业发展进入爬坡过槛的攻坚阶段。未来一个时期，制造业增长潜力依然巨大，但面临的风险阻力也明显增加，制造业高质量发展将是中国经济在新的发展格局下实现高质量发展的重中之重。

---

① 《中国外贸强劲增长是"世界之福"》，中国政府网，2022年2月8日，http://www.gov.cn/xinwen/2022-02/08/content_ 5672493. htm.

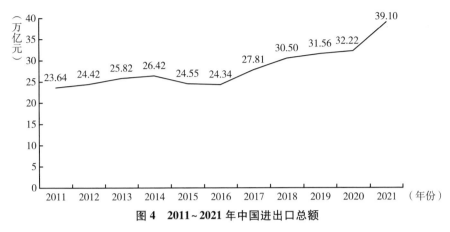

图4　2011~2021年中国进出口总额

资料来源：国家统计局。

图5　2011~2021年中国制造业增加值

资料来源：中商产业研究院数据库。

二　中国装备制造业投资现状分析

（一）风险投资①市场较为活跃

2021年，中国装备制造业投融资项目披露的投资案例共7340起，有

———————

①　风险投资（Venture Capital，VC），简称风投，包括天使投资、创业投资、私募股权投资等。

3402 起案例披露了投资金额，总规模达 36488.48 亿元，平均金额为 10.73
亿元，同比增加了 1379 起，总规模同比增加 139.77%。① 从单月披露规模
来看，2021 年 6 月为 11137.98 亿元，排名第一；12 月排名第二，达到
4658.44 亿元。从单月案例数来看，12 月最多，达到 471 起；11 月排名第
二，达到 347 起（见图 6）。

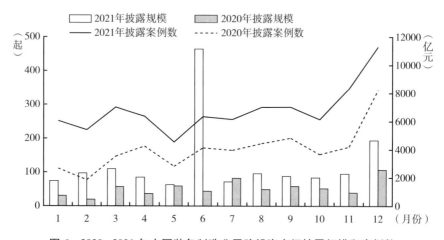

图 6 2020~2021 年中国装备制造业风险投资市场披露规模和案例数

资料来源：投资中国（CVSource）数据库。

1. 鲁粤浙苏沪投资活跃度最高

从地区来看，2021 全年山东、广东、浙江、江苏、上海创业投资活跃
度分列中国前 5 位。山东省创业融资金额达 4853.83 亿元，强势占据全国第
一的位置（见表 1）。2021 年，广东、上海、浙江、江苏仍然是投资活跃度
较高的地域，案例数有所增加但金额均有不同程度下降，浙江省融资金额较
上年出现了 72% 的降幅。

2. 上市及以后融资占主导地位

在融资金额上，2021 年中国装备制造业企业上市及以后融资案例共 1075

---

① 如没有特殊说明，本报告数据均来自投资中国（CVSource）数据库（http://www.
cvsource.com.cn/index.jsp）。

表1　2021年中国装备制造业创业投资市场案例数和融资金额的前10名

单位：起，亿元

地区	案例数	融资金额
山东	141	4853.83
广东	546	3969.91
浙江	430	3749.25
江苏	567	3615.52
上海	379	2603.47
北京	244	2025.73
福建	66	732.15
湖北	101	616.09
安徽	104	502.22
河南	53	344.89

资料来源：投资中国（CVSource）数据库。

起，较上年增加了128.24%，融资金额居首位，为17102.83亿元；Buyout融资431起，融资金额为9829.29亿元，非控制权收购881起，融资金额达到3281.98亿元，B轮融资合计176起，融资金额达到1234.38亿元（见表2）。与上年相比，除了上市及以后、D轮、C轮、D+轮、E+轮融资外，各轮次案例数均有所下降；Pre-IPO、天使轮、未披露融资金额减少，其他轮次融资金额都有所增加。从披露的创投案例数角度看，投资案例更多分布于进入成熟期及以后阶段的企业，不难看出投资者对相对成熟的企业有更高的投资热情。

表2　2021年中国装备制造业风险投资类型分布

单位：起，亿元

融资性质	案例数	融资金额
上市及以后	1075	17102.83
Buyout	431	9829.29
非控制权收购	881	3281.98
B	176	1234.38
A	175	1048.146
D	63	990.81

融资性质	案例数	融资金额
C	142	717.53
战略合并	2	386.90
D+	21	302.38
私有化	6	242.97
Pre-A	44	235.18
战略融资	29	233.72
B+	44	221.96
A+	40	160.69
Pre-IPO	7	151.35
C+	13	115.47
E	6	73.70
定向增发	198	69.42
Pre-C	12	42.19
天使轮	23	18.12
G	3	11.61
E+	3	8.26
Pre-B	5	7.30
未披露	1	2.00
种子轮	2	0.29
总计	3402	36488.48

资料来源：投资中国（CVSource）数据库。

3. 通用设备制造业、汽车制造业投资规模较大

2021年，在装备制造业各细分行业中，通用设备制造业的投资案例数、融资金额均最多，分别为1341起和16321.51亿元，案例数占全行业总案例数的39.42%，融资金额占全行业融资金额的44.73%。汽车制造业在融资金额上位列第二，为9823.41亿元，占全行业的26.92%。计算机、通信和其他电子设备制造业在案例数上位列第二，共计799起，占全行业的23.49%（见表3）。

表3 2021年中国装备制造业风险投资市场不同行业的案例数和融资金额

单位：起，亿元

行业	案例数	融资金额
计算机、通信和其他电子设备制造业	799	5313.15
通用设备制造业	1341	16321.51
电气机械和器材制造业	417	3691.48
铁路、船舶、航空航天和其他运输设备制造业	102	552.58
汽车制造业	499	9823.41
金属制品业	135	550.96
仪器仪表制造业	109	235.40
总计	3402	36488.48

资料来源：投资中国（CVSource）数据库。

（二）融资金额不断增长

1. 首次公开募股（IPO）活跃度提升

装备制造行业 IPO 融资金额同比大幅提升。2021 年，中国装备制造业企业披露上市相关信息并成功上市的共有 222 家，与 2020 年相比增加了 204 家；合计募集资金 2699.84 亿元，较上年增长 1880.80%。上市的 222 家装备制造业企业有 2 家在 A 股、港股两地上市，2 家在港股上市，3 家在美股上市，其余均在 A 股上市。按月来看，IPO 企业数量较多的 3 个月分别为 8 月、2 月和 7 月，其中 8 月有 43 家装备制造业企业上市，融资金额达 494.92 亿元，居全年之首，2 月有 25 家企业上市，融资金额为 404.03 亿元，上市企业数和融资金额均位列第二（见图 7）。

通用设备制造业 IPO 企业数量位列第一。从细分行业 IPO 企业数量来看，2021 年，除汽车制造业外，其余细分行业均有企业成功进行 IPO，其中通用设备制造业领域的 IPO 企业数为 88 家，计算机、通信和其他电子设备制造业领域的 IPO 企业数为 62 家。

通用设备制造业融资规模最大。2021 年通用设备制造业融资金额达到 1399.38 亿元，占 2021 年装备制造业融资金额的 51.83%，其中先瑞达医

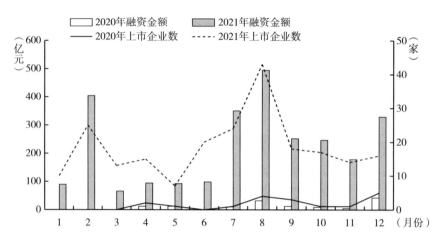

图7 2020~2021年中国装备制造业全球资本市场融资金额及上市企业数

资料来源：投资中国（CVSource）数据库。

疗、归创通桥、心通医疗3家企业融资金额较多，分别为333.15亿元、233.92亿元和176.92亿元；计算机、通信和其他电子设备制造业融资金额为675.55亿元，位列第二（见表4）。

表4 2021年中国装备制造业IPO融资市场细分行业IPO企业数及融资金额

单位：家，亿元

行业	IPO企业数	融资金额
计算机、通信和其他电子设备制造业	62	675.55
电气机械和器材制造业	33	365.33
铁路、船舶、航空航天和其他运输设备制造业	13	138.07
通用设备制造业	88	1399.38
汽车制造业	0	0.00
金属制品业	15	61.57
仪器仪表制造业	11	59.94
总计	222	2699.84

资料来源：投资中国（CVSource）数据库。

2.非公开发行募资有所增加

2021年，中国装备制造业共有852起非公开发行募资，其中共738起已完成募集，75 起正在募集中，39 起发行失败。合计募集资金 12630. 30 亿元，平均融资金额为 17. 11 亿元。2021 年成功进行非公开发行的案例数与 2020 年相比增加 732 起。从 2021 年全年来看，非公开发行企业不论在案例数上还是在融资金额上，同比均有大幅上升。

按月份看，非公开发行活跃度较高的月份为 3 月、6 月、12 月，其中 3 月和 6 月分别有 81 起、78 起非公开发行募资。6 月融资金额达到 3821. 69 亿元，排名第一；12 月融资金额达到 1852. 33 亿元，全年第二。然后是 3 月，融资金额为 1424. 65 亿元，位列第三（见图 8）。

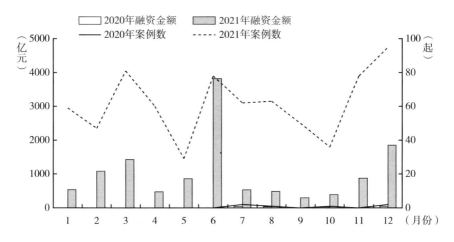

图 8 2020~2021 年中国装备制造业全球非公开融资金额及案例数

资料来源：投资中国（CVSource）数据库。

2021 年 A 股非公开发行情况大幅上升。2021 年，装备制造业企业在 A 股市场成功非公开发行 131 起，融资金额 1861. 35 亿元。与上年相比，增加了 125 起（见图 9）。

计算机、通信和其他电子设备制造业非公开发行案例数最多，融资金额最大。2021 年，计算机、通信和其他电子设备制造业完成非公开发行 69 起，融资金额是 1062. 78 亿元，占全年融资金额的 57. 10%（见表 5）。

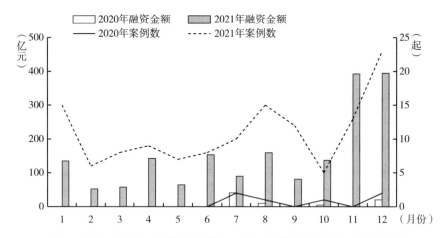

图9 2020~2021年中国装备制造业A股市场非公开融资金额及案例数

资料来源：投资中国（CVSource）数据库。

表5 2021年中国装备制造业非公开发行市场细分行业的案例数及融资金额

单位：起，亿元

行业	案例数	融资金额
计算机、通信和其他电子设备制造业	69	1062.78
铁路、船舶、航空航天和其他运输设备制造业	7	107.44
汽车制造业	0	0.00
通用设备制造业	0	0.00
电气机械和器材制造业	41	592.85
金属制品业	5	35.92
仪器仪表制造业	9	62.36
总计	131	1861.35

资料来源：投资中国（CVSource）数据库。

（三）装备制造业企业并购规模小幅增长

2021年，中国装备制造业披露并购案例累计1247起，有965起披露了并购金额，总计7816.45亿元，并购案例数较上年减少了200起，同比下降13.82%。从融资金额上看，6月融资金额最大，达2465.50亿元，12月位列第二。从案例数上看，12月排名第一，共计158起，兼并活跃度居全年首位（见图10）。

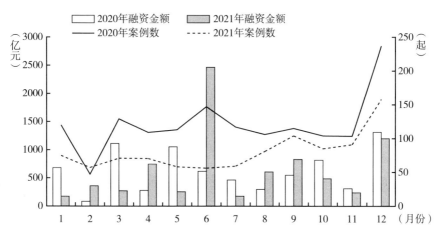

图10　2020～2021年中国装备制造业并购市场融资金额及案例数

资料来源：投资中国（CVSource）数据库。

1. 境内并购交易占主导地位

2021年，在境内进行的并购案例数有所减少，交易规模均有增长。2021年，装备制造业有915起境内并购交易，交易规模达6817.98亿元，平均每起并购募资金额为7.45亿元。境内并购案例数同比减少了220起，交易规模同比增长22.66%。

从各月来看，6月境内并购交易规模最大，为2465.50亿元。12月交易规模为1179.82亿元，位列第二。从数量来看，12月共有148起并购案例，在全年居首位，9月排名第二，共99起（见图11）。

跨境并购交易案例数及交易规模有一定幅度缩减。2021年，装备制造业有50起跨境并购案例，同比减少12起，交易规模大幅下降，同比下降33.53%，达到998.48亿元。2021年9月单月交易规模达到436.34亿元，位列第一，共有5起并购案例，平均交易额达到87.27亿元。10月以204.07亿元位列交易规模第二，2月位列第三（见图12）。

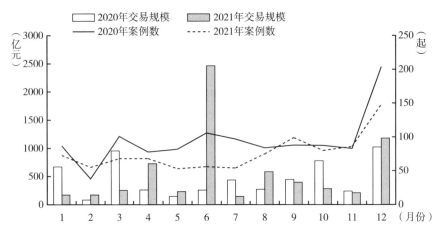

图11 2020~2021年中国装备制造业并购市场境内并购交易规模及案例数

资料来源：投资中国（CVSource）数据库。

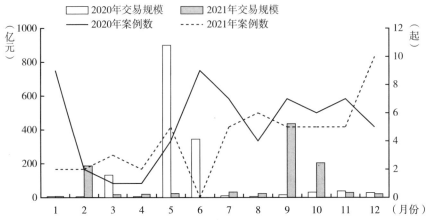

图12 2020~2021年中国装备制造业并购市场跨境并购交易规模及案例数

资料来源：投资中国（CVSource）数据库。

2. 并购市场交易案例多数已完成

2021年有567起案例完成交易，同比减少38.44%，约占全年披露案例总数的58.76%（见表6）。全年完成交易金额达5990.42亿元，同比上涨3%。共366起案例正在进行中，与上年同期相比下降18%，交易金额达1389.20亿元。32件失败案例，与上年同期相比减少了47起。

表6 2021年中国装备制造业并购市场不同交易状态案例数与交易金额

单位：起，亿元

交易状态	案例数	交易金额
进行中	366	1389.20
已失败	32	436.83
已完成	567	5990.42
总计	965	7816.45

资料来源：投资中国（CVSource）数据库。

三 装备制造业投资机会展望

（一）"5G+工业互联网"

1. 政策鼓励"5G+工业互联网"产业发展

2017年末，国务院发布《关于深化"工业互联网+先进制造业"发展工业互联网的指导意见》，明确提出了在5G领域进行面向工业互联网应用的网络技术试验，推动5G在工业企业的应用部署，极大地推动了工业互联网与5G应用的融合步伐。2019年，工业和信息化部发布《"5G+工业互联网"512工程推进方案》，首次提出要打造5个产业公共服务平台、改造内网覆盖10个重点行业、形成20多个典型应用场景，引导产业界提高网络关键技术产业能力、创新应用能力和资源供应能力。此方案成为"5G+工业互联网"产业发展的又一有力催化剂，为装备制造业高端化发展明确了阶段性的发展目标。2020年，相关政策层出不穷，细分领域的工业互联网发展政策也相继发布，比如《关于推动工业互联网加快发展的通知》和《关于加快推动5G发展的通知》两个文件中再次强调推动512工程。另外，为了更好地指引重点行业的产业融合和创新应用，工业和信息化部、国家发展改革委和自然资源部三个部门联合发布《有色金属行业智能矿山建设指南（试行）》等文件，引导矿山无人驾驶、远程协作和移动装备的互联互通等

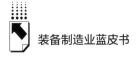

应用融合发展。[①] 2020 年，国务院《政府工作报告》提出，要拓展 5G 应用，大力发展工业互联网。2021 年，国务院《政府工作报告》指出，要大力发展工业互联网，搭建共性技术的研发平台，提高中小微企业的创新能力和专业化水平。可以看出，工业互联网的应用深入范围更广、数量更多的小微企业，推动工业互联网在全国各企业的应用发展。

2."5G+工业互联网"市场潜力巨大

到 2021 年末，全国已开通 142.5 万个 5G 基站，建立了全球最大的 5G 网络；IPv6 地址资源总规模处于世界首位；2022 年是中国推进"5G+工业互联网"512 工程的收官之年。截至 2022 年 11 月，随着中国"5G+工业互联网"融合创新水平持续提高，全国"5G+工业互联网"项目已超过 4000个。目前中国工业互联网产业规模突破万亿元大关，累计建设 5G 基站 220多万个，高质量外网覆盖全国 300 多个城市，已经建立了 150 多家具有一定区域影响力和行业影响力的工业互联网平台，在电子设备制造、钢铁、电力等十大重点行业，形成远程设备操控、机器视觉质检、无人智能巡检等一大批典型应用实践。

《2022 中国"5G+工业互联网"发展成效评估报告》表示，中国"5G+工业互联网"512 工程任务高质量完成。全国已建成超过 4000 个覆盖 41 个国民经济大类的"5G+工业互联网"项目。在"5G 全连接工厂"种子项目中，有超过 50% 的工业设备 5G 连接率超过 60%，5G 技术与工业融合的广度和深度不断拓展。该报告还指出，当前全国"5G+工业互联网"发展已形成以长三角地区、粤港澳地区为引领，向京津冀地区、西部地区和东北老工业基地延伸的"东中西"梯次推进的全新发展格局。

（二）工业机器人

1.工业机器人保持快速发展势头

近年来，工业机器人已被广泛应用于汽车、电子、金属制品、塑料和化

---

① 黄颖等：《"5G+工业互联网"产业政策分析》，《信息通信技术与政策》2020 年第 7 期。

工产品等领域。根据国际机器人联合会（IFR）的统计数据，全球工业机器人市场在2021年强势复苏，市场规模以175亿美元刷新历史最高值，安装量以48.7万台成为历史新高，与2020年相比增长27%。更加值得关注的是，亚洲是世界上工业机器人领域最大的市场。2022年，全球工业机器人市场规模达200亿美元。全球工业机器人市场规模预计将继续增加，预计2024年将达到230亿美元，市场需求持续释放，工业机器人将得到进一步普及应用。

根据国家统计局数据，2021年，中国工业机器人的产量为36.6万台，与2020年相比增长54.4%。自2016年开始，中国工业机器人的产量一直呈现正向增长态势。与此同时，中国工业机器人在2021年的销量为25.6万台，较上年增长48.8%。《"十四五"机器人产业发展规划》指出，截至2021年底，我国已经连续8年成为世界上最大的工业机器人消费国。

2. 政策引导和疫情背景之下自动化需求爆发

从2016年开始，随着将机器人产业发展纳入"十三五"规划，有关机器人的政策相继出台。比如《机器人产业发展规划（2016—2020年）》、《智能制造发展规划（2016—2020年）》、《关于促进机器人产业健康发展的通知》、《国务院关于深化"互联网+先进制造业"发展工业互联网的指导意见》和《"十四五"机器人产业发展规划》等。2021年底，《"十四五"机器人产业发展规划》由工业和信息化部、国家发展改革委、科技部等15个部门联合印发，明确提出，力争到2025年我国成为世界机器人技术创新的策源地、高端制造的集聚地和集成应用的新高地，机器人产业营业收入年均增长超过20%，制造业机器人密度实现翻番。预计到2025年，我国工业机器人的销售规模会达到1051亿元左右。

3. 汽车成为工业机器人最大拉动力

从下游行业来看，汽车、3C行业对工业机器人的需求占比接近60%，以新能源汽车为主的汽车整车行业需求增速攀升，新能源汽车成为2022年最大的需求拉力。家电、金属加工、食品饮料等行业需求增速出现一定的降幅，传统主要下游3C行业下行明显。与下游市场变化相对应的是，各类大载重机器人需求在汽车和新能源市场的牵引下出现增长，而SCARA机器人的高速度和大载重需求也随之水涨船高。

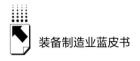

（三）商业航天

1. 商业航天有望步入快速发展期

在全球航天竞争愈演愈烈，各主要发达国家紧抓战略部署的新形势下，中国各有关部门、企业、科研院所等纷纷积极投入"航天强国"的建设，比如在政府层面，国家发展改革委、商务部发布相关文件，大力支持海南依托自贸港优势发展商业航天产业。与此同时，浙江省颁布的"十四五"规划征求意见稿中明确提出将在宁波市打造商业航天发射中心。在企业层面，越来越多的商业火箭公司取得技术突破，比如星际荣耀、星河动力等。2021年，国内商业航天产业共完成了400余亿元的相关投融资，涉及产业链上的各个环节。近几年，中国的商业航天产业已经初步形成规模，并得到快速发展。2022年，我国商业航天产业市场规模达6536亿元，2015~2022年复合增长率为15.8%。目前，卫星通信、导航、遥感在各行业广泛融合创新应用，商业航天正在逐步增强体系化、系统化的服务能力。

2. 中国持续颁布政策措施促进航天商业化

为了有效推进航天商业化，近年来中国有关部门持续颁布一系列政策措施，充分发挥市场在航天领域资源配置中的决定作用，鼓励社会力量入局航天领域。比如，2013年《国务院办公厅关于印发国家卫星导航产业中长期发展规划的通知》（国办发〔2013〕97号），明确提出要充分发挥市场在卫星导航产业中的资源配置作用。2016年《关于加快推进"一带一路"空间信息走廊建设与应用的指导意见》，指出要进一步以PPP等多种模式鼓励商业航天产业发展。在"一带一路"倡议的加快实施过程中，商业航天技术已经成为提升空间信息技术水平和覆盖能力的重要途径。《2021中国的航天》白皮书提出要研制商业航天发展的指导意见。同年3月，《中华人民共和国国民经济和社会发展第十四个五年规划和2035年远景目标纲要》，强调重点是要建立覆盖全球、运行高效的导航通信和遥感空间基础设施体系。

（四）高性能医疗装备

1. 政策重点支持高性能医疗装备发展

2021 年，国家卫生健康委、国家发展改革委、科技部等 10 个部门在联合印发的《"十四五"医疗装备产业发展规划》中强调，"到 2025 年，医疗装备产业要实现基础高级化、产业链现代化水平明显提升，主流医疗装备基本实现有效供给，高端医疗装备产品性能和质量水平明显提升，初步形成对公共卫生和医疗健康需求的全面支撑能力"。受益于鼓励创新医疗器械研发生产、医疗器械国产化及进口替代政策的不断出台及实施，中国自主研究、具有自主知识产权的新型医疗器械设备将会源源不断地出现，从而实现从中低端市场向高端市场拓展和突破的目标。2022 年 7 月，国家卫健委发布《〈高端医疗装备应用示范基地管理办法（试行）〉征求意见稿》。该征求意见稿指出，根据《"十四五"医疗装备产业发展规划》重点任务部署，加快医疗装备器械产业高质量发展，引导各地加快建立高端先进的医疗装备应用示范基地。

2. 多个产业细分方向成为未来发展重点

POCT、微流控、免疫、生化、质谱等迎来重大利好。具体而言，一是诊断检验装备、高端影像诊断装备朝智能化、远程化、精准化等方向不断提升发展。二是多种治疗装备迎来重大利好，如多治疗计划融合、多模式图像以及自适应放射治疗等装备。三是新型中医诊疗装备，即融合电子信息技术、大数据乃至人工智能等高新技术的中医特色装备。四是妇幼健康保健装备，即符合妇女、儿童特定年龄、特殊需求的诊断、治疗、保健装备，孕产期保健、儿童保健可穿戴装备等。五是重症监护与生命支持装备，如颅内血氧、脑损伤等新型监护装备，远程监护装备等。六是植介入器械，如微型化、精密化植入式心脏起搏装备，支架，骨科植入，神经刺激装备，口腔种植器械产品等。七是保健康复装备，如推拿、牵引、光疗等传统保健康复装备和基于新一代信息技术、语音识别、视觉交互，乃至脑机接口、人机电融合与智能控制技术的新型高端护理装备和康复装备。

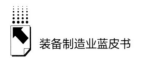

（五）锂电设备

1. 锂电设备需求旺盛

随着新能源汽车及动力电池技术的迅速发展，锂电池设备的需求量连年上升，世界范围内的锂电设备市场规模将会越来越大。在这种趋势下，中国锂电设备市场规模也呈现逐年增长态势。根据 GGII 数据，2022 年，中国锂电生产设备市场规模为 1000 亿元，同比增长 70%。预计到 2025 年，中国锂电池市场出货量将达到 615GWh，2021～2025 年的锂电池复合增长率将超过 25%。[①]

2. 国内市场份额将会进一步集中

目前，国内的锂电池设备制造业正在快速发展，存在大量从事设备制造的企业，但大部分企业负责的仅是产业链的一个环节工序，缺乏综合性的龙头企业。随着新能源汽车工业的兴起，锂电池设备生产的下游市场不断发展，尤其是高端电池需求持续增长，整个行业的竞争日趋激烈。在这种情况下，行业内优胜劣汰趋势明显，规模小、技术弱的中小锂电池生产商将因竞争力较弱逐渐退出舞台，市场份额将会逐渐被规模较大且拥有核心知识产权的大型设备企业所占据，行业集中度势必将不断提升。

3. 海外市场需求快速上涨

欧美新能源车销量持续超预期，预计 2025 年欧洲市场新能源车销量将达到 465 万辆，美国市场新能源车销量也有望超过 400 万辆。随着海外新能源车市场持续发力，2022 年海外锂电池企业扩产加快，其中成熟锂电池厂开始规模化扩产，新兴电池厂逐步实现量产，国内企业不断赴海外建厂或收购海外电池厂，整车厂采用合资或自建等方式保证自身的电池供应。海外订单毛利率高，国内设备企业在多方面具备明显优势，积极布局海外市场。[②]

---

① 《2021 年中国锂电池行业调研分析报告》。

② 《锂电设备行业专题研究：海外需求复苏，设备出海进行时》，"未来智库"百家号，2022 年 1 月 7 日，https：//baijiahao. baidu. com/s? id＝1721259655747777647&wfr＝spider&for＝pc。

B.3
中国装备制造业发展政策建议

李河新　张　挺　王　茜*

摘　要：　本报告从推动高端化提升、加快智能化升级、支持绿色化转型、引导服务化延伸、优化应用生态、促进企业梯度培育、推动集聚发展、加强人才体系建设、提高开放合作水平9个方面提出发展政策建议。在高端化提升方面，提出应提升装备制造业创新能力、打造高能级创新载体、实施质量品牌提升战略、加快标准体系建设；在智能化升级方面，建议推进制造过程数字化、推进装备产品数字化、加快工业互联网平台应用；在绿色化转型方面，建议通过建设绿色制造体系、推进绿色科技创新等措施加快绿色转型；在服务化延伸方面，建议提升企业总集成总承包水平，同时培育发展服务型制造业新业态、新模式；在优化应用生态方面，建议重点关注推动创新产品推广应用多元化及其扶持政策落地；在促进企业梯度培育方面，建议从打造产业链龙头骨干企业及培育"专精特新"中小企业两个方面发力；在推动集聚发展方面，建议锻造产业链协同能力、打造装备制造业产业集群；在加强人才体系建设方面，建议完善人才引进培养机制及人才管理评价制度；在提高开放合作水平方面，提出推进产业国际合作、推动企业融入新发展格局的政策建议。

---

*　李河新，博士，机械工业经济管理研究院发展战略研究所所长、城乡规划研究所执行所长，主要从事区域经济、产业经济研究；张挺，博士，高级经济师，机械工业经济管理研究院院长助理、产业经济研究所所长、重大技术装备研究中心主任、环境能源研究所所长，主要从事复杂系统科学、产业经济研究；王茜，博士，助理研究员，机械工业经济管理研究院产业经济研究所副所长，主要从事工业经济、投资经济、政府采购研究。

关键词： 装备制造业　高质量发展　创新能力　绿色化转型　服务化延伸

一　引导装备制造业高端化提升

（一）提升装备制造业创新能力

围绕重点装备制造业领域、新发展阶段的重大工程和重点装备所需的关键技术，集中力量提高零部件、元器件、软件、工艺等技术基础。实施装备制造业创新发展工程，做优做强信息通信设备、先进轨道交通装备、工程机械、电力装备、船舶等优势产业。发挥新能源汽车产业发展部际协调机制作用，要加快新能源汽车工业的发展，必须突破关键核心技术，建立新的工业生态，健全基础设施。号召相关领域企业组织开展农机装备"补短板"行动，大力一体化推动农机装备生产应用。加快能源电子产业发展，推动智能光伏创新发展和行业应用，完善光伏、锂电等综合标准化技术体系。加快推动首台（套）装备制造业以及装备制造业领域重点新材料的首批次保险补偿试点政策普及，同时深入开展政府采购支持首台（套）试点，[①] 通过良好的政策环境推动首台（套）装备的普及应用。

（二）打造装备制造业高能级创新载体

一是深入贯彻落实装备制造业企业的创新主体地位。鼓励企业通过自主技术研发、技术转让和并购等模式进行先进技术的逐步引进、消化吸收和再次创新。鼓励企业与科研院所、高等院校进行产学研合作，从而建立联合技术攻关团队，解决产业发展中的技术瓶颈问题。鼓励企业增加创新方面的投资。要充分铺开、落地制造业企业加计扣除等税收优惠政策，鼓励企业加大

---

① 《工业和信息化部 国家发展改革委 国务院国资委关于巩固回升向好趋势加力振作工业经济的通知》。

科技创新力度。二是大力推进装备制造业创新平台的设计与建立。聚焦高端装备重点领域和标志性产业链，以产业需求为向导，加强产业创新中心、制造业创新中心、技术创新中心等创新平台的建设。

（三）实施质量品牌提升战略

一是凝神聚力提高装备制造业企业的质量管理及把控能力。协助各行业组织及专业机构开展质量工程技术的培训和交流推广活动，提高可靠性、六西格玛、精益、创新方法等专业知识在相关工作人员中的普及率。二是提高中国装备制造业的产品质量竞争力。《促进装备制造业质量品牌提升专项行动指南》是针对中国装备制造业质量品牌发展所提出的重要举措，重点指导企业解决基础零部件和电子元器件等方面的问题，并在技术上进行改进，补齐质量短板。《工业企业技术改造升级投资指南》对目前装备制造业领域急需的新技术、新装备和新工艺相关目录重新进行了梳理，并向产业基金和社会资金等多方面积极争取资金等支持。① 三是推动高端装备自主品牌建设。加快企业"产品+服务"的转型，在轨道交通、电力、工程机械、特种设备等装备领域，重点发展一批科研开发能力较强、技术创新能力一流、质量管理优秀的领军品牌。②

（四）加快装备制造业标准体系建设

要加快信息化与工业化融合，同时要加快智能制造等产业转型升级标准体系的建设。围绕数控机床、工程机械和船舶装备等几大重点行业，实施高端装备制造标准化强基工程，制定和实施一系列标准，促进高端装备与信息技术、绿色低碳和现代服务融合。开展智能制造、绿色制造、服务型制造等方面的标准化试点工作，在装备制造业的先进制造领域形成以标准促进高端化发展的模式并推广应用。③

---

① 《工业和信息化部关于促进制造业产品和服务质量提升的实施意见》。
② 《国家发展改革委等部门关于新时代推进品牌建设的指导意见》。
③ 《关于印发贯彻实施〈国家标准化发展纲要〉行动计划的通知》。

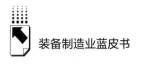
二 加快装备制造业智能化升级

（一）推进制造过程数字化

一是全力支持具有引领和标杆作用的先进龙头企业建设智能工厂和数字化车间。提升装备制造领域企业在数字化设计、工艺流程优化、精益生产、质量控制与追溯等方面的智能化及数字化水平，推动装备制造业在制造过程中的数字化转型升级。二是鼓励具备智能制造相关基础的智能工厂、数字化车间，聚焦产品研发、生产制造、销售服务等业务过程，大力应用物联网与人工智能等先进技术，加快企业向云化、平台化、服务化转型，打造一批"未来工厂"。三是加强龙头企业的引领作用，大力扶持在不同行业的产业集群中具备引领带动能力的重点企业，促进产业链中的"链主"企业带动产业链上下游数字化转型，实现产业链研发设计、生产供应、销售服务等环节的全流程智能化升级。

（二）推进装备产品数字化

一是加强装备制造业中新型传感器、智能测量仪表、工业控制系统等的集成应用，探索将人工智能技术融合应用到数字化程度较高的重点行业。二是鼓励各大公司建立以智能产品为基础的物联网、云服务平台，延伸发展智能化"产品+服务"和全生命周期管理服务，并加强数据采集和分析，从而发展精准化、个性化服务，优化用户体验，提升企业品牌的竞争力。

（三）促进工业互联网平台推广应用

一是要围绕标志性产业链和产业集聚区，加快产业链、行业、区域及特定环节等不同层级工业互联网平台的建设。加快打造具有代表性的重点产业链，实现工业互联网平台全面覆盖。二是推进数量更多、涉及面更广的中小企业上云，在中小企业生产流程的各环节上建立起完整的数据链条，提升中小企业的管理能力和管理水平，提高企业生产制造的效率，增强企业的市场竞争力。三是持续向中小企业推广"平台赋能服务商、服务商服务中小企业"的经营模式，进一步拓展服务平台，努力提高服务能力，更大规模地推动企业数字化转型升级。

三　支持装备制造业绿色化转型

（一）建设绿色制造体系

坚持碳达峰碳中和的理念和要求，大力推进绿色工业园区、绿色工厂的建设，打造绿色供应链。推动制造生产所需原料及能源的绿色化替代。推广清洁高效制造工艺，推广应用节能制造装备，减少制造过程中的能源消耗和污染物排放，降低生产方式的碳排放强度。鼓励重点领域行业和企业进行绿色升级改造，按步骤实现用地集约化、原料无害化、生产洁净化、废物资源化和能源低碳化，在实践中逐步探索出可复制、可推广的绿色工厂模式。推动绿色制造理念普及，支持企业实施绿色战略、标准、管理和生产，在降低资源消耗的同时，提高生产自动化、智能化水平。

（二）推进绿色科技创新

大力发展绿色低碳新兴产业，支持绿色低碳科技创新。鼓励各大企业大力研发具有节能、环保、低耗、高可靠等特性的绿色产品，并积极推进对装备制造业绿色产品的第三方评价与认证。促进产业化和规模化的绿色技术及产品应用。实施绿色科技示范工程，构建绿色产品创新应用生态。

四　引导装备制造业形成服务延伸

（一）提升总集成总承包水平

推进产业链上下游各环节的装备制造业企业朝拥有系统集成能力和整体

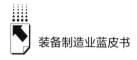

解决方案提供能力的方向转型，支持以市场需求为导向的企业并购和重组，培育具有大型项目能力的装备企业，发展高端软件、建设工艺中心等，利用国内市场资源，在装备制造业产品创新和核心技术突破方面加快速度，推动装备制造业各领域协同发展。[①]

（二）形成发展新模式和新业态

依托数字经济、平台经济等新发展趋势，大力推进数字化设计、工业互联网、企业上云等应用，针对装备制造业企业产品功能不断拓展、集成能力显著增强、深层需求陆续实现等，引导企业发展如在线监控、生命周期管理和售后运维等新服务和新业务。

五 优化装备制造业应用生态

（一）推动创新产品推广应用多元化

持续动态调整《首台（套）重大技术装备推广应用指导目录》，鼓励相关企业购置并应用该指导目录内的产品，并对此开展奖励试点。落实招标投标、政府采购首台（套）产品的支持政策。对尚未形成市场竞争力但有巨大的市场潜力、产业带动作用并且需要重点扶持的首台（套）产品，实行政府首购制度，优先推荐创新产品参加政府采购活动，逐步提高国有企业采购首台（套）产品和服务的比例。

（二）落实创新产品推广应用扶持政策

完善首台（套）产品认定和扶持办法，明确认定要求和程序，进一步规范认定和扶持工作。持续完善首台（套）产品保险补偿政策，逐步建立保险费率的分级浮动机制和分档阶梯补偿机制。鼓励保险公司按照市场需

---

① 《关于推动先进制造业和现代服务业深度融合发展的实施意见》。

求，创新险种并扩大承保范围，借此加大对首台（套）产品及其生产企业的支持力度。搭建装备制造业企业与需求用户的有效对接平台，为企业、项目、政府购置使用首台（套）产品提供优先支持，在首台（套）产品实现销售后，可参照具体销售及使用情况给予奖励。

六 促进装备制造业企业梯度培育

（一）打造产业链龙头骨干企业

实施装备制造业领航企业培育工程，遴选配套链条长、生产规模大、开发能力强、经济效益好、发展潜力大、带动能力强的企业进行重点培育，培育一批以生态主导力和核心竞争力为主的具有标杆作用的龙头骨干企业。引导龙头骨干企业积极兼并重组联合，加快纵向延伸、横向联合、跨越发展。鼓励领军企业多渠道、多方向整合资源进行创新，支持企业在全球范围内与一流科研机构和跨国企业共同建立创新中心，或通过先进技术引进、收购兼并拥有先进技术的企业，攻关前沿技术，开发重大战略产品，重点建设一大批国内外知名品牌和产品。对龙头骨干企业进行动态考核管理，根据领军企业对地方财政的贡献情况，给予地方政府财政奖励。

（二）打造"专精特新"中小企业

充分发挥各级中小企业协调机制作用，抓好各项惠企政策落实，鼓励地方出台配套举措。加大支持小微企业创业创新示范基地和中小企业公共服务示范平台的培育和建设力度，加大对产业技术基础公共服务平台建设的投入力度，深入开展中小企业服务行动，推动优质中小企业对接多层次资本市场。通过深入推进高质量中小企业梯度培育工程，组织开展中小企业数字化赋能专项行动、大中小企业融通创新"携手行动"和"千校万企"协同创新伙伴行动等，推动中小企业特色产业集群的发展，从而激发和培育更多"专精特新"企业和"小巨人"企业。扎实开展防范和化解拖欠中小企业账

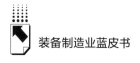

款专项行动、涉企违规收费专项整治，抓好减轻企业负担综合督查，为中小
微企业发展营造良好环境。[①]

七　推进装备制造业集聚发展

（一）锻造产业链供应链协同能力

一是深化制造业产业基础设施改造和产业链升级工程，推动"一链一
方案"和产业链"链长制"的落实，要把"补短板"与"锻长板"结合起
来，打破断链断供技术，实现产业链协同创新强链。二是培育和发展一批产
业链协同能力较强、安全绿色高效、辐射带动能力较强的优势产业链。聚焦
产业链、创新链、供应链的短板和断链断供风险点，加强一批强链延链、建
链补链重点项目的实施，强化产业基础，提高产业链的主导力和控制力。三
是要提升产业链的自主控制力、抗风险能力和发展韧性，尽快建立起以解决
断链断供风险为主的常态化风险控制闭环机制。

（二）培育装备制造业产业集群

深入开展先进制造业集群发展的专项行动，重点在于发展新一代信息技
术、高端装备和新材料等关键要素，推进国家级集群向世界级集群培育提
升。[②] 根据各地产业结构特征，统筹规划装备制造业布局，引导区域差异化
发展，防止低水平重复建设。鼓励产业基础好、集聚特征突出的地区，优化
产业链布局，集聚创新要素资源，按照国家新型工业化产业示范基地建设要
求创建一批装备产业集聚区。鼓励先进装备制造业高水平集聚区按照产业集
群的发展方式进行优化和整合，以龙头企业为主导，以产业链为纽带，带动

---

① 《工业和信息化部 国家发展改革委 国务院国资委关于巩固回升向好趋势加力振作工业经济
　的通知》。
② 《工业和信息化部 国家发展改革委 国务院国资委关于巩固回升向好趋势加力振作工业经济
　的通知》。

产业链上下游精准对接，不断构建技术创新、成果转化、检测认证、应用示范、人才培养、产融合作等区域装备制造生态体系，加快培育具有示范引领作用的先进装备制造业产业集群。

八 加强装备制造业人才体系建设

（一）完善人才引进培养机制

围绕"高精尖缺"的重点学科和创新方向，坚持引进和培养高层次领军人才和紧缺急需人才，建设一支高水平的创新队伍。鼓励行业内龙头企业与相关院校合作建设产业、技师学院和实训基地，打造门类齐全、技艺精湛、专业本领强的技能人才队伍。鼓励各种类型的市场主体合法开设相应的培训活动，为各装备制造行业提供培训服务，从而提高从业人员的专业素养。

（二）完善人才管理评价制度

探索构建多层次的人才评价与职业发展通道体系。建立"直通车"职称评审机制，探索和完善特殊优秀技术人才认定标准，打通首台（套）重大技术装备完成人的高级职称直接申报渠道。完善国家对高技术人员的补助政策，拓展技能与专业技术人才的职业发展空间。

九 提高装备制造业开放合作水平

（一）推进产业国际合作

面向高端装备领域的世界 500 强企业与全球龙头企业，定期组织海外招商引资及招才引智等活动，持续健全重大外资项目跟踪服务机制和重点外资企业服务机制，营造良好的高端装备领域外商投资环境。同时，进一步放宽

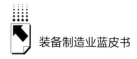

外商投资准入标准，加强引导产业投资方向，通过国际交流合作建立一批高层次国际产业合作园区。支持装备制造跨国公司参与集群企业的优化重组，提升集群创新发展能力。

（二）推动企业融入新发展格局

在"一带一路"建设和新一轮的扩大开放中，要不断拓展对外合作的深度和广度，推动企业积极融入新发展格局。一方面鼓励有实力的装备企业和产品走出国门，支持其国际化运营，积极推动上市公司开展跨国并购，将更多的世界高端技术、海内外高端人才和全球知名品牌引进国内，积极参与并嵌入全球产业链、价值链和创新链，不断提高国内企业及产品的国际化水平。另一方面鼓励各大中小企业积极参与国内市场，不断扩大内需，牢牢把握发展的主动权，建立国内国际双循环相互促进的新发展格局。

行 业 篇
Industry Reports

B.4
电工电器行业发展报告

李 鹏 聂喜荣*

摘 要： 本报告梳理了国内国际电工电器行业发展概况和趋势，通过年度分析和月度分析研究了 2021 年我国电工电器产业规模变化、运行情况变化、产业结构变化，分析明确了我国电工电器行业主要产品技术水平和重大技术突破，探讨了我国电工电器行业发展当前存在的主要问题和未来发展趋势。研究结果表明，2021 年，我国电工电器行业经受了全球经济增速放缓和新冠疫情等的影响，行业逐步复苏，发展增速稳步提高。当前，传统电力系统正朝着新型电力系统过渡，人工智能、大数据、物联网等先进信息通信技术与电力技术交互融合，通过数据赋能，构建智能化、数字化转型的技术平台，不断提高数据利用率，实现由传统制造向智能智造的转变，国家电网推动的智能电网建设、配电网智能化

---

* 李鹏，副研究员，机械工业经济管理研究院工业工程所所长，主要从事产业研究、人效研究；聂喜荣，机械工业经济管理研究院工业工程所副研究员，主要从事产业研究、劳动定额研究。

更新改造也极大地推动了电力装备的智能化升级改造。伴随智能电网建设、电力设施升级换代及以新能源为主体的新型电力系统建设，具有高安全性、可靠性及智能化、信息化、模块化的电力设备的市场需求将大大提升。国内电工电器行业输变电系统等局部技术虽已达到国际先进水平，但部分电力装备的核心零部件仍然依赖全球供应链，需要进一步加强核心技术研发，通过自主创新等举措提高产业竞争力，打造强产业链。

关键词： 电工电器　智能化　新能源　风电　光伏

电工电器行业是装备制造业重要的支柱子行业，涉及能源的开发、生产、输送、转换和使用以及各种特殊用途电气设备的生产等。

按照机械工业信息中心统计系统中的分类，电工电器行业包括 27 个子行业，在《国民经济行业分类》（GB/T 4754—2017）中对应的行业代码及类别名称如表 1 所示。

表 1　电工电器行业分类

中类代码	类别名称	小类代码	类别名称
307	陶瓷制品制造	3073	特种陶瓷制品制造
309	石墨及其他非金属矿物制品制造	3091	石墨及碳素制品制造
341	锅炉及原动设备制造	3411	锅炉及辅助设备制造
		3413	汽轮机及辅机制造
		3414	水轮机及辅机制造
		3415	风能原动设备制造
		3419	其他原动设备制造
342	金属加工机械制造	3424	金属切割及焊接设备制造
346	烘炉、风机、包装等设备制造	3461	烘炉、熔炉及电炉制造
		3465	风动和电动工具制造
356	电子和电工机械专用设备制造	3561	电工机械专用设备制造

中类代码	类别名称	小类代码	类别名称
381	电机制造	3811	发电机及发电机组制造
		3812	电动机制造
		3813	微特电机及组件制造
		3819	其他电机制造
382	输配电及控制设备制造	3821	变压器、整流器和电感器制造
		3822	电容器及其配套设备制造
		3823	配电开关控制设备制造
		3824	电力电子元器件制造
		3825	光伏设备及元器件制造
		3829	其他输配电及控制设备制造
383	电线、电缆、光缆及电工器材制造	3831	电线、电缆制造
		3832	光纤制造
		3833	光缆制造
		3834	绝缘制品制造
		3839	其他电工器材制造
384	电池制造	3849	其他电池制造

资料来源：国家统计局。

一　国际电工电器行业发展概况

（一）国际电工电器行业市场发展概况

2021 年，随着新冠疫情的逐渐缓解以及经济活动的恢复，全球发电量出现上涨，这提振了电工电器行业市场恢复的信心。同时以"碳中和"为目标的一系列政府引导行为，促使新能源发电装机数量快速增长。

1. 全球发电量出现上涨势头

全球的电力数据报告显示，2021 年全世界范围内用电量达到 28.466 万亿千瓦时，与 2020 年的 26.889 万亿千瓦时相比，出现上涨的趋势，上涨幅度达到 5.9%。2021 年全世界的用电报告显示，中国发电量居于首位，美国占据全球第 2 位，印度以及俄罗斯分别占据第 3 位、第 4 位，全球电力生产

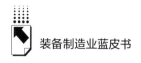
的重点地区还是亚洲各大国家。这给全球电力装备市场带来了发展机遇。

2. G20同意终止对国际燃煤电厂融资

2011年10月，G20领导人在罗马峰会上同意，终止对国际燃煤电厂的融资，结束对海外燃煤电厂的资助。虽然限制煤炭融资是G20的核心目标之一，但这是G20领导人的官方声明首次提到将全球变暖限制在1.5℃。这一政策将缩减全球燃煤电厂的投资规模，也将给全球主要的电工电器行业中的燃煤发电装备产业带来压力。

3. 各国可再生能源安装明显提速

受能源危机推动，各国可再生能源安装明显提速，未来5年全球装机增量有望接近此前5年增量的两倍。预计2022~2027年，全球可再生能源发电装机容量将增加2400GW，占全球电力增量的90%以上。未来5年，欧洲地区可再生能源新增装机容量有望达到上一个5年期增量的两倍，中国增量将占全球增量的近一半，美国、印度的可再生能源增长也很显著。

4. 全球风电装机数量稳步增加

2021年全球新增近94GW风电装机，为历史第2高年份，且海上风电新增装机创历史新高。其中，欧洲、拉丁美洲、非洲及中东地区创历史最高新增装机纪录；中国风电装机数量增长迅速，英国漂浮式风电安装量持续增长；全球风电招标量为88GW，上升153%。预计2022~2026年全球风电新增557GW，年均增长率为6.6%。

5. 受疫情影响，海外光热发电项目推进速度放缓

2021年，受疫情影响，海外光热发电项目推进速度放缓，仅装机110MW的智利Cerro Dominador塔式太阳能光热发电项目投运。此外，智利、沙特阿拉伯、纳米比亚、博茨瓦纳、伊朗等新兴市场正在积极规划或筹建新的商业化光热项目。

（二）国际电工电器行业技术发展概况

2021年，国际电工电器行业技术持续发展，相关发展成效在特高压输变电技术和智能化建设两个方面体现充分。

1. 特高压输变电技术中国保持领先

用超过 1000 千伏的电压来输送电能的超特高压输电技术可以有效地降低电能损耗，提高输电能力，使较远距离的电能传输更加高效。使用特高压输变电技术，离不开一些核心设备，例如换流阀、换流变压器、平波电抗器、直流滤波器、特高压节能导线等。在这方面，中国的制造技术处于国际领先地位。近年来，中国开始了特高压输电的全球布局，在非洲、欧洲等积极寻找合作机会，先后与菲律宾、葡萄牙、澳大利亚、希腊、俄罗斯等国在特高压输电领域开展合作。在特高压输电技术领域，我国制定的国际标准为 14 项，并制定了国家标准 50 项、行业标准 73 项，全世界都在使用中国制定的相关标准。

2. 成套设备的智能化成为重要趋势

近年来，随着电力行业基础设施的投入和发展，电气成套设备的需求逐渐增加，电气成套设备的智能化逐步成为行业发展的一个重要趋势。而日益先进的计算机技术、数据处理技术、信息传感技术、通信和数据存储技术、电力电子技术等的发展及各学科间的融合，为电气设备的智能化创造了技术条件，智能化成套设备使整个配电系统的保护、远程控制、实时监控和测量等，实现配电网络自动化，为构建广域监测和诊断系统奠定了基础，确保电力系统的安全、可靠、经济运行。

（三）主要发达国家电工电器行业发展举措

2021 年，主要发达国家电工电器行业在全球发电量持续走高和大环境对煤电的抑制背景下，积极破局新能源产业发展，风电技术、再生发电技术、锂电池技术等取得政策、资金及技术上的一系列支持。

1. 美国重返《巴黎协定》利好新能源产业

2021 年，拜登在第 46 任总统的就职典礼上宣誓。上任当天，拜登就签署了一系列行政令，重点之一是美国将重新加入《巴黎协定》。这一举动将给美国本土及全球的新能源持续发展带来重大利好。

2. 韩国 SK 集团入股普拉格能源发力氢能产业链

2021 年，普拉格能源（PLUG）发布公告，表示与韩国 SK 集团形成战略合作，SK 计划与 PLUG 于 2022 年前在韩国成立合资公司（JV），以覆盖

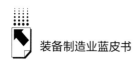
快速增长的亚洲市场。该笔投资是近20年来美国规模最大的清洁能源PIPE投资。燃料电池中日韩三方竞争的态势日渐明朗。从产业角度来看，SK在PLUG股价高位下仍然大举增持，充分说明其对氢能产业前景的看好，氢能产业价值再次获得国际巨头肯定。

3. 海外电池企业盈利提升，扩产再加速

海外电池企业2021年业绩同比稳增，扩产加速。LG新能源电池、三星SDI电池板块营业持续向好，特别是加大了对美国市场的布局。

4. 美国通过《建设更好法案》实现PTC加码

2021年11月19日，美国众议院通过《建设更好法案》（Build Back Better Framework），批准了超过2万亿美元的支出，其中有5500亿美元用于应对气候变化。该法案将光伏ITC（投资税收抵免）提升至30%并延长10年，将风电光伏PTC（度电税收抵免）提升至2.5美分/度并延续至2026年，这将进一步刺激光伏产业的中长期发展。

5. 法国推动核能、氢能的开发

2021年10月，法国总统马克龙在公布一项培育行业冠军和创新的五年投资计划时表示，法国的目标是到2030年成为绿色氢能领导者，并建造新的小型反应堆。马克龙认为必须同时打好创新和工业化之战，并公布了"法国2030"计划，即斥资300亿欧元让小型初创企业和商业巨头企业一起开展国家"再工业化"计划。

6. 中美达成强化气候行动联合宣言

2021年11月10日，中国和美国在联合国气候变化格拉斯哥大会期间发布《中美关于在21世纪20年代强化气候行动的格拉斯哥联合宣言》。双方赞赏迄今为止开展的工作，承诺继续共同努力，并与各方一道，加强《巴黎协定》的实施。在共同但有区别的责任和各自能力原则、考虑各国国情的基础上，采取强化的气候行动，有效应对气候危机。①

---

① 《中美达成强化气候行动联合宣言》，新华网，2021年11月11日，http：//www.xinhuanet.com/2021-11/11/c_1128052451.htm。

二 我国电工电器行业政策导向分析

2021 年 12 月，中央经济工作会议提出"深入推动能源革命，加快建设能源强国；适度超前开展基础设施投资，跨周期和逆周期宏观调控政策有机结合；增加新能源消纳能力"等。自此，国家发展改革委、国家能源局及国家电网相继对大型电源（风光大基地、核电）、电网（特高压）等表态，并且前期项目储备有所进展。2021 年，国家能源局、国家发展改革委、央行出台了一系列政策和调控手段，促进电工电器行业发展，尤其是调控未来石化能源的占比，推动能源结构调整及其装备产业发展。

（一）国家能源局要求确保完成2030年非化石能源占比的目标

国家能源局在 2021 年 2 月下发《关于征求 2021 年可再生能源电力消纳责任权重和 2022—2030 年预期目标建议的函》，要求确保完成 2030 年非化石能源占比的目标。为确保 2030 年非化石能源占比 25% 目标实现，并为经济社会发展留足用能空间，国家能源局一次性下达 2021~2030 年消纳责任权重，压实 2030 年风电光伏总装机 12 亿千瓦以上责任；国家能源局一次性下达 2021~2030 年各地区各年度可再生能源电力消纳责任权重，再逐年根据情况进行调整。为压实 2030 年风电、太阳能发电装机总容量达到 12 亿千瓦以上的责任，国家能源局对各省级行政区域分别设置总量和非水电两类消纳责任权重，且两类权重均逐步提升或至少不降低。

（二）"双碳"工作被写入2021年国务院《政府工作报告》

碳达峰碳中和工作被写入 2021 年国务院《政府工作报告》，其具体落地将推动产业结构和能源结构进一步优化，新能源发电、新能源汽车、核电、碳金融、节能环保等领域发展前景向好。

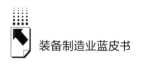

（三）《关于开展2021年新能源汽车下乡活动的通知》发布

《关于开展 2021 年新能源汽车下乡活动的通知》发布，部门新增国家能源局综合司，未来将在解决村镇公共充电设施覆盖和电网荷载抗冲击挑战等具体问题方面提供助力。

三 我国电工电器行业运行情况分析

2021 年，我国国民经济持续恢复，经济增长国际领先，GDP 同比增长 8.1%，创新动能有效增强，工业制造业较快增长，实现"十四五"良好开局。全年全社会用电量为 8.31 万亿千瓦时，同比增长 10.3%；能源工程建设投资完成 5530 亿元，同比增长 4.5%，其中火电、核电投资分别增长 18.3%、41.8%，水电、风电投资分别下降 7.4%、6.6%。随着"双碳"战略目标的积极推进，我国发电设备行业积极探索，主动适应绿色化需求。2021 年全国发电设备产量为 13463.2 万千瓦，同比增长 17.2%，其中新能源和可再生能源设备产量占比稳步提升，达到 57.6%。发电设备企业聚焦提质增效、提高能源利用效率，积极拓展新兴产业，转型发展有序推进。[1]

（一）行业资产规模分析

2021 年，电工电器行业资产规模为 79431.3 亿元，同比增加 17.53%。从月度数据来看，2021 年同比增速整体处于增加态势；同比增速最小的是 4 月的 15.08%，最大的为 11 月的 17.57%，12 月同比增速略有下降（见图 1）。

（二）产品产量规模分析

2021 年各月发电机组（发电设备）产量同比增速波动明显，最低值为 6 月的 -18.75%，最大值为 8 月的 25.15%。其中，风力发电机组产量同比

---

① 机械工业发电设备中心。

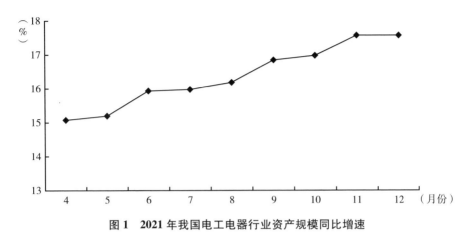

图1 2021年我国电工电器行业资产规模同比增速

说明：因数据缺失，部分月份数据未列出，下同；如无特殊说明，以下数据均为机械工业经济管理研究院整理。

资料来源：机械工业经济管理研究院整理。

增速先下降，在7月达到最低值，仅为-29.62%，从8月开始又有所回升（见图2）。2021年4~10月变压器产量同比增速均为负值，但呈上升趋势，12月的同比增速为最大值（1.07%）。2021年4~10月电力电缆产量同比增速总体呈增加趋势，除7月仅为-0.82%外，其他各月同比增速均为正值，11月达最大值（20.58%）（见图3）。

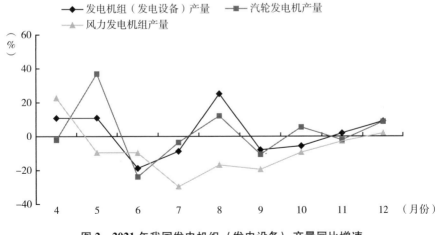

图2 2021年我国发电机组（发电设备）产量同比增速

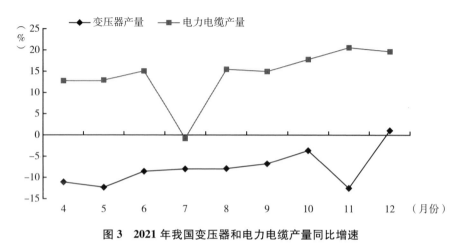

图3 2021年我国变压器和电力电缆产量同比增速

（三）主营业务分析

1. 主营业务收入同比增速稳中有降

2021年，电工电器行业累计实现主营业务收入71087.44亿元，同比增长26.30%。按月份来看，2021年5～12月电工电器行业主营业务收入同比增速稳中有降，同比增速均值为20.36%，5月主营业务收入同比增速最高，达24.53%；9月主营业务收入同比增速最低，为14.20%（见图4）。

2. 主营业务成本同比增速呈下降趋势

2021年，电工电器行业累计主营业务成本为61099.59亿元，同比增长27.66%。按月份来看，2021年5～12月主营业务成本同比增速整体呈下降趋势，同比增速均值为22.11%，5～8月主营业务成本增速都在23%以上，8月达到最高值（26.77%），9～12月主营业务成本同比增速相对较低，9月同比增速最低，为16.27%（见图5）。

3. 利润总额同比增速波动较大

2021年，电工电器行业实现利润总额3648.68亿元，同比下降18.60%。按月份来看，2021年5～12月利润总额同比增速整体波动较大，7月利润总额同比增速达到最大值（15.64%），9月和10月，利润总额同比增速为负值，最小值为9月的-7.49%（见图6）。

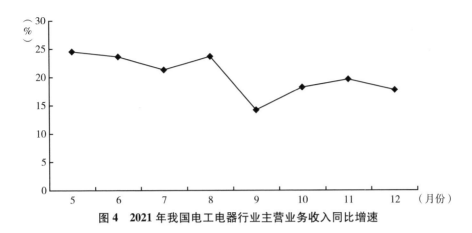

图 4　2021 年我国电工电器行业主营业务收入同比增速

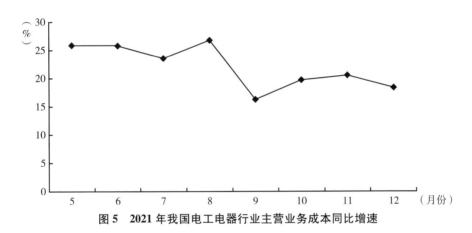

图 5　2021 年我国电工电器行业主营业务成本同比增速

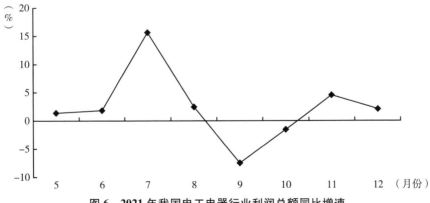

图 6　2021 年我国电工电器行业利润总额同比增速

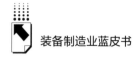

（四）营运能力分析

2021 年电工电器行业总资产周转率为 0.89，比 2020 年提高了 0.06。按月份来看，2021 年，5~12 月总资产周转率最大值为 12 月的 0.11，最小值为 5 月的 0.08。其中，2021 年 5~8 月电工电器行业总资产周转率高于 2020 年同期，9~12 月电工电器行业总资产周转率与 2020 年同期基本持平（见图 7）。

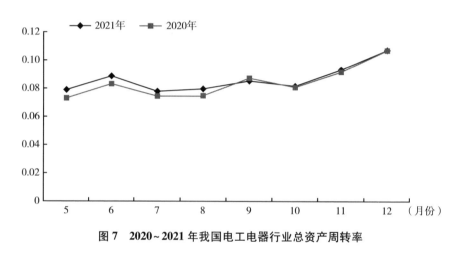

图 7　2020~2021 年我国电工电器行业总资产周转率

（五）盈利能力分析

1.2021 总资产利润率波动幅度小于 2020 年同期

2021 年电工电器行业的总资产利润率为 4.59%，比 2020 年增加 0.04 个百分点。按月份来看，2021 年除 7 月总资产利润率与 2010 年同期持平外，其余各月均比 2020 年同期数值低，5~12 月总资产利润率呈波动趋势，波动幅度小于 2020 年。2021 年 8 月、9 月和 10 月的总资产利润率均为最小值（0.40%），11 月的总资产利润率为最大值（0.55%）（见图 8）。

2.2020~2021 年主营业务成本率变动趋于一致

2021 年电工电器行业主营业务成本率为 85.95%，比 2020 年增加 0.91

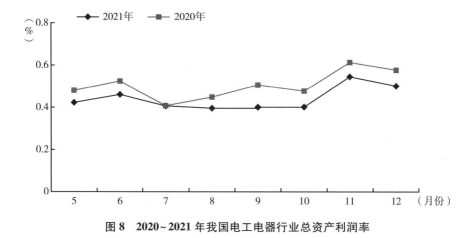

图8 2020~2021年我国电工电器行业总资产利润率

个百分点。按月份来看，2021年5~12月主营业务成本率均高于2020年同期，主营业务成本率8月达到最大值，为86.91%，从9月开始呈下降趋势，2021年主营业务成本率最低值为12月的84.21%（见图9）。

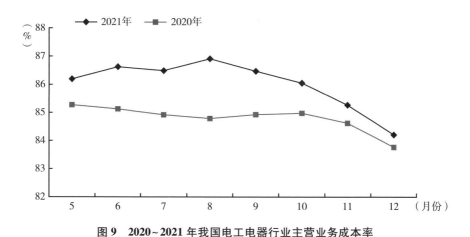

图9 2020~2021年我国电工电器行业主营业务成本率

（六）偿债能力分析

2021年电工电器行业的资产负债率为57.16%，比2020年同期增加1.16个百分点。按月份来看，2021年4~12月的资产负债率均高于2020年同期，且 2021 年 4~12 月电工电器行业的资产负债率总体呈增加趋势，最低为 4 月的 56.28%，11 月达最大值 57.77%（见图 10）。

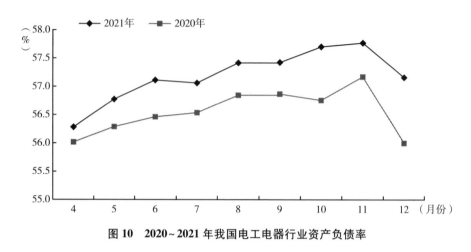

图 10　2020~2021 年我国电工电器行业资产负债率

四　我国电工电器行业产业结构分析

（一）主要子行业资产规模分析

2021 年，我国电工电器行业主要子行业中资产规模占比居前 6 位的分别是锂离子电池制造、光伏设备元器件制造，电线电缆制造，配电开关控制设备制造，发电机及发电机组制造，变压器、整流器和电感器制造，6 个子行业资产规模占比如图 11 所示。从占比同比增减情况来看，锂离子电池制造和光伏设备元器件制造的资产规模占比分别同比增加 2.99 个和 0.90 个百分点，电线电缆制造，配电开关控制设备制造，发电机及发电机组制造，变压器、整流器和电感器制造的资产规模占比都同比减少，分别减少 0.36 个、0.87 个、1.02 个、0.42 个百分点。从主要子行业资产规模同比增速来看，锂离子电池制造资产规模同比增速较大，达到 43.53%，光伏设备元器件制造和电线电缆制造的资产规模同比增速也在 10% 以上，分别为 26.79% 和 13.94%，配电开关控制设备制造，发电机及发电机组制造，变压器、整流器和电感器制造资产规模同比增速相对较低，分别同比增加 7.14%、4.84% 和 9.86%（见表 2）。

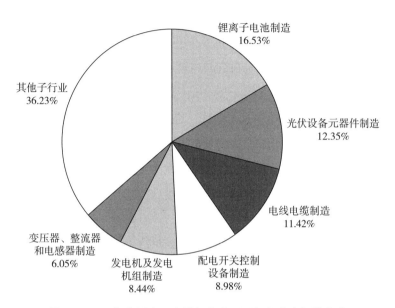

图 11　2021 年我国电工电器行业主要子行业资产规模占比

表 2　2021 年我国电工电器行业主要子行业资产规模同比增速及占比同比增减情况

单位：个百分点，%

主要子行业	占比同比增减	资产规模同比增速
锂离子电池制造	2.99	43.53
光伏设备元器件制造	0.90	26.79
电线电缆制造	−0.36	13.94
配电开关控制设备制造	−0.87	7.14
发电机及发电机组制造	−1.02	4.84
变压器、整流器和电感器制造	−0.42	9.86

（二）主要子行业主营业务收入分析

2021 年，我国电工电器行业主要子行业中主营业务收入占比最大的是电线电缆制造，占电工电器行业的 20.55%，占比同比增加 0.72 个百分点。

光伏设备元器件制造和锂离子电池制造的主营业务收入占电工电器行业的比重也在10%以上，分别是13.02%和12.26%，占比分别同比增加1.92个和2.34个百分点。从占比的同比增减情况看，占比较大的3个子行业的主营业务收入占比同比增加，而发电机及发电机组制造，配电开关控制设备制造，变压器、整流器和电感器制造的主营业务收入占比同比降低，分别减少1.63个、1.02个和0.70个百分点。从主营业务收入同比增速来看，6个主要子行业的主营业务收入均同比增加，其中增长最多的是锂离子电池制造，主营业务收入同比增速达56.19%，光伏设备元器件制造和电线电缆制造的主营业务收入同比增速也较大，分别为48.21%和30.91%，发电机及发电机组制造的主营业务收入同比增速相对较低，仅同比增加2.58%（见表3）。

表3　2021年我国电工电器行业主要子行业主营业务收入情况

单位：%，个百分点

主要子行业	主营业务收入占比	主营业务收入占比同比增减	主营业务收入同比增速
发电机及发电机组制造	7.07	-1.63	2.58
变压器、整流器和电感器制造	5.72	-0.70	12.53
配电开关控制设备制造	7.76	-1.02	11.60
光伏设备元器件制造	13.02	1.92	48.21
电线电缆制造	20.55	0.72	30.91
锂离子电池制造	12.26	2.34	56.19

（三）主要子行业主营业务成本分析

2021年，我国电工电器行业主要子行业中主营业务成本占比最大的是电线电缆制造，占电工电器行业的21.51%，光伏设备元器件制造和锂离子电池制造的主营业务成本占比也在10%以上，分别是13.78%和12.28%。从占比的同比增减情况看，锂离子电池制造、光伏设备元器件制造和电线电缆制造的主营业务成本占比均同比增加，分别同比增长2.36个、2.06个和

0.70 个百分点，发电机及发电机组制造，配电开关控制设备制造，变压器、整流器和电感器制造的主营业务成本占比同比降低，分别减少 1.78 个、0.98 个和 0.70 个百分点。从主营业务成本同比增速来看，6 个主要子行业的主营业务成本均同比增加，其中增长较多的是锂离子电池制造和光伏设备元器件制造，同比增速分别为 58.04% 和 50.08%，电线电缆制造的主营业务成本同比增速也较大，同比增加 31.96%，变压器、整流器和电感器制造及配电开关控制设备制造的主营业务成本同比增速分别为 13.37% 和 12.24%，发电机及发电机组制造的主营业务成本同比增速相对较低，仅同比增加 2.07%（见表 4）。

表 4 2021 年我国电工电器行业主要子行业主营业务成本情况

单位：%，个百分点

主要子行业	主营业务 成本占比	主营业务成本 占比同比增减	主营业务成本 同比增速
发电机及发电机组制造	7.10	−1.78	2.07
变压器、整流器和电感器制造	5.52	−0.70	13.37
配电开关控制设备制造	7.16	−0.98	12.24
光伏设备元器件制造	13.78	2.06	50.08
电线电缆制造	21.51	0.70	31.96
锂离子电池制造	12.28	2.36	58.04

（四）主要子行业利润额分析

2021 年，我国电工电器行业主要子行业中利润额占比较大的是电线电缆制造、锂离子电池制造和配电开关控制设备制造，占电工电器行业的比重分别达 13.80%、13.60% 和 12.20%，发电机及发电机组制造，变压器、整流器和电感器制造，光伏设备元器件制造的利润额占比分别是 7.08%、7.19% 和 4.77%。从占比的同比增减情况看，锂离子电池制造，电线电缆制造，变压器、整流器和电感器制造的利润额占比均同比增加，分别同比增长 4.15 个、1.07 个和 0.16 个百分点，而发电机及发电机组制造、配电开关控制设备制造和光伏设备元器件制造的占比同比降低，分别减少 0.16 个、1.63 个和 1.26 个百分点。从利润额同比增速来看，6 个主要子行业中只有光伏设备元器件制造的利润额同比降低，其余 5 个主要子行业的利润额均同比增加，其中增长最多的是锂离子电池制造，同比增速达 70.64%，电线电缆制造，变压器、整流器和电感器制造的利润额同比增速也较大，分别同比增加 28.57% 和 21.23%，发电机及发电机组制造和配电开关控制设备制造的利润额同比增速相对较低，分别同比增加 15.92% 和 4.63%（见表 5）。

表 5　2021 年我国电工电器行业主要子行业利润额情况

单位：%，个百分点

主要子行业	利润额占比	利润额占比同比增减	利润额同比增速
发电机及发电机组制造	7.08	-0.16	15.92
变压器、整流器和电感器制造	7.19	0.16	21.23
配电开关控制设备制造	12.20	-1.63	4.63
光伏设备元器件制造	4.77	-1.26	-6.20
电线电缆制造	13.80	1.07	28.57
锂离子电池制造	13.60	4.15	70.64

五　我国电工电器行业技术水平分析

（一）主要产品技术水平

自成为全球制造业大国以来，我国电工电器行业在技术研发上的资金投入稳步增加，相关技术及应用快速发展，并在诸多领域取得技术上的突破，为完善产业链、打造供应链夯实了基础，尤其是各类发电设备和特高压输变电设备领域的技术处于国际领先水平。

1. 特高压输变电设备

在特高压输变电设备领域中，随着一大批重点项目的实施和落地，我国电工电器行业企业全面掌握超特高压输电技术，尤其是国家电网南昌—长沙1000千伏特高压交流工程（简称"南昌—长沙工程"）投运，显示我国特高压输变电设备技术处于世界领跑地位，且设备国产化能力逐步提升。

2. 氢能设备

当前，我国制定了符合自身国情的国家能源发展战略，发挥体制优势促进关键核心技术攻关，尽快建立健全行业监管体系和标准体系，通过试点示范探索氢能多元化应用路径，取得了丰硕成果。2021年，华电集团可再生能源电解水制"绿氢"装置调试成功、重庆氢燃料电池重卡通过极寒测试、中国科学院青岛生物能源与过程研究所研发出新型钛基双相混合导体透氧膜。但同时，氢能在我国能源体系中的定位、关键核心技术攻关的体制机制设计等问题，还需要各界进一步探讨和解决，共同助力我国氢能产业健康有序发展。

（二）重大技术突破

1. "十四五"首项特高压输变电工程投运

国家电网南昌—长沙1000千伏特高压交流工程在2021年12月26日正式投运，该工程是"十四五"期间我国开工建设的首项特高压输变电工程。作为华中特高压骨干网架的重要组成部分，南昌—长沙工程于2020年12月获得国家发展改革委核准，2021年3月全面开工建设，创造了从开工到建成仅用10个月的特高压建设新纪录。南昌—长沙工程是华中"日"字形环网的重要组成部分，大幅提升了省间电力交换能力，对构建华中风光水火多能互补的电网平台有重要作用。既满足了华中地区特别是湖南、江西省间日益增长的电力交换需求，又提升了酒泉—湖南、雅中—江西工程等直流通道送电能力，促进甘肃、四川风电和水电大规模开发，以及煤电联合外送，进一步扩大了清洁能源消纳范围，支撑了能源清洁低碳转型，是服务碳达峰碳

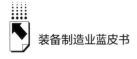

装备制造业蓝皮书

中和目标落地的具体实践。①

2. 国内纬度最高的抽水蓄能电站投产

国网新源黑龙江荒沟抽水蓄能电站 1 号机组于 2021 年 12 月 20 日投产发电。该电站于 2014 年 5 月开工，计划 2022 年 9 月 4 台机组全部投产发电。黑龙江荒沟抽水蓄能电站是黑龙江省首座抽水蓄能电站，机组投产发电将有力保障东北电网安全稳定运行，促进东北地区新能源消纳，为打赢冬季电力保供攻坚战增添了新的力量。该电站位于牡丹江海林市三道河子镇，距离牡丹江市 145 公里，总投资 58.03 亿元，总装机容量 120 万千瓦，安装 4 台单机容量 30 万千瓦抽蓄机组，以 500 千伏线路接入东北电网。该电站是国内纬度最高的抽水蓄能电站，建设条件复杂，工程建设者攻坚克难，如期实现首台机组投产，推进了建设技术进步，填补了水电工程水下整体施工的空白，并且在生态保护等方面成效明显，电站建设取得重要成绩。②

3. 水反萃清洁提锂技术通过评审

中国有色金属工业协会于 2021 年 12 月 18 日组织召开科技成果评价会，由中国科学院过程工程研究所齐涛和朱兆武团队研发的多组分协同溶剂萃取—水反萃清洁提锂技术成功通过评审，为高镁锂比盐湖锂资源的高效清洁利用提供了新途径。专家组建议，进一步加强工业示范，积极推广应用。③

4. 华电集团可再生能源电解水制"绿氢"装置调试成功

2021 年 11 月，国内第一个氢能全产业链科研项目暨华电集团可再生能源制氢、大规模储能及氢能综合利用技术研究项目水电解制氢装置一次性调试成功，第一瓶合格氢气经第三方单位化验，纯度达到 99.99% 的纯氢要求，满足氢燃料电池使用需求，实现了燃料电池用氢气在华电集团的首次工

---

① 《"十四五"首项特高压输变电工程投运》，中国电器工业协会网站，2021 年 12 月 27 日，https：//www.ceeia.com/JSQY/d/202112/e29e4a15d9d941d8815932e797c8184c.html。
② 《国内纬度最高的抽水蓄能电站投产》，中国电器工业协会网站，2021 年 12 月 23 日，https：//www.ceeia.com/JSQY/d/202112/8144b954d8894731bce3b6b528695320.html。
③ 中国科学网，https：//news.sciencenet.cn/htmlnews/2021/12/471222.shtm。

业化生产。[1]

5. 世界在役最大火电厂转型新能源发电

2021年10月，随着内蒙古大唐托克托200万千瓦新能源外送项目20日在内蒙古自治区呼和浩特市开工，世界在役最大火力发电厂内蒙古大唐国际托克托发电有限责任公司正式由传统的火力发电向风、光、火多能互补转型。该项目在保障向京津唐地区稳定供电的同时，将有效引导火电行业加快新能源发电转型步伐，助力中国实现"双碳"目标。[2]

六　我国电工电器行业存在的主要问题

（一）除发电装备行业外，产业集中度低，缺少行业领军企业

除发电装备行业外，目前我国电工电器各子行业普遍存在企业规模小、区域分散和产业集中度低的问题，具有国际竞争力的大型企业数量少，而数量庞大的中小企业产品同质化严重，经常陷于价格竞争中，导致行业缺少积累与研发费用，进而形成产品竞争力不强的恶性循环。在全行业中，低质、低价的低端产品不同程度地存在、产能过剩，形成产品价格竞争白热化，典型的如电线电缆行业、中小型变压器行业、中低压电器行业，行业入门门槛低，民营经济能快速上马，企业众多，甚至有大量企业仅仅依靠贴牌来参与市场竞争，难以发展壮大。

（二）诸多子行业关键零部件依赖进口，亟须强化供应链建设

虽然近年来我国电工电器行业在高压输变电、核电、风电、光伏等子行

① 《氢储能领域相关政策迎来密集落地　行业发展望进入新时代》，中国电器工业协会网站，2021年10月26日，https：//www.ceeia.com/JSQY/d/202110/7b6cdbb508124fd6b6703e1e6dbb8b2c.html。

② 《世界在役最大火电厂转型新能源发电》，中国电器工业协会网站，2021年10月25日，https：//www.ceeia.com/JSQY/d/202110/3d1a9c8d0e7e4c19a6c22fa1e19f83f3.html。

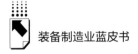

业核心技术方面取得重大进步，但子行业之间技术发展不均衡，目前具有全球竞争力的主要是发电设备行业及输变电设备行业企业，如东方电气集团、哈电集团及上海电气集团等。诸多子行业技术发展落后，产业集中度低，没有像发电、输变电设备行业那样形成产业龙头企业，缺少高端引领。

在已经做强且处于世界领先水平的子行业中，也有诸多零部件甚至关键零部件没有实现国产化，其原因主要是企业为了实现技术的快速突破，通过技术引进然后进行改造升级以及再创造，导致存在基础技术差距问题，部分高端零部件原材料只能依赖进口，例如发电装备中的大型锻铸件、高端阀门，高压输变电设备中的部分开关和控制保护设备。高压及特高压交流传输装备目前也没有完全实现国产化，主要关键设备仍依赖进口，在国际环境日益严峻的今天，亟须强化关键零部件供应链建设，避免被"卡脖子"。

（三）研发占比较低，缺少具有核心竞争力的产品

技术进步离不开大量的研发投入，在发达国家，企业都将大量销售收入投入研发。我国电工电器行业的研发投入占销售收入的比重远远落后于发达国家。与国际大型企业相比，核心技术研发人才及高端技术人才不足，没有形成可持续创新的团队，自主创新能力以及技术转化能力有待提高，缺少具有核心竞争力的产品。

七　我国电工电器行业发展前景分析

（一）我国电工电器行业发展前景预测

1. "双碳"政策落实促进新能源发电设备需求增长

2021年，随着国家大力提倡绿色发展，大力开展环境保护，节能环保的新能源成为社会热点。"十四五"时期是碳达峰的关键期、窗口期，国家要求构建清洁低碳安全高效的能源体系，控制化石能源消耗总量，相关政策激励电工电器行业在新能源应用技术及相关设备研制领域快速发展。在逐渐

压减碳排放的宏观背景下，必然需要提升传统能源发电效率，同时大力发展新能源产业，提升新能源在整个能源消费中的比重。未来，水电、风电、太阳能光伏等可再生能源发电设备需求将持续快速增长，核电设备也将迎来新一轮发展机遇。

2. 智能化成套设备成为市场技术升级的需求重点

近年来，计算机技术、数据处理技术、信息传感技术、通信和数据存储技术、电力电子技术等的发展及各学科间的融合，为发电、输变电系统提供了技术升级的手段，电气成套设备的智能化成为电工电器行业发展的又一趋势。

（二）我国电工电器行业投资机会

1. 基于场景应用的新能源产业投资

2021 年，行业关注新能源产业的投资机会，投资大多集中于制造端，诞生了万亿元市值以及若干千亿元市值的巨头，当前制造端的投资机会，正在被充分挖掘。比如，光伏行业在讨论 HJT、TOPCon 等新技术，锂电行业在畅想钠离子电池、固态电池等新技术，这些都是过度挖掘制造端机会的一个表象。基于场景应用的投资机会开始爆发。

2. 风电光伏领域投资再迎机会

2021 年，风电、光伏基本面继续强劲，顶层政策催化再次降临，明确发展新能源的坚定态度，此前面临的诸多不确定影响因素进一步明朗，相关领域再次成为投资热点，高端系能源发电设备成为新的投资热点。

3. 氢能与燃料电池

2021 年，燃料电池汽车全球销量和保有量持续增长，受政策扶持驱动，销售车型以乘用车和巴士为主；国家发展改革委、国家能源局发布政策定调能源绿色转型，氢能发挥重要作用。

4. 锂电池辅件

2021 年锂电池价格体系波动，强议价龙头竞争优势有望扩大；从 3 月开始，中游头部公司新产能逐步投产，排产环比将大幅提升。重点关注强议价能力锂电池辅件中的关键环节，如电池隔膜、正极、结构件等，国产化率

提升加速的炭黑、铝塑膜等辅料领域，供需紧平衡的负极、PVDF 等均会成为新的投资热点。

5. 电力设备与电网工控设备

2021 年第四季度以来，电网投资加速上行，板块景气度较高，设备技术升级创新有望加速，产业链龙头公司及细分环节技术领导者将充分受益，看好储能、数字化、配网、非晶变压器、智能运维、电力电子、柔性直流等环节。未来工控需求向好，工控系统有望成为可投资领域。

八　我国电工电器行业发展建议

（一）对政府的建议

1. 成体系推进产业政策出台，积极推进政策落实

"十四五"期间，随着全社会对供电需求的增长以及新能源发电市场的扩大，电工电器企业或将迎来新的发展机遇，政府需要多层次、多角度优化政策，引导产业发展。

要加强顶层设计，进一步明确特高压输变电技术的发展有利于优化我国电网和电源布局，实现我国能源资源的高效配置；协调新能源和储能业务有序发展。同时要完善政策机制，健全标准体系，引导行业开展深化特高压输变电、新能源开发的相关技术研究。

2. 推进智能化系统的重点投资，建议产业技术升级

智能化系统是未来国民经济发展对电工电器行业的重要需求，数字技术在行业中的应用，带来产品技术水平的提升以及服务模式的优化，建议加强重点智能化系统开发、智能制造模式在行业中的应用，形成行业解决方案，提升制造服务水平。

3. 建议加强安全准入

电工电器行业中，住宅低压开关柜等部分产品涉及人身安全。未来，需对生产涉及人身安全的产品的电工电器行业企业设置必需的技术门槛，同时

对应用环节的相关技术人员加大培训力度，用高标准提高产品的安全性，保障用户人身安全。

（二）对行业发展的建议

1. 加强基础研究

当前，电工电器行业发展的主要问题是基础理论和相关材料底层研究不足，行业对核心共性技术和核心工艺技术研究不够、储备不多，行业创新能力不强。同时，生产要素成本快速上升导致企业效益不高，行业整体竞争力有待提高。

2. 促进技术共享，提升行业技术水平

经过多年的发展，我国电工电器行业在很多细分领域做到了世界规模第一，但部分产品在技术水平、质量稳定性等方面与国际先进水平仍有较大差距，体现了行业质量检测、技术评价等质量管理能力相对滞后。当前，我国电工电器行业亟须完成由低成本竞争优势向质量效益竞争优势转变的过程。这个过程需要坚持以质量为中心，避免重复建设和低水准扩张。

3. 聚焦新能源装备，培育优势产业集群

"十四五"期间，我国积极推动火电"近零排放"、发展核电以及增加可再生能源占比，"优化增长"成为当今能源生产和利用的最主要方向。目前来看，未来相关电力装备领域尤其是新能源装备仍有较大的增长空间。电工电器行业一方面应加快引领企业实现重大装备技术的转型升级，另一方面应在燃煤发电机组、中小型电机、工业电热、电焊机、配电变压器等装备领域引导企业加快生产环节的节能改造，优化工艺，提高技术水平，同时积极推进与地方政府的合作，依据资源优势构建强产业集群。

（三）对企业发展的建议

1. 提高技术研发投入占比，打造零部件系统强供应链

技术研发投入占比低一直是我国装备制造业与西方发达工业化国家的重要差距，研发资金有限、使用效率低是全行业企业面临的难点问题。电工电

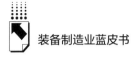

器行业集技术竞争、资金竞争于一体，应将研发资金的管理与使用作为企业管理的重点问题加以研究，从使用效能、绩效管理、成果实施评价等多维度予以改善和提升，实现产品的"专精特新"。

2. 加强人才培养

人才队伍建设是企业实现管理目标的基础，是实现企业发展的根本动力。企业的竞争，归根结底还是人才的竞争。电工电器行业企业的特点之一就是对员工的知识结构和专业深度要求高，行业通用性不足。电工电器行业企业要重视对员工专业理论的培养，应将技术岗位与技能岗位员工培训作为企业人才培养的重点。未来要以提升专业深度作为技术人员的培训重点，设计规范的操作流程作为技能岗位员工培训的首要内容，提升各级员工的专业技术和专业技能。

3. 构建具有企业自身生产经营特点的制造体系与管理体系

管理体系是企业经营管理方法的总计与体系化，全球优秀的装备制造业企业均建立了完善、具有企业特定文化和生产特征的管理体系，如丰田生产体系、卡特彼勒制造体系等，科学合理的管理体系可以保证企业内部协调一致。我国电工电器行业企业众多，每个企业均有各自的生产经营特点，建议企业在借鉴成功管理案例经验的基础上，建立自身的科学管理体系，建立传承和持续优化机制，保障企业持续的管理沿袭与发展。

B.5
工程机械行业发展报告

王铁印　张菁如　宋爱民*

摘　要： 2021年，我国工程机械行业经受住了全球经济增速放缓和新冠疫情等的影响，行业逐步复苏。从政策导向来看，随着"十四五"规划确定的重要工程项目的部署，以及地方债发行的稳步推进，基建投资的增长将拉动国内工程机械行业的市场需求；从技术水平来看，我国工程机械行业的制造技术日趋成熟，多项重大技术实现突破，电动化、智能化、节能环保等成为驱动工程机械行业长远发展的动力。总体来看，我国工程机械行业实力不断提升，但仍存在研发能力与需求不平衡、产业结构不合理等问题，下一步仍需政府带领、行业协同、企业发力，从加快培育先进产业集群、推动行业绿色化数字化转型、加大科技创新力度、完善人才培养机制等方面，着力提升产业国际竞争力。

关键词： 工程机械　数字化　基础设施建设　科技创新

工程机械，是指各类建筑工程所需的综合性、机械化建筑工程所必需的机械装备，是装备工业的重要组成部分。我国工程机械行业产品范围主要涉

---

* 王铁印，助理工程师，任职于机械工业经济管理研究院职业发展与评价研究所，主要从事高技能人才评价工作；张菁如，博士，机械工业经济管理研究院产业经济研究所助理研究员，主要从事产业经济、科技政策等研究；宋爱民，机械工业经济管理研究院综合办公室副主任，工程师，主要从事行业和企业信息化研究和建设以及发展规划编制研究。

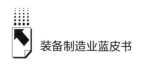

装备制造业蓝皮书

及土方机械、起重机械、混凝土机械、路面机械、高空作业机械、工业车辆等领域的通用设备制造专业及专用设备制造业。[①]

一 国际工程机械行业发展现状

（一）国际工程机械行业市场发展现状

1.市场现状

（1）挖掘机

中国建设机械工业协会统计数据显示，2021年中国挖掘机销售量约为34万台，同比增长4.6%。其中内销27万台，同比减少6.3%；出口销售68427台，同比增长97.0%。[②]挖掘机的三大主要市场是中国、欧洲和北美。随着国家现代化建设的推进，以印度、东南亚国家为代表的新兴国家对挖掘机的需求也开始逐步释放。国内企业在中国市场的比重已经达到60%，海外市场还掌握在以外资企业为代表的企业手中，如卡特彼勒（Caterpillar）和小松。

（2）全断面隧道掘进机（盾构机）

贝哲斯的统计数据显示，2021年全球隧道掘进机市场规模达到了281.67亿元（49亿美元），中国占全球隧道掘进机市场的41.29%。目前中国是全球最大的隧道掘进机市场，占有大约60%的市场份额，之后是欧洲和北美市场，二者共占大约30%的份额。中国铁建重工、海瑞克、中铁装备、中交天和、上海隧道位列2021年全球全断面隧道掘进机制造商5强榜单。

（3）叉车

根据世界工业车辆统计协会的报告数据，全球叉车在2021年全年的销

---

① 工程机械行业产品按照《国民经济行业分类》（GB/T 4754—2017），主要包括3431轻小型起重设备制造，3432生产专用起重机制造，3433生产专用车辆制造，3434连续搬运设备制造，3435电梯、自动扶梯及升降制造，3439其他物料搬运设备制造。
② 《大国重器，勇毅前行——2022工程机械海外市场展望》，中国工程机械工业协会网站，2022年2月15日，http://www.cncma.org/article/12136.html。

售量约为 196 万台，同比增长 24.44%。[①] 世界工业车辆统计协会、德国老牌内部物流杂志 *DHF* 的统计数据显示，2021 年全球叉车市场整机销售总额为 2000 亿元，产业链的合并规模达 3000 亿元。2021 年，我国叉车市场在世界叉车市场中的份额仍然名列第一，其销量在亚洲市场的占比达 78.17%，比 2020 年增长了 1.13 个百分点。[②]

（4）起重机械

2021 年机械制造商全球 TOP10 排行榜单显示，10 家厂商共实现销售额 213.69 亿美元，同比增长 21.2%。其中中联重科以 53.45 亿美元、同比增长 68.05% 的成绩位居榜首，较上届榜单提升 2 个名次，这也是中国制造业企业首次"问鼎"全球起重机制造企业 TOP10 榜单。据中国工程机械工业协会统计，2021 年我国工程起重机总销量为 7.9 万台，比 2020 年增长 20% 左右，累计出口 340 亿美元，同比增长 62.3%。汽车起重机、随车起重机和履带起重机的出口销量分别实现 54.5%、55.7% 和 105.0% 的增长，特别是履带起重机的增长高于行业平均水平。

（5）桩工

德国、意大利、日本的桩工机械非常发达。2021 年受新冠疫情的影响，全球打桩机市场规模为 11.56 亿美元。2021 年我国桩工机械行业整体销售额约为 250 亿元，同比下降 10.71%，产品总销量为 9103 台（2020 年全年销量为 9283 台），同比下降 1.98%。2021 年，相较于其他机种在数量上的突飞猛进，中国桩工机械行业稳中有进。桩工机械行业领军企业主要有三一重机、中联重科、山河智能等，这些龙头企业历过多年的技术积累，通过自主创新驱动发展，已全面掌握基础工程施工装备领域的核心技术，打造了一批独具特色的产品。

（6）高空作业机械

在英国 KHL 集团旗下全球知名高空作业平台杂志 *Access International* 发布的

---

① 张洁：《工业车辆行业：销量再创历史新高》，《物流技术与应用》2022 年第 4 期。
② 张洁：《工业车辆行业：销量再创历史新高》，《物流技术与应用》2022 年第 4 期。

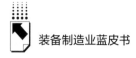

"2021 全球高空作业平台制造企业"排行榜中，中国企业实力仅次于美国的捷尔杰（JLG）和特雷克斯吉尼（Genie），位列世界第三，这也是中国高空作业平台企业首次进入世界前三。进入前 10 名的中国企业还有排第 5 名、第 7 名和第 9 名的徐工机械、临工重机和中联重科。2021 年上榜的 40 家企业 2020 年销售收入为 92.4 亿美元，剔除 2 家缺失销售数据的企业，38 家上榜企业销售收入同比下降 19.15%。40 家企业中有 8 家来自中国，销售收入增速同比大幅提升，其中增速较快的是中联重科和徐工集团，分别达到 74.5%和 51.3%，这也是全榜增长较快的两家企业。中国工程机械工业协会数据显示，我国 2021 年高空作业平台累计销售 160102 台，远超 2020 年的 103555 台，增长率为 54.6%。

2. 市场趋势

未来两年，尽管预期市场将趋于疲软，制造商面临诸多挑战，但全球工程机械设备销售预计仍将保持在历史高位，同时行业呈现集中化趋势。全球工程机械市场仍以北美、西欧与中国为主。近两年，北美工程机械市场所有的发展基本依赖住宅建设，《基础设施投资和就业法案》（IIJA）的实施，将大大提振承包商和租赁公司的投资信心，为更多大型的设备打开市场，克服疫情冲击后，设备租赁行业的中前期前景依然强劲，在外包趋势和循环经济方面的优势使该行业仍将处于有利地位。美国租赁协会（American Rental Association）预测，设备租赁行业未来 4 年将以个位数的速度增长。2012 年 12 月，我国财政部公布专项债将集中于基建需求旺盛、开工率回升的项目，如交通基础设施、保证性安居工程、城市翻新和改造、市政和产业园区基础设施等。"一带一路"持续推进，相关的合作伙伴拥有更多经济合作的机会，共建国家基建需求的增多也大大增加了我国工程机械行业的市场机会。

（二）国际工程机械行业技术发展现状

1. 技术现状

（1）智能化

随着新一代信息技术的迅猛发展，工程机械行业也积极应用最新信息通信技术，为满足更广泛的市场需求奠定基础，朝数字化、网络化、智能化的方向转型。一批具有辅助操作、无人驾驶、状态管理等功能的智能化工程机械得到实际应用。早在21世纪初，全球领先的工程机械制造商卡特彼勒就推出了数字化施工解决方案，并利用云平台的数据分析，与无人机技术解决方案初创公司REDBIRD合作，服务全球客户。日立公司推出了用于矿山运营的自动化管理系统产品，利用车队调度自动化软件，实现卡车的自动化调度。由三一重工、华为、跃薪智能等企业联合打造的首台5G遥控挖掘机已于2019年正式亮相并投入使用，我国工程机械企业对5G技术应用及设备研发的尝试越来越多，广西柳工集团有限公司也透露，移动、联通已在该公司研发中心建立了5G工作站。

（2）电动化

现如今，工程机械龙头企业都开始布局电动化产品。全球最大的工程机械及矿山机械制造企业之一小松集团宣布携手本田开发小型电动挖掘机，在挖掘机最小的机型上配备本田的可拆卸式电池。在2021年的宝马展（bauma）上，三一重工展示了包括纯电动挖掘机、纯电动矿车等在内的多款电动无人工程机械产品，中联重科展示了全球首台纯电动汽车、纯电动搅拌车、锂电及混合动力的高空作业平台等，徐工集团展示了国内最大的电传动装载机XC9350，以及行业吨位最大的纯电动挖掘机XE270E。

2. 技术趋势

（1）数字化施工技术与建筑信息模型（BIM）

数字化施工是指将工程建设过程中遇到的问题用数字化的方式方法加以完整解决，最大限度地运用数字化的信息资源。一方面确保施工建设的质量，另一方面提高施工的效率。包括模拟运算、虚拟现实、"智能施工+BIM"的数字化系统。BIM指的是创建虚拟的工程三维模型，运用数字化的技术手段，通过完善模型将完整的、与实际情况相一致的工程信息库呈现出来，这将成为未来建筑运行方式的重要组成部分。工业分析公司Cambashi研究发现，到2023年，BIM市场的价值可能高达

176亿美元。从更广泛的意义上讲，建筑行业要想解决生产力和技能短缺的问题，建筑技术将至关重要。

（2）利用可再生能源

基于《巴黎协定》提出的2050年净零排放目标，工程机械制造商积极在可循环利用的原材料、更加先进的控制技术、更轻型的传动系统等领域不断创新。现代工程机械在宝马展上推出了氢动力轮式挖掘机概念，HW155H氢动力轮式挖掘机预计将于2025~2026年上市。JCB在2022年10月推出了一款可移动的氢燃料加注器，该公司计划在氢气发动机的研发上投入1.215亿美元，用于未来的研发工作。物料搬运制造商曼尼通于12月向公众展示了氢动力伸缩臂叉装车。该设备是曼尼通旨在2030年实现低排放产品销售占比43%的基础上，根据用户的应用需求，适时提供电动和氢能源产品系列的长期目标的一部分。

（三）主要发达国家工程机械行业发展举措

1. 美国工程机械行业聚焦可持续发展技术及产品

美国工程机械行业正在以多种方式不断发展，以支持更加可持续发展的技术、产品和实践。许多企业致力于通过使用电力和氢动力设备来获得更多可回收材料以及减少废物，如工程机械制造商卡特彼勒开发了4台电池电机和一系列可用于48~600伏越野设备的原型电池。其将基于35年的氢燃料经验，在建筑供暖和制冷的氢燃料热电联产（CHP）系统研发项目上进行更多的尝试。

2. 德国增加机械制造领域的创新研究

根据德国机械设备制造业联合会（VDMA）在2021年的年终报告，德国机械制造商的订单在2021年取得了强劲的增长。随着产能和订单的恢复，行业对工作人员的需求也在增加，创新支出也将再次增加。德国机械设备制造业联合会的经济专家奥拉夫·沃特曼（Olaf Wortmann）表示，2/3的机械工程公司正计划增加就业机会，90%的机械工程公司也会将研究津贴投入额外的创新，创造更多创新型岗位，提高德国在国际中的竞争力。

3.日本因地制宜推进无人化施工应用

日本为应对老龄化加剧、劳动力短缺的危机，提倡大力发展 AI 技术，用机器人作业代替部分人工作业，积极尝试无人化施工和信息化技术，真正解决劳动力不足的问题，提高生产效率。日本最大的建工企业大林组致力于研究工程机械中极难操作的塔式起重机（塔吊）的自动操作技术，计划 10 年内建立起所有工程机械实现无人化操作的体制，该公司在日本三重县的水坝建设现场进行了无人化施工，与美国的自动化公司 SafeAI 合作在美创建了自主的建筑工地。

二　我国工程机械行业政策导向分析

2021 年是我国"十四五"开局之年，工业和信息化部装备工业一司委托中国工程机械工业协会启动了《工程机械行业"十四五"发展规划》，明确了加大现代化基础设施建设的力度，积极布局建设信息基础设施等新型基础设施，夯实产业基础能力，提升产品质量，实现工程机械现代化、产业高端化。国务院、国家发展改革委等部委相继发布一系列政策，引导工程机械行业清洁化、智能化发展；工业和信息化部、国家市场监管总局等部门针对当前工程机械行业存在的问题，相继出台政策，要求工程机械行业在产品质量、装备制造业标准等方面有所提升。

（一）加强基础设施建设

工程机械是实体经济的中流砥柱，当前我国多项政策均强调要大力发展基础设施建设，推进新兴基础设施建设，加快传统基础设施改造，《工程机械行业"十四五"发展规划》提出，加大现代化基础设施体系建设，大力发展工程机械产业，抢占工程机械"新的战略高地"。

（二）提高产品质量及装备制造业标准水平

现阶段应持续加大研发力度，提高机械产品质量与可靠性，加强产品质量管理。中共中央、国务院印发的《扩大内需战略规划纲要（2022—2035年）》提出，要推进特种救援装备、特殊工程机械设备研发配备。工业和信息化部、国家发展改革委、国务院国资委三个部委发布的《关于巩固回升向好趋势加力振作工业经济的通知》提出，工程机械行业要打好关键核心技术、自主设计和系统集成能力提升的攻坚战。国家市场监管总局、中央网信办等出台的《国家标准化发展纲要》提出，要提升机械装备制造业的标准水平等。

（三）加快行业智能化、绿色化发展

当前，工程机械行业进入智能化、绿色化新时期。工业和信息化部等部门发布的《"十四五"智能制造发展规划》提出，推进工程机械智能制造，构建虚实融合、知识驱动、动态优化、安全高效、绿色低碳的智能制造系统。《国务院关于印发"十四五"节能减排综合工作方案的通知》提出，到2025 年，工程机械行业要有更加健全的节能减排政策机制，能源利用效率、主要污染物排放的控制水平需达到国际先进水平，经济社会发展的绿色转型成效显著（见表1）。

表1　工程机械行业相关文件

序号	文件名称	发布部门	概述
1	《工程机械行业"十四五"发展规划》	工业和信息化部装备工业一司、中国工程机械工业协会	加大现代化基础设施体系建设，布局建设信息基础设施、融合基础设施、创新基础设施等新型基础设施，建设大型清洁能源基地、油气储运设施，推进新技术应用，使工程机械技术进步的方向更符合产业发展规律，巩固我国工程机械零部件制造业在国际大循环中的重要地位，在构建新发展格局中实现工程机械高质量发展再上新台阶

序号	文件名称	发布部门	概述
2	《扩大内需战略规划纲要(2022—2035年)》	中共中央、国务院	加强应急救援力量建设。推进新型智能装备、特种救援装备、特殊工程机械设备研发配备。加大综合性消防救援队伍和专业救援队伍、社会救援队伍建设力度,推动救援队伍能力现代化。推进城乡公共消防设施建设,推进重点场所消防系统改造。强化危险化学品、矿山、道路交通等重点领域生命防护,提高安全生产重大风险防控能力
3	《关于巩固回升向好趋势加力振作工业经济的通知》	工业和信息化部、国家发展改革委、国务院国资委	巩固装备制造业良好势头。打好关键核心技术攻坚战,提高航空发动机及燃气轮机、高端数控机床等重大技术装备自主设计和系统集成能力。实施重大技术装备创新发展工程,做优做强信息通信设备、工程机械等优势产业。优化实施首台(套)重大技术装备、重点新材料首批次保险补偿试点政策,深入开展政府采购支持首台(套)试点,推动首台(套)、首批次等创新产品研发创新和推广应用
4	《进一步提高产品、工程和服务质量行动方案(2022—2025年)》	国家市场监管总局、中央网信办、国家发展改革委、科技部、工业和信息化部、民政部、财政部、住房城乡建设部、交通运输部、农业农村部、商务部、文化和旅游部、国家卫生健康委、中国人民银行、国务院国资委、国家税务总局、中国银保监会、全国工商联	提升装备产品质量可靠性。突破工程机械稳定性设计、控制和传动系统关键零部件制造工艺技术,推动挖掘机、装载机、推土机和非公路自卸车等平均失效间隔时间比现行国家标准提高60%以上。提升电动交通工具和电池驱动非道路移动机械等的安全可靠性。完善起重机械安全技术规范,推动桥式、门式起重机设置不同形式高度限位装置。加强重大工程设备监理

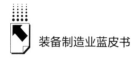

序号	文件名称	发布部门	概述
5	《国家标准化发展纲要》	国家市场监管总局、中央网信办、国家发展改革委、科技部、工业和信息化部、公安部、民政部、住房城乡建设部、交通运输部、农业农村部、商务部、国家卫生健康委、应急管理部、中国人民银行、国务院国资委、全国工商联	提升装备制造业标准水平。加快完善信息化与工业化两化融合、智能制造等领域产业转型升级标准体系。围绕数控机床、工程机械、船舶装备、农业机械等重点领域,实施高端装备制造标准化强基工程,制定和实施一批高端装备与信息技术、绿色低碳、现代服务融合标准。开展智能制造、绿色制造、服务型制造等方面的标准化试点,形成以标准促进装备制造高端化发展典型模式并推广应用
6	《"十四五"智能制造发展规划》	工业和信息化部、国家发展改革委、教育部、科技部、财政部、人力资源和社会保障部、国家市场监管总局、国务院国资委	推进智能制造,要立足制造本质,紧扣智能特征,以工艺、装备为核心,以数据为基础,依托制造单元、车间、工厂、供应链等载体,构建虚实融合、知识驱动、动态优化、安全高效、绿色低碳的智能制造系统,推动制造业实现数字化转型、网络化协同、智能化变革。到2025年,规模以上制造业企业大部分实现数字化网络化,重点行业骨干企业初步应用智能化;到2035年,规模以上制造业企业全面普及数字化网络化,重点行业骨干企业基本实现智能化
7	《国务院关于印发"十四五"节能减排综合工作方案的通知》	国务院	到2025年,节能减排政策机制更加健全,重点行业能源利用效率和主要污染物排放控制水平基本达到国际先进水平,经济社会发展绿色转型取得显著成效

三 我国工程机械行业运行情况分析

(一)行业资产规模分析

2021年,我国工程机械行业资产规模达7364.46亿元,较2020年下降了16.82%（见图1）。从月度数据来看，2021年除5月同比增速为正值外，其他各月增速均为负值，7月前后同比增速有较大波动，7月达最低值（-21.76%），后有较大幅度的上升，7月以后保持稳定态势（见图2）。

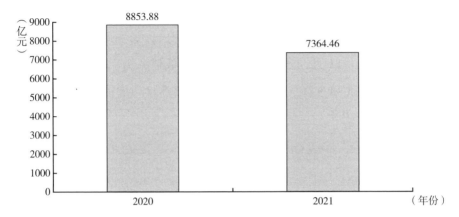

图1　2020~2021年我国工程机械行业资产规模

资料来源：机械工业经济管理研究院整理。

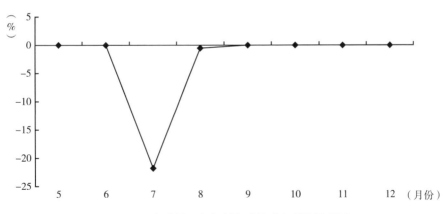

图2　2021年我国工程机械行业资产规模同比增速

资料来源：机械工业经济管理研究院整理。

（二）产品产量规模分析

2021 年各月，我国工程机械产品产量同比增速波动明显。其中，同比涨幅波动最大的是混凝土机械，混凝土机械产量同比增速从 4 月开始逐步攀升，7 月出现大幅下滑，最低为-27.55%，随后稳步回升，10 月出现最高值后又出现大幅下滑。压实机械产量同比增速波动明显，4~11 月同比增速均为正值，12 月同比增速达到全年最低值，为-2%。挖掘、铲土运输机械同比增速除 4 月（5.12%）外，其他各月均为负值，6 月达到全年最低值（-15.01%）（见图 3）。

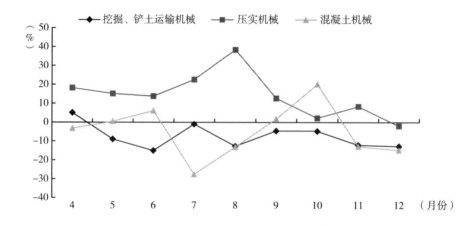

图 3　2021 年我国工程机械产品产量同比增速

资料来源：机械工业经济管理研究院整理。

（三）主营业务分析

1. 主营业务收入同比略有下降

2021 年，我国工程机械行业主营业务收入达 6017.23 亿元，较 2020 年下降了 5.86%（见图 4）。从月度数据看，同比增速在 2021 年出现小幅波动，有两次明显下滑趋势，一次在 7 月，为-2.7%，创下全年同比增速最低值，另一次在 11 月，为 6.27%；12 月同比增速略有回升，5 月同比增速最高，为 24.1%（见图 5）。

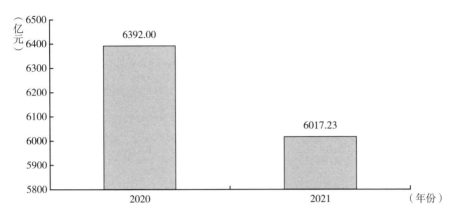

图 4　2020~2021 年我国工程机械行业主营业务收入

资料来源：机械工业经济管理研究院整理。

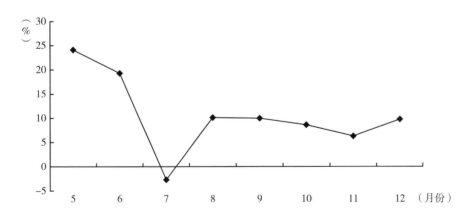

图 5　2021 年我国工程机械行业主营业务收入同比增速

资料来源：机械工业经济管理研究院整理。

2. 主营业务成本同比增速第三季度较低

2021 年，我国工程机械行业主营业务成本达 5072.92 亿元，较 2020 年下降了 0.85%（见图 6）。按月份来看，2021 年各月主营业务成本同比增速整体呈波动趋势，5月达到最高值（24.87%）。平均每个月的同比增长率为11.26%，其中第三季度为6.65%，第四季度为8.31%。除7月外，其他各月主营业务成本同比增速都为正值（见图7）。

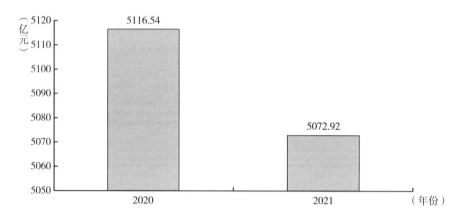

图6 2020~2021年我国工程机械行业主营业务成本

资料来源：机械工业经济管理研究院整理。

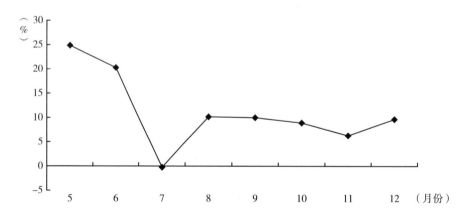

图7 2021年我国工程机械行业主营业务成本同比增速

资料来源：机械工业经济管理研究院整理。

3. 利润总额同比增速波动较大

2021年，我国工程机械行业利润总额达375.18亿元，较2020年下降了39.28%（见图8）。分月份看，2021年利润总额同比增速整体波动较大，9月同比增速最大，为25.08%，7月同比增速最小，为-27.39%（见图9）。

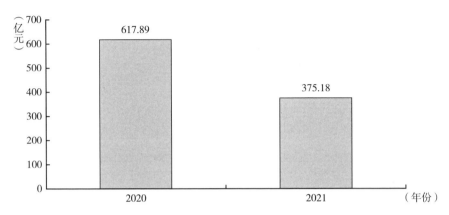

图8　2020~2021年我国工程机械行业利润总额

资料来源：机械工业经济管理研究院整理。

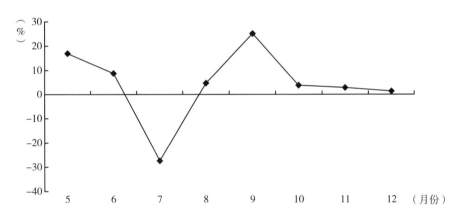

图9　2021年我国工程机械行业利润总额同比增速

资料来源：机械工业经济管理研究院整理。

（四）营运能力分析

2021年，我国工程机械行业营运能力总体增强，总资产周转率为

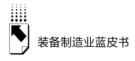
81.71%，较 2020 年上升了 9.52 个百分点（见图 10）。2021 年总资产周转率呈现逐步攀升的趋势，且各月总资产周转率均高于 2020 年同期（见图 11）。

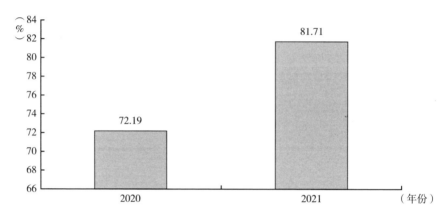

图 10　2020~2021 年我国工程机械行业总资产周转率

资料来源：机械工业经济管理研究院整理。

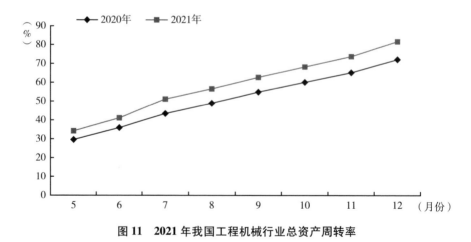

图 11　2021 年我国工程机械行业总资产周转率

资料来源：机械工业经济管理研究院整理。

（五）盈利能力分析

1. 2021 年各月总资产利润率波动幅度大于 2020 年同期

2021 年，我国工程机械行业盈利能力小幅下滑，总资产利润率为

5.09%，较 2020 年下降了 1.89 个百分点（见图 12）。按月份来看，2021 年 6 月总资产利润率与 2020 年同期持平，下半年各月均比 2020 年同期数值低。全年各月总资产利用率呈波动趋势，且波动幅度大于 2020 年，2021 年 12 月的总资产利润率达最小值（4.58%），4 月的总资产利润率达最大值（17.63%）（见图 13）。

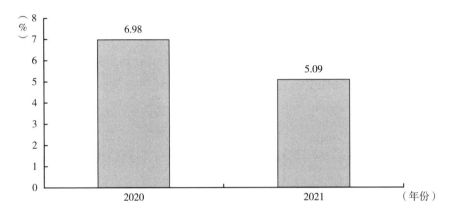

图 12　2020~2021 年我国工程机械行业总资产周转率

资料来源：机械工业经济管理研究院整理。

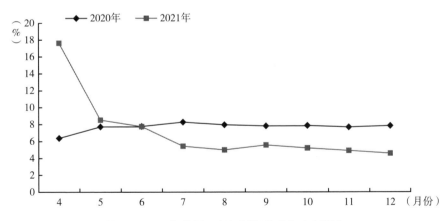

图 13　2021 年我国工程机械行业总资产利润率

资料来源：机械工业经济管理研究院整理。

2. 2021年各月主营业务成本率较2020年同期大幅增加

2021年，我国工程机械行业主营业务成本率大幅提升，较2020年提升了4.27个百分点（见图14）。按月份来看，2021年各月主营业务成本率均高于2020年同期，1~6月主营业务成本率呈增加趋势，7月达到全年最低值，接近2020年同期数值，8月有较大幅度提升，后总体保持增长态势，12月达最高值（84.31%）（见图15）。

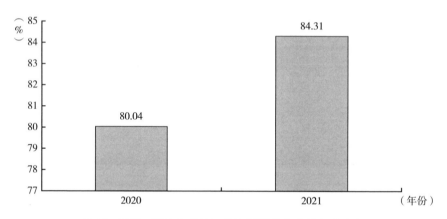

图14 2020~2021年我国工程机械行业主营业务成本率

资料来源：机械工业经济管理研究院整理。

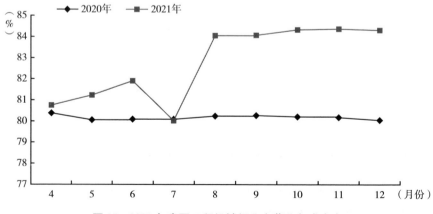

图15 2021年我国工程机械行业主营业务成本率

资料来源：机械工业经济管理研究院整理。

（六）偿债能力分析

2021 年，我国工程机械行业资产负债率达 59.40%，较 2020 同期下降了 2.19 个百分点（见图 16）。分月份看，2021 年 4～9 月资产负债率均比 2020 年同期略高，9 月的资产负债率达前三季度的最低值（61.24%），9 月后资产负债率持续走低，12 月达最低值（59.40%）（见图 17）。

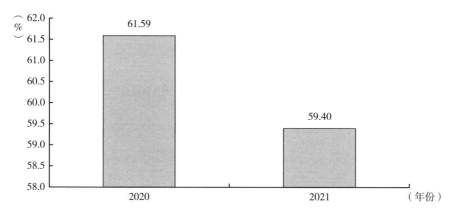

图 16　2020～2021 年我国工程机械行业资产负债率

资料来源：机械工业经济管理研究院整理。

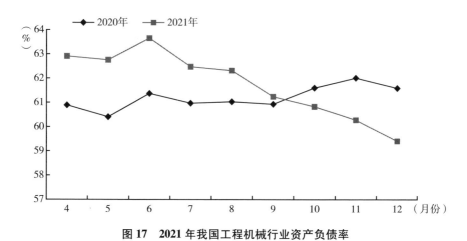

图 17　2021 年我国工程机械行业资产负债率

资料来源：机械工业经济管理研究院整理。

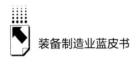

四　我国工程机械行业产业结构分析

（一）主要子行业资产规模分析

2021 年，建筑工程用机械制造资产规模达 5903.53 亿元，较 2020 年下降 21.95%；建筑材料生产专用机械制造资产规模达 1164.72 亿元，较 2020 年增长 11.50%；水资源专用机械制造资产规模达 296.21 亿元，与 2020 年相比增长了 20.67%（见图 18）。

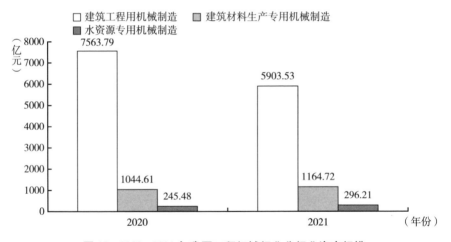

图 18　2020~2021 年我国工程机械行业分行业资产规模

资料来源：机械工业经济管理研究院整理。

从资产规模占比的情况来看，2021 年建筑工程用机械制造资产规模占比最高，达 80.16%，其次是占比 15.82% 的建筑材料生产专用机械制造，水资源专用机械制造的占比最低，只有 4.02%（见图 19）。

（二）主要子行业主营业务收入分析

2021 年，建筑工程用机械制造主营业务收入达 5109.34 亿元，较 2020 年下降 7.89%；建筑材料生产专用机械制造主营业务收入达 700.35 亿元，

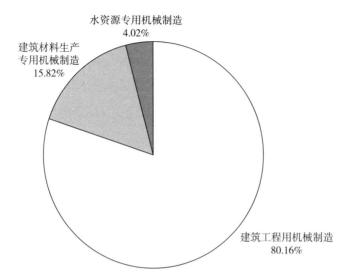

图19 2021年我国工程机械行业分行业资产规模占比

资料来源：机械工业经济管理研究院整理。

较2020年增长3.30%；水资源专用机械制造主营业务收入达207.53亿元，与2020年相比增长了24.28%（见图20）。

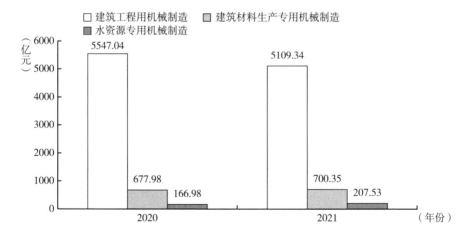

图20 2020~2021年我国工程机械行业分行业主营业务收入

资料来源：机械工业经济管理研究院整理。

从占比情况来看，2021年建筑工程用机械制造主营业务收入占比最高，达84.91%，紧随其后的是占比11.64%的建筑材料生产专用机械制造，水资源专用机械制造的占比最低，只有3.45%（见图21）。

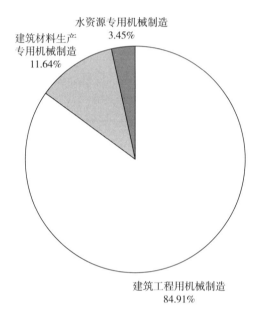

图21　2021年我国工程机械行业分行业主营业务收入占比

资料来源：机械工业经济管理研究院整理。

（三）主要子行业主营业务成本分析

2021年，建筑工程用机械制造主营业务成本达4323.15亿元，与2020年相比下降了1.95%；建筑材料生产专用机械制造主营业务成本达596.61亿元，与2020年相比增长了3.70%；水资源专用机械制造主营业务成本达153.16亿元，与2020年相比增长了15.83%（见图22）。

从占比情况来看，2021年建筑工程用机械制造主营业务成本占比最高，达85.22%，其次是占比11.76%的建筑材料生产专用机械制造，水资源专用机械制造的占比最低，只有3.02%（见图23）。

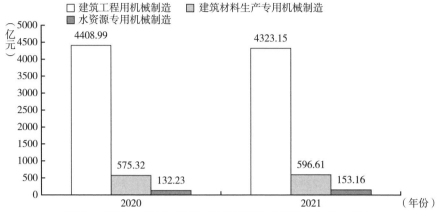

图22　2020~2021年我国工程机械行业分行业主营业务成本

资料来源：机械工业经济管理研究院整理。

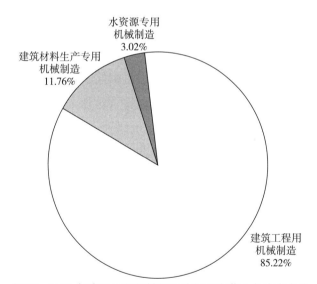

图23　2021年我国工程机械行业分行业主营业务成本占比

资料来源：机械工业经济管理研究院整理。

（四）主要子行业利润额分析

2021年，建筑工程用机械制造利润总额为328.83亿元，较2020年下降42.14%；建筑材料生产专用机械制造利润总额为30.02亿元，较2020年下降 31.63%；水资源专用机械制造利润总额达 16.34 亿元，与 2020 年相比增长了 186.67%（见图 24）。

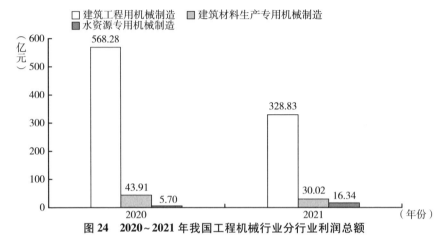

图 24 2020~2021 年我国工程机械行业分行业利润总额

资料来源：机械工业经济管理研究院整理。

从占比情况来看，2021 年建筑工程用机械制造利润总额占比最高，达 87.64%，其次是建筑材料生产专用机械制造，占比 8.00%，水资源专用机械制造占比最低，仅 4.36%（见图 25）。

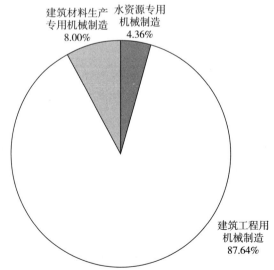

图 25 2021 年我国工程机械行业分行业利润总额占比

资料来源：机械工业经济管理研究院整理。

五　我国工程机械行业技术水平分析

（一）主要产品技术水平

1.挖掘机关键核心技术及零部件向高端化迈进

近年来，挖掘机行业企业积极推进转型升级，实施创新驱动发展战略，加强产学研用紧密结合，零部件国产化进程不断加快，高端零部件研发、制造及实验检验积极开展，关键零部件研制试验取得新进展。一些核心零部件制造商有的从生产替代产品走向主机配套市场，有的入围高端品牌工程机械制造商配套供应体系，加快了与整机企业产业链的深度融合，实现了产业升级。目前徐工集团已全面掌握基础工程施工装备领域的核心技术，拥有行业型谱最全、全部实现批量销售应用的超大吨位旋挖钻机。徐工集团已能够成功解决特大桥梁工程复杂环境下超大直径、超深桩施工问题，在徐工基础工程机械有限公司的智能制造新基地发布了全球最大旋挖钻机 XR1600E。

2.起重机械系列产品模块化

起重机械是将起重机械功能基本相同的部件、零部件，制成多功能、通用的标准模块，采用模块化设计而非传统的起重机械整机设计的一系列成批产品。不同模块的零部件可以通过相互组合的方式，形成不同种类、不同规格的起重机械。模块化对起重机械制造企业具有实质意义，相对于传统的起重机械整机制造而言，能够降低起重机械各个生产环节的成本，提高通用化程度，实现生产的高效、经济。起重机械规模化、智能化的快速发展以及起重设备技术的成熟，将促使起重机械制造企业加速应用模块化。

3.装载机呈现电动化智能化

目前来看，装载机产品同质化比较严重，产品技术更新换代比较慢，与世界领先品牌存在一定的差距。随着产业转型升级的持续推进，装载机制造企业通过技术研发，不断更新换代，在"国四"排放全面实施的大背景下，

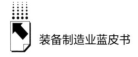

与国家"双碳"目标齐肩并行。电动化、智能化趋势在装载机上已经显现。电动装载机采用电机为整机提供动力，完全颠覆了燃油装载机动力系统，真正达到了零排放、无污染，乘着环保的浪潮，电动装载机成为当前行业内的"宠儿"。

（二）重大技术突破

1. 首款国产化碳纤维泵车发布

中联重科自主研发的 63 米碳纤维复合材料臂架泵车，整车虽是 44 吨级产品，但得益于轻量化技术应用，最大布料有 63 米高，臂架减重 35%，为全球同吨位最长的臂架泵车。也正是中联重科的 63 米碳纤维复合材料臂架泵车让工程机械企业开始了"轻"革命。以轻量化技术为助力国家"双碳"战略发挥了引领作用，充分展现了中国品牌在新技术领域的硬核力量。

2. "无人驾驶工程机械"发布

柳工聚焦无人化、智能化集群协同作业，首发 922F 挖掘机、856HMAX 装载机、6626E 压路机三款无人驾驶工程机械。无人化先进技术成为国民经济发展的重要驱动力。无人驾驶设备是柳工根据智能施工的实际应用场景自主研发制造的，能够实现精准定位、智能操作、智能派工、数据可视等复杂操作。可替代人工驾驶实现环境感知、路径规划、主动避障、自主作业等功能。它标志着我国无人驾驶工程机械发展又迈上了一个新的台阶。

3. 全球最大吨位旋挖钻机成功下线

2021 年 11 月 16 日，徐工自主研制的 XR1200E 旋挖钻机下线，成为 2021 年度全球最大吨位旋挖钻机。徐工 XR1200E 旋挖钻机将近 13 层楼高，且拥有超大的钻孔直径，以及超深的钻孔深度，其中动力头最大输出扭矩达 1200kNm，专门针对具有超高硬质地层的特殊工况进行施工。在智能操控方面，拥有超大触屏显示器，钻杆可视化、定速巡航、一键甩土、自动限压等技术，以及维修提醒、故障诊断等人性化功能，"智能"十足。作为世界上一款超大吨位超智能桩工机械，徐工 XR1200E 旋挖钻机彰显了我国重器的科技创新实力。

六　我国工程机械行业存在的主要问题

（一）研发能力和产品性能与需求之间存在差距

一是我国工程机械行业企业在创新研发方面仍处于劣势，尤其是在高端装备方面，一些核心关键技术尚未攻关，产业发展基础较薄弱，行业能力水平有待提高，产品的质量性能受到制约。在关键零部件的研发制造上，自主研发能力及检测能力不强，关键零部件、元器件严重依赖进口。二是产品可靠性、耐久性总体上尚有不足，工程机械核心零部件如高端液压元件、传动元件和发动机等，与国外同类领先产品相比差距显著。三是缺乏共性技术协同攻关平台，未能发挥出制度优势和行业优势，既造成了资源浪费，也延缓了创新发展过程。四是企业创新能力不足，研发投入不足，产品技术含量低，难以适应高质量发展的需要。

（二）产业结构不合理

一是我国工程机械行业总体上在全球工程机械主要国家中位于第二集团，尚无世界 500 强企业；全员劳动生产率、企业盈利能力等与发达国家相比差距较大。二是国际化水平低，国际化人才匮乏，也并未形成海外业务与国内业务相互支撑的良好格局。三是行业产能结构性过剩凸显，对于低端产品而言，同质化现象严重，对于高端产品而言，产品研发能力不足，我国工程机械行业的发展尚未达到国际先进水平，与工程机械行业高质量发展的目标要求仍然存在一定距离。

（三）市场竞争秩序亟须改善

目前在一些领域中市场秩序混乱问题不断涌现，主要表现为恶性竞争、

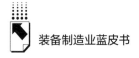

价格战愈演愈烈、市场管理出现"缺位"现象等，如二手机交易市场不规范、机制不健全、租赁业健康发展举步维艰。当前仍有大量老旧工程机械存在严重的安全隐患，设备运行效率低、排放不达标，老旧设备的退出机制不健全。以上种种问题均干扰了市场的竞争秩序，影响了行业的发展生态，阻碍了行业的高质量发展，市场秩序的综合治理亟待加强，营造公平的竞争环境迫在眉睫。

七　我国工程机械行业发展前景分析

（一）我国工程机械行业发展前景预测

1."5G+工程机械"融合发展

具有高速率、低时延和大带宽特点的新一代宽带移动通信技术即5G技术与工程机械的融合发展呈现积极向上的良好态势。5G技术拥有的低延时、大带宽、广连接等优势，使工程机械的操作更加精准，人工与机械设备之间的通信延迟降到最低，设备运行更加安全有效，开启了自动驾驶、远程驾驶等工程机械的新局面。由三一集团有限公司、华为技术有限公司、河南跃薪智能机械有限公司等企业共同打造的全球工程机械行业首个5G应用案例登陆上海，通过移动5G网络操作，河南洛阳栾川钼矿的全球首台5G遥控挖掘机，精准快速地完成露天矿区的挖掘、回转、装车等远程无人动作。由山河智能生产的SWE215ERC智能遥控挖掘机，集智能化控制等技术于一体，可实现超视距挖掘机施工作业，可广泛应用于国家的重大工程项目，以及特殊的工作环境如煤矿深井、抢险救援等。中联重科针对特殊工作环境下控制信号的传输难题，研发出了具有高速率、大带宽、低延时技术特点的5G远程操控挖掘机。

2.国际化步伐加快

2021年工程机械行业的主要产品销量数据显示，各类挖掘机出口销量同比增长97%，各类装载机出口销量同比增长38.2%，出口销量增速均远高于国内销量。① 我国工程机械出口的地区分布趋于多元，在巩固"一带一路"市场的基础上，加大在欧洲、美洲等全球工程机械重点市场的布局，亚洲以外地区销售额占比不断提升，国际化为工程机械行业增长注入新动力。我国工程机械行业产品技术水平和国际市场美誉度显著提升，得益于各企业积极实施国际化发展战略。行业企业海外业务已覆盖 170 多个国家和地区，海外研发、制造、营销、服务、人力资源等进一步完善和提升，成为拓展国际市场、树立国际品牌的强大支撑。国产工程机械龙头公司徐工机械、三一重工与中联重科，经过多年摸索，已形成"四位一体"的国际化发展模式，即海外建设基地、本土优质服务、跨国兼并收购及全球产品研发。以产品质量为基础，抓住海外市场高景气机遇，积极推进国际化战略，海外业绩和全球竞争力持续提升。

（二）我国工程机械行业投资机会

1. 积极布局新能源

近年来，以叉车为代表的工业用车甚至实现了电动化比例反超，工程机械企业纷纷布局新能源领域，电动化已经成为各大企业的发展战略。工程机械行业的龙头企业三一集团，除了与上游的电池企业建立合作关系外，还成立了新公司"三一锂能"，直接开始着手锂电与储能板块的业务。截至 2021 年，三一重工在 20 多个城市推广试用电动搅拌车、自卸车、牵引车等产品，累计推出电动化产品 26 款。不到 5 分钟就能自动完成换电任务的三一集团首座智能换电站于 11 月正式亮相。中联重科曾在半年报中披露，包括完成下线的 16 款新能源产品在内，已经进行了近 30 款新能源产品的研发。柳工电动装载机、混凝土设备于 7 月实现批量交付。在氢能源领域，安徽合力联合捷氢科技发布了我国行业内首款 4~5 吨氢燃料电池叉车。康明斯氢能中国总部已落地上海临港。

2. 基建逐步发力

《工程机械行业"十四五"发展规划》指出，当前和今后一个时期，我

---

① 李媛媛：《国际化电动化成工程机械行业增长新引擎》，《中国证券报》2022 年 1 月 18 日。

国发展仍处于重要战略机遇期，投向基建领域的近七成新增专项债已发行，各地重大工程项目开始缓步推进。专项债持续加速释放，使得基建开始逐步发力，一些重大的项目工程相继开始动工，工程机械行业呈现缓慢复苏的势头。如在稳经济、保增长、促发展等政策举措的带动下，内蒙古的各项工程建设方兴未艾。内蒙古有 5 类设备平均作业量同比正增长并领先全国，分别为拖泵 92.5%（全国第一）、正面吊 46%（全国第二）、汽车起重机 15%（全国第一）、挖掘机 9.5%（全国第二）、桩工设备 3.5%（全国第一）；宁夏 2022 年第二批 886 个重大项目按下"启动键"，基础设施建设提速。当月宁夏履带起重机、压路机平均作业量排全国之首。[1]

八　我国工程机械行业发展建议

（一）政府方面

1. 加快培育先进产业集群

行业的规模发展对于垄断优势的形成具有一定的促进作用，能够降低成本，从而增强产业的竞争力。发展先进产业集群，提高协同服务能力，是政府应着力强调的。一是各地区行政主管部门打破地域界限，根据工程机械行业的发展特点、优势等制定合适的产业发展政策，促进工程机械行业的产业布局更加合理，推动产业结构转型升级。二是营造公正的营商环境，在资金方面提供支持，并完善技术产权保护制度、市场体系与竞争制度。三是鼓励龙头企业发挥以点带面的引领作用，提升优化中小企业的产品结构，提升行业整体的价值链地位。

2. 积极参与全球价值链分工

在经济全球化和国际分工专业化的大背景下，政府应为工程机械制造企业提供"走出去"的支持平台。一是积极参加贸易合作组织，为我国工程

---

① 郭宇：《基建发力　工程机械行业稳中有升》，《中国工业报》2022 年 7 月 7 日。

机械制造企业进入其他国家提供良好的渠道，破除非贸易壁垒；二是建立健全产业发展协调机制，着力营造公正良好的市场生态环境；三是切实提升生产性服务业的质量和水平，为我国工程机械制造业服务化提供支持。

（二）行业方面

1. 推进行业高质量发展

形成以企业为主体、以市场需求为导向、政产学研用深度融合的创新体系，加强技术创新体系建设，完善创新市场机制，强化企业创新主体地位。根据用户实际需要进行创新研发，提高自主研发能力，扩大产品功能及服务领域的覆盖面，激励各方积极调整，做出努力，共同推动行业高质量发展。

2. 加快行业数字化、绿色化转型

现在各方都在积极推进数字化进程，进行数字化、绿色化改造已经成为工程机械企业发展的必由之路。推进数字化建设，一是积极研发新的技术，适应新的竞争环境，顺应新的商业模式，从而有针对性地解决下游客户需求；二是跳出传统发展模式，利用数字化手段寻找市场新的突破点。加快绿色化发展，一是应用低能耗新型材料、优化生产工艺、调整生产能源的配比、优化能耗，最大限度地降低生产制造过程中的能源消耗；二是开发新产品，优化设计动力系统、排放系统，降低工程机械设备使用过程中的能源消耗与碳排放。

（三）企业方面

1. 加大创新科技的扶持力度

工程机械制造企业需要加大技术研发投入力度，包括创新运营流程、服务及产品，增强其行业竞争力。一是最大限度地发挥技术创新的引领作用，重点解决重要技术问题，如工程机械产品性能、质量和稳定性方面的技术问题。二是完善技术研发公共平台建设，形成以企业为中心、实现产学研深度融合的技术创新研发体系。三是支持重点领域短板环节开展的关键核心技术攻坚项目，加强与发达国家之间的技术交流、合作，并以企业为主体，联合

高校、科研院所，对重点领域的产业链环节进行关键技术攻关，积极研发及推广新型节能技术和高效节能装备，从而推动工程机械行业的产业优化升级。

2.完善人才培养机制

我国的工程机械行业，存在研发创新人员匮乏、高级技术人员短缺的问题，企业需要深化改革，完善体制机制，整体推进培养机制的合理化。一方面，要提高工程机械行业专业人才的福利待遇，增强行业吸引力；另一方面，要通过完善技能技术考核机制，为技工人才开辟发展和晋升通道。

B.6
农业机械行业发展报告

王 辉 封黎珺 牛丽娜*

摘 要： 本报告总结整理了 2021 年世界农业机械行业的发展状况，并着重研究了我国农业机械行业及其主要子行业的技术水平、发展规模、产业结构和运行情况，对农业机械行业主要问题进行了分析，对发展前景和投资机会进行展望，提出了新的解决思路和建议。近年来我国的农业机械制造能力和水平总体上提高较快，生产效率和产品质量取得了较大进步，农业机械已涵盖所有门类，基本可以满足我国的市场需求，逐步吸引了资本市场关注，同时已开始参与国际市场。但我国农业机械化发展不平衡不充分的矛盾比较明显，农机科技创新能力不强，高端农业机械、关键部件有效供给和农机研发人才不足等短板依然很明显。乡村振兴战略的全面实施，对加快推动农业机械化升级提出了新的更高的要求，给我国农业机械行业带来更多的挑战和机会。

关键词： 农业机械 乡村振兴 产业升级

---

* 王辉，高级经济师，机械工业经济管理研究院汽车产业研究所所长，主要从事机械、汽车及零部件、新能源、行业经济研究；封黎珺，机械工业经济管理研究院经管综合办公室主任，纪委委员，工会副主席；牛丽娜，机械工业经济管理研究院环境能源所副所长、科研基础部副主任。

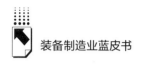
一 国际农业机械行业发展概况

（一）国际农业机械行业市场发展概况

1. 市场状况

（1）国际市场集中度高，先发优势明显

全球农机市场供应呈现寡头垄断现象，市场集中度高。在欧美发达国家，已经呈现以少数几家公司为主的国际农机交易市场，以约翰迪尔、凯斯纽荷兰、爱科三大农机为主。在亚洲地区，以日本久保田、井关农机、洋马农机和三菱农机为主。由于发达国家的制造业先发、技术力量雄厚、市场网络发达，国际农机市场垄断现象突出，大型跨国公司优势明显。近一二十年来，国际农机竞争激烈，市场经过重组并购最终形成了以约翰迪尔、凯斯纽荷兰、爱科、久保田和克拉斯五大农机集团为主的全球农业机械行业产业龙头。

表 1 全球农业机械行业产业龙头企业及其主要产品

企业	国家	主要产品
约翰迪尔	美国	拖拉机、联合收割机、耕作机械、播种机、植保机械、牧草机械、青饲收获机械和棉花采摘机以及相关配套的农机具等
凯斯纽荷兰	意大利	拖拉机、联合收割机、青贮及牧草收获机械、柴油机等
爱科	美国	拖拉机、联合收割机、柴油机、牧草机械等农机具及零部件等
久保田	日本	中小型拖拉机、水稻联合收割机、插秧机等
克拉斯	德国	联合收割机、拖拉机、牧草机械、自走式青贮收获机、甘蔗收获机、农用运输机械、拖拉机、割草机、搂草机、翻晒机、打捆机等

资料来源：机械工业经济管理研究院整理。

（2）市场规模逐年扩大

农业机械是实现农业现代化生产的重要基础，在农畜产品生产中的作用持续增强，但世界农机市场规模仍有较大的发展空间。一方面，发展中国家城市化进一步深化，促进了农业生产现代化程度的提升，农机产品市场逐步扩大，农机产品需求量持续上升；另一方面，农机行业新技术的进步和应用使得旧产品更新换代需求不断增长。

（3）高端市场平稳，中低端市场竞争加剧

高端农机市场主要被欧美日发达国家的企业占据，中低端市场主要由中国和印度企业以成本优势控制。高端农机产品的生产前期投资大、研发费用高、风险大，欧美公司在技术水平与规模等方面都有很大的先发优势，市场地位相对稳定。中低端市场竞争激烈、收益不佳，但市场潜力可观，发展潜力大，发展中国家市场近年来吸引国际巨头和本土跨界竞争者加入，市场变化较大。

2. 技术状况

目前，欧美发达国家的农业机械装备生产企业拥有高精尖的核心技术、稳定的生产体系和先进的管理理念，技术优势比较明显。随着遥感技术、卫星通信、生物技术和先进制造系统的深入开发和应用，以及数字化、智能化技术与农业机械的深度融合，智能控制技术、全球定位系统技术（GPS）、发动机匹配技术、CAN-BUS总线控制技术、液压悬挂系统技术、行走与转向技术、人工智能技术将不断推动农业机械技术进一步朝高性能、高科技、高智能方向迈进，以农业可持续发展和增产增收为目标的新农业机械将不断产生。

美国农业现代化实现较早，机械化程度高，代表了当今世界最先进的农机制造水平，农业机械精准化和智能化程度较高。德国是农机出口大国，农业机械近年来不断朝多功能、高效能和环境友好方向发展。日本政府非常重视无人驾驶农机在农业中的作用，持续制定、颁布、落实多项相关措施并大范围推广，政策红利下，多家日本农机企业如久保田、井关农机、洋马农机，研发了带有自动驾驶功能的拖拉机、水稻收获机等农业机械，有望在人口老龄化加剧的背景下维持并进一步提高农业生产效率。

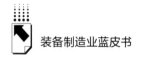

（二）国际农业机械行业的发展趋势

1.市场趋势

（1）东南亚国家需求潜力巨大

东南亚国家多是农业大国，对农机需求较大，但自身制造基础薄弱，农机行业发展相对落后，是世界农机企业的重点竞争市场之一。位于东南亚的越南、缅甸、泰国等国家，相继出台了农机贷款支持、农民购机补助等政策措施，再加上粮食需求量的增加和新一代人机工程技术的推广应用，进一步激发了农机市场需求，未来农机市场将呈明显增长态势。另外，发展中国家的农机生产机械化技术水平普遍较低，产品研制还处在起步阶段，且本国农机生产公司规模较小，存在很大的农机需求。

（2）全球范围内的产业转移和产业链重组加快

整体来看，发达国家的农机市场呈饱和状态，市场重心正逐步向发展中国家转移。新冠疫情发生之后，全球农机产业遭受重创，尤其是基础零部件供应体系。全球农机零部件制造向中印等国家转移趋势明显，已经在中国建厂的久保田、洋马农机、约翰迪尔、凯斯纽荷兰等跨国公司加大了在中国境内的零部件采购力度。在中国，徐工集团、柳工集团、中联重科等企业跨界进入农机行业，促进国产农机全球化的进程，整机出口数量的增加，对既有市场平衡形成较强的冲击。在这样的环境下，跨国公司较为重视中国市场，重新审视中国的竞争对手，加大在中国市场的投入，加快向中国市场投入新技术和新机型，形成新的供应链生态。

2.技术趋势

（1）农业机械向集成化、多任务、复合型作业发展

全球农业生产经营规模呈扩大趋势，带动农业机械持续朝多功效复合方向发展。拖拉机功率的不断提高，复式联合作业设备的进一步完善，以及符合保护性耕地特点的免耕深松、灭茬、施肥、低量施药多用途机械的推广应用，正是这一发展趋势的最佳体现。

（2）技术朝人工智能方向发展

随着全球农业生产的集约化和规模化水平逐渐提高，云计算、大数据和人工智能等新技术与传统农业科技深度融合。随着农业劳动力的减少，农业机器人作为新一代智能化农业机械将得到广泛应用。5G 通信技术在农业生产中得到逐步推广应用，电子信息技术的应用加快了由传统监控向智能管理的转变，大型农业机械将通过卫星遥感、图像识别等技术进行智能管理。

（3）技术朝资源节约型、环境友好型方向发展

近年来，土地资源短缺问题和环境污染问题受到越来越多的重视。为了实现人类经济社会可持续发展的美好愿景，既需要加快对能耗较高、环境重污染产业的淘汰，也需要大量开发、使用和推广节能的环境友好类新产品。

（三）主要发达国家农业机械行业发展举措

1. 美国

美国农业法律法规十分健全，既规定了农民以及为农业生产服务的企业的行为，也规定了政府干预经济发展的行为。农业法律制度从根本上保障了土地的占有、使用、收益和处分，提高了农产品质量，推动了农产品出口，保障了粮食安全。配套设施和服务体系较完善。在不同的发展阶段，美国政府针对农业发展中存在的矛盾和问题，适时出台一系列农业保护政策，包括价格支持、财政补贴、信贷税收、对外贸易等方面，形成了较完善的政策体系。同时，成立了农产品信贷公司，直接从农业部借来资金执行价格支持计划。美国还健全了农业保险体系，通过实行农业保险制度，规避了农业生产的风险，减少了自然灾害对农业生产造成的损失，并对农业投资实行税收优惠政策，税收减免可达应缴税收的48%。[①]

农业部作为美国农机行业管理部门，负责农机发展应用推广总体规划执行。农业部机构设置完善，对农场服务、食品安全、市场监管、资源保护、教育科研、农村发展等多个领域分设不同的职能部门，各职能部门各司其职，服务完善，对农业发展进行引导。

---

① 《威马农机创业板 IPO：小农机竞技者募投闯关新路径？》，"新浪财经"百家号，2022 年 8 月 30 日，https：//baijiahao.baidu.com/s？id=1742516028609477510&wfr=spider&for=pc。

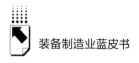

美国重视农业教育，农业机械人才培养机构众多。美国有130多所农学院、56个州农业试验站、57个联邦与州合作建立的地区性推广站以及3300多个农业合作推广机构、63所林学院、27所兽医学院；有上万名农业科学家、1.7万名农技推广人员；有1200家主要服务于农业领域的不同性质的科研机构，其服务项目以市场化服务为主。同时，联邦政府每年投向农业科研、推广、教育的经费是20亿美元，且以年均8%的比例逐年增长。这些经费中相当大的部分直接拨给大学。

2. 德国

德国对农业机械化极其重视，实行有利于农业机械化发展的价格补贴、贷款等经济措施；保证农机产品质量，扩大销售网点，充分供应零部件；加强农机使用、维修培训；重视农业机械化科研工作等。

随着工业化、城镇化进程加快，德国家庭农场数量不断减少，大量农民投身其他行业。由于农业劳动力的减少和农场规模经营的需要，农业机械化就变得极为重要。德国为了推进农业机械化，实施了一系列优惠政策：对农用柴油进行23%~50%的价格补贴，对农民购置农机具等农业生产资料提供低息贷款甚至无息贷款。

德国十分注重农民的职业化教育，在德国当农民必须经过教育和培训，持证上岗。农业机械化应用到了每一个细节，包括全自动的种植、施肥、除草、收割、打捆等。德国农业机械协会的统计数据显示，2021年德国农业机械营业额首次超过100亿欧元，在欧洲和全球的占比分别增长了10个和12个百分点，农业机械的热潮几乎延伸到全球所有的销售市场，德国农业机械销售额占全球销售额的19.5%。与此同时，农业机械的广泛应用保障了农民的收益状况。

3. 日本

日本国土以山地丘陵为主，不利于发展大规模农业。国土资源中接近2/3为高海拔山地，只有不到1/5为低地丘陵。日本城市化已基本完成，农业劳动力老龄化现象严重，农业人口素质不断下降，政府不得不依赖推广农业机械，日本农业机械化程度较高，小型农机应用广泛。日本政府鼓励农户购买农机设备，提高农民使用农机设备的积极性，日本政府为购买农机设备的农民提供高额补贴和贷款。

以丘陵山区为主的地形地貌和零碎分散的农田布局对日本农业机械化的发展制约明显，日本政府出台了《土地改良法》，对耕地整理开发、田间区划、田间道路修建等方面给予补助，为日本农业机械化创造了条件。日本政府还设立了农业改革基金，为农户提供优惠的融资贷款政策，较好地解决了农户购置农机设备资金不足的问题。另外，实行农机共享、农民互助模式，既有效地解决了农民购买农机设备资金不足的问题，又保证了农业机械化的效率，促进了日本农业机械化的发展。

二　我国农业机械行业政策导向分析

（一）2021年我国农业机械行业主要政策

农业农村部印发《"十四五"全国农业机械化发展规划》（以下简称《规划》），明确到2025年，全国农机总动力稳定在11亿千瓦左右，农作物耕种收综合机械化率达到75%，粮棉油糖主产县（市、区）基本实现农业机械化，丘陵山区县（市、区）农作物耕种收综合机械化率达到55%，设施农业、畜牧养殖、水产养殖和农产品初加工机械化率总体达到50%以上。《规划》指出，我国农业生产已从主要依靠人力畜力转向主要依靠机械动力，进入了以机械化为主导的新时期。"十四五"时期，"三农"工作进入全面推进乡村振兴、加快农业农村现代化的新阶段，对农业机械化提出了新的更为迫切的要求，也为农业机械化带来了新的发展机遇。《规划》强调，要坚持围绕中心、服务大局，坚持政策扶持、市场主导，坚持创新驱动、协调发展，坚持系统谋划、协同推进，强化支持发展政策举措，着力提升粮食作物生产全程机械化水平，大力发展经济作物生产机械化，加快发展畜禽水产养殖机械化，积极推进农产品初加工机械化，加快补齐丘陵山区农业机械化短板，加快推动农业机械化智能化绿色化，做大做强农业机械化产业群产业链，切实加强农机安全管理。基于此，2021年我国出台发布了多项相关规范政策文件（见表2）。

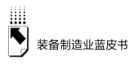

表 2　2021 年我国发布的农业机械行业相关政策文件

发布时间	颁布单位	文件名称	政策内容
2021 年 1 月	中共中央、国务院	《中共中央 国务院关于全面推进乡村振兴加快农业农村现代化的意见》	大力开展农户小额信用贷款、保单质押贷款、农机具和大棚设施抵押贷款业务
2021 年 3 月	两会	《中华人民共和国国民经济和社会发展第十四个五年规划和 2035 年远景目标纲要》	加强大中型、智能化、复合型农业机械研发应用,农作物耕种收综合机械化率提高到 75%
2021 年 5 月	农业农村部	《农业农村部关于加快农业全产业链培育发展的指导意见》	支持市场主体建设区域性农业全产业链综合服务中心,整合农资、农机、农艺、技术、信息、人才等各类生产要素和服务主体,以科技创新为主动力、原料基地为主阵地、产业园区为主战场,提供全程专业社会化服务。提升农业生产经营规模化、集约化、专业化、标准化、信息化水平
2021 年 7 月	农业农村部	《农业农村部关于加快发展农业社会化服务的指导意见》	要按照资源共享、填平补齐的要求,把盘活存量设施、装备、技术、人才及各类主体作为重点,探索建设多种类型的农业综合服务中心,围绕农业全产业链,提供集农资供应、技术集成、农机作业、仓储物流、农产品营销等服务于一体的农业生产经营综合解决方案,破解农业生产主体做不了、做不好的共性难题,实现更大范围的服务资源整合、供需有效对接,促进资源集约、节约和高效利用
2022 年 1 月	农业农村部	《"十四五"全国农业机械化发展规划》	到 2025 年,全国农机总动力稳定在 11 亿千瓦左右,农机具配置结构趋于合理,农机作业条件显著改善,覆盖农业产前产中产后的农机社会化服务体系基本建立,农机装备节能减排取得明显效果,农机对农业绿色发展支撑明显增强,机械化与信息化、智能化进一步融合,农业机械化防灾减灾能力显著增强,农机数据安全和农机安全生产进一步强化
2022 年 2 月	国务院	《"十四五"推进农业农村现代化规划》	加强农业机械薄弱环节研发。加强大中型、智能化、复合型农业机械研发应用,打造农业机械一流企业和知名品牌。推进粮食作物和战略性经济作物育、耕、种、管、收、运、贮等薄弱环节先进农业机械研制。加快研发造适合丘陵山区农业生产的高效专用农机。攻关突破制约整机综合性能提升的关键核心技术、关键材料和重要零部件。加强绿色智能畜牧水产养殖装备研发

资料来源:机械工业经济管理研究院整理。

（二）2021年农业装备行业政策效果

农机购置补贴政策的实施，推动了我国农业机械水平和农业机械化水平的大幅度提升。2021年中国农业机械总动力为107768.02万千瓦，同比增长2%。

近几年，我国农业机械保有量逐年增加，2021年中国农业机械保有量为2.06亿台，同比增长1%。

从农业机械进出口金额来看，2021～2022年农业机械出口金额波动较大，进口金额相对出口金额波动较小。2021年中国农业机械进口金额为7.03亿美元，同比减少14.4%；农业机械出口金额为64.29亿美元，同比增长28.2%。[①]

近几年，我国农业机械市场规模不断扩大，支撑农业各产业发展的机械化基础逐步牢固。2021年我国农业机械市场规模为5310亿元，同比增长6.6%。[②]

三　我国农业机械行业运行情况分析

（一）行业规模分析

1.资产规模

2021年，我国农业机械行业资产规模呈增长态势，为2473.38亿元（见图1），比2020年的2347.51亿元增加了5.36%。全年各月资本规模同比增长幅度呈现下降趋势，从年初的10.00%下降到年底的5.36%。

2.产量产值规模

2021年，我国农业机械产品增长幅度不一。其中大型拖拉机生产98648

---

① 农业农村部《2021年全国农业机械化统计公报》。
② 农业农村部《2021年全国农业机械化统计公报》。

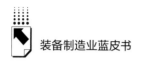

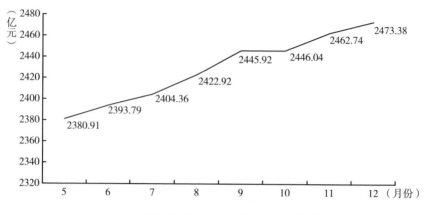

图1　2021年我国农业机械行业资产规模

资料来源：机械工业经济管理研究院整理。

台，同比增长18.87%；中型拖拉机生产313093台，同比增长4.11%；小型拖拉机生产187434台，同比增长2.68%；谷物收获机械生产61689台，同比增长32.54%；玉米收获机械生产46253台，同比增长45.08%；棉花加工机械生产3078台，同比减少13.56%；收获后处理机械生产158184台，同比减少41.96%；农产品初加工机械生产886567台，同比减少18.05%；饲料生产专用设备生产158566台，同比增长1.79%（见表3）。

表3　2021年农业机械产品产量增减

单位：%

产品	计量单位	同比增减
大型拖拉机	台	18.87
中型拖拉机	台	4.11
小型拖拉机	台	2.68
收获机械	台	27.15
其中:谷物收获机械	台	32.54
玉米收获机械	台	45.08
收获后处理机械	台	-41.96

续表

产品	计量单位	同比增减
农产品初加工机械	台	−18.05
饲料生产专用设备	台	1.79
棉花加工机械	台	−13.56

资料来源：机械工业经济管理研究院整理。

（二）主营业务分析

1. 主营业务收入小幅增长

2021年，我国农业机械行业主营业务收入同比增长8.1%，达2860.62亿元。分月份来看，各月主营业务收入呈波动趋势。1~4月累计同比增速高达30%以上，5~7月累计同比增速高达20%以上。5~12月各月主营业务收入均在200亿元以上，相对稳定（见图2）。

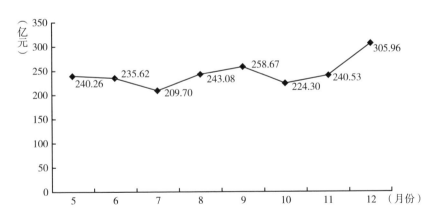

图2　2021年我国农业机械行业主营业务收入

资料来源：机械工业经济管理研究院整理。

2. 主营业务成本稳定

2021年，全国农业机械行业主营业务成本相对稳定，变化不大。全年累计

2412.04亿元（见图3），比2020年的2239.46亿元增加7.71%。全年每月主营业务成本在200亿元上下波动。

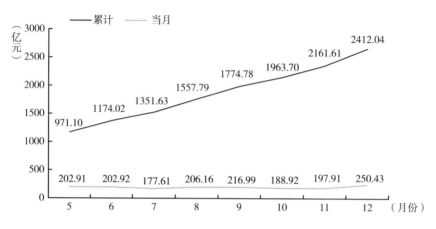

图3 2021年我国农业机械行业主营业务成本

资料来源：机械工业经济管理研究院整理。

3. 利润总额显著增长

2021年，全国农业机械行业实现利润156.02亿元（见图4），比2020年的128.53亿元增加21.39%。分月份来看，2021年利润波动较大，其中

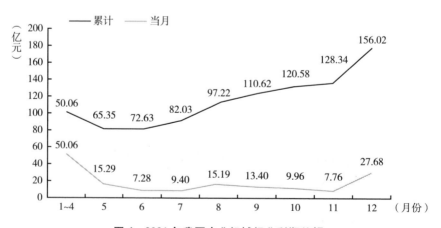

图4 2021年我国农业机械行业利润总额

资料来源：机械工业经济管理研究院整理。

12 月高达 27.68 亿元，为全年最高值，而 6 月只有 7.28 亿元，全年最低，与 12 月的差距高达 20 亿元以上。

（三）营运能力分析

2021 年，我国农业机械行业流动资产周转率为 1.83 次，比 2020 年的 1.90 次下降 0.07 次，全年每月在 1.80 次上下波动，波动幅度在正负 0.03 次以内（见图 5）。

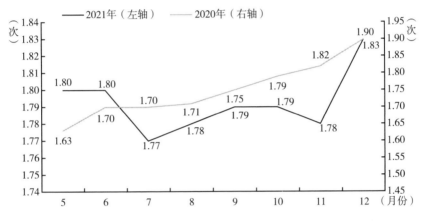

图 5　2020 年和 2021 年我国农业机械行业流动资产周转率

资料来源：机械工业经济管理研究院整理。

2021 年，全国农业机械行业总资产周转率为 1.16 次，比 2000 年的 1.08 次上升 0.08 次，比 1999 年上升 0.11 次，表明我国农业机械行业经营情况逐年变好，营运能力向好。

（四）盈利能力分析

1. 总资产利润小幅上涨

2021 年，我国农业机械行业总资产利润率整体小幅上涨，为 6.63%，比 2021 年的 5.30% 增长了 1.33 个百分点。分月份来看，全年总资产利润率总体呈现下降趋势，12 月比 11 月略有回升（见图 6）。

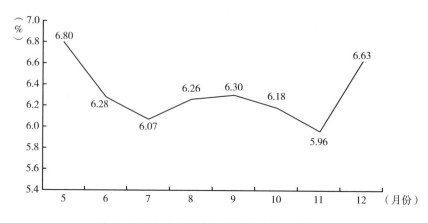

图6   2021年我国农业机械行业总资产利润率

资料来源：机械工业经济管理研究院整理。

2. 主营业务成本率稳定下降

2021年，我国农业机械行业主营业务成本率为81.85%，比2020年的84.54%下降了2.69个百分点。全年主营业务成本率总体呈现下降趋势（见图7）。

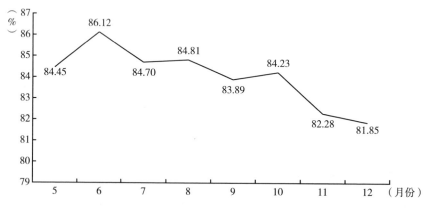

图7   2021年我国农业机械行业主营业务成本率

资料来源：机械工业经济管理研究院整理。

（五）偿债能力分析

2021 年，我国农业机械行业资产负债率为 58.93%，比 2020 年的 58.87%略有上升但幅度不大，偿债能力基本持平。全年最高值出现在 7 月，为 60.21%，之后总体呈下降趋势（见图 8）。

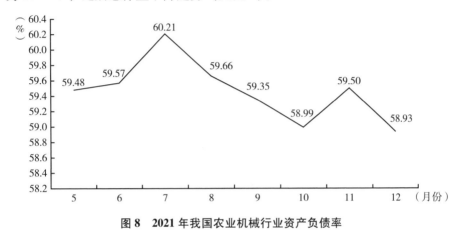

图 8　2021 年我国农业机械行业资产负债率

资料来源：机械工业经济管理研究院整理。

四　我国农业机械行业产业结构分析

（一）子行业资产规模分析

2021 年，我国农业机械行业总资产规模为 2473.38 亿元，各个子行业增长不一。其中农用及园林用金属工具制造资产规模为 139.42 亿元，比上年增加了 11.99%；农副食品加工专用设备制造资产规模为 299.48 亿元，同比增加了 2.07%；饲料生产专用设备制造资产规模为 33.20 亿元，同比增长了 5.22%；拖拉机制造资产规模为 368.80 亿元，同比减少了 2.38%；机械化农业及园艺机具制造资产规模为 1099.14 亿元，同比增长了 10.37%；营林及木竹采伐机械制造资产规模为 5.50 亿元，同比增长了 12.16%；畜牧机械制造资产规模为 255.99 亿元，同比增长了 6.04%；渔业机械制造资产规模为 14.61 亿元，同比增长了 1.61%；农林牧渔机械配件制造资产规模为 163.51 亿元，同比减少了 7.09%；棉花加工机械制造资产规模为 20.82 亿元，同比增长了 16.17%；其他农林牧渔业机械制造资产规模为 72.91 亿元（见图 9），同比增长了 36.48%。

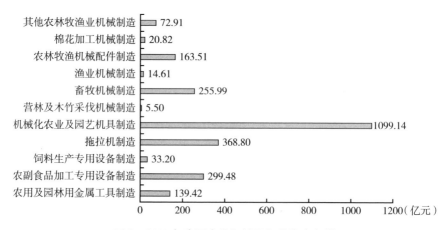

图 9　2021 年我国农业机械子行业资产规模

资料来源：机械工业经济管理研究院整理。

（二）子行业主营业务收入分析

2021 年，我国农业机械行业主营业务收入为 2860.62 亿元，同比增长了 8.10%，农业机械子行业除畜牧机械制造以外，主营业务收入均有不同程度的增长。其中农用及园林用金属工具制造主营业务收入为 204.25 亿元，同比增长了 24.28%；农副食品加工专用设备制造主营业务收入为 375.62 亿元，同比增长了 0.12%；饲料生产专用设备制造主营业务收入为 50.11 亿元，同比增长了 22.79%；拖拉机制造主营业务收入为 418.89 亿元，同比增长了 1.19%；机械化农业及园艺机具制造主营业务收入为 1151.85 亿元，同比增长了 14.55%；营林及木竹采伐机械制造主营业务收入为 12.27 亿元，同比增长了 36.45%；畜牧机械制造主营业务收入为 271.87 亿元，同比减少了 10.5%；渔业机械制造主营业务收入为 20.06 亿元，同比增加了 25.89%；农林牧渔机械配件制造主营业务收入为 197.34 亿元，同比增长了 9.48%；棉花加工机械制造主营业务收入为 16.87 亿元，同比增长了 42.30%；其他农林牧渔业机械制造主营业务收入为 141.48 亿元（见图 10），同比增长了 12.65%。

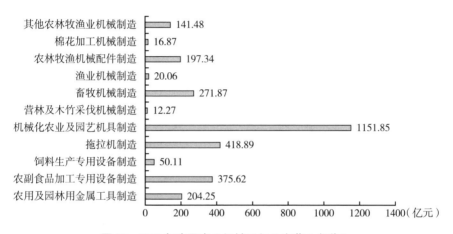

图 10　2021 年我国农业机械子行业主营业务收入

资料来源：机械工业经济管理研究院整理。

（三）子行业主营业务成本分析

2021 年，我国农业机械行业主营业务成本为 2412.04 亿元，同比增长了 7.71%。各子行业主营业务成本普遍增长。其中，农用及园林用金属工具制造主营业务成本为 172.35 亿元，同比增长了 24.47%；农副食品加工专用设备制造主营业务成本为 306.25 亿元，同比下降了 1.15%；饲料生产专用设备制造主营业务成本为 40.29 亿元，同比增长了 22.15%；拖拉机制造主营业务成本为 374.04 亿元，同比增长了 0.33%；机械化农业及园艺机具制造主营业务成本为 968.72 亿元，同比增长了 14.71%；营林及木竹采伐机械制造主营业务成本为 10.20 亿元，同比增长了 36.23%；畜牧机械制造主营业务成本为 220.32 亿元，同比减少了 11.49%；渔业机械制造主营业务成本为 17.27 亿元，同比增加了 27.92%；农林牧渔机械配件制造主营业务成本为 169.46 亿元，同比增加了 9.86%；棉花加工机械制造主营业务成本为 14.46 亿元，同比增加了 47.72%；其他农林牧渔业机械制造主营业务成本为 118.68 亿元（见图 11），同比增长了 11%。

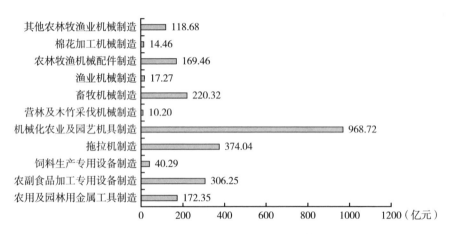

图 11 2021 年我国农业机械行业子行业主营业务成本

资料来源：机械工业经济管理研究院整理。

（四）子行业利润额分析

2021 年，我国农业机械行业实现利润总额 156.02 亿元，同比增长了 21.39%，但各子行业盈利能力差别较大，拖拉机制造利润总额大幅增长，畜牧机械制造利润总额同比下降较多。其中农用及园林用金属工具制造利润总额为 10.50 亿元，同比增长了 28.60%；农副食品加工专用设备制造利润总额为 24.27 亿元，同比下降了 2.48%；饲料生产专用设备制造利润总额为 1.87 亿元，同比增长了 18.85%；拖拉机制造利润总额为 8.49 亿元，同比增长了 1508.58%；机械化农业及园艺机具制造利润总额为 71.25 亿元，同比增长了 34%；营林及木竹采伐机械制造利润总额为 1.07 亿元，同比增长了 56.07%；畜牧机械制造利润总额为 15.75 亿元，同比下降了 19.76%；渔业机械制造利润总额为 0.72 亿元，同比下降了 13.55%；农林牧渔机械配件制造利润总额为 11.36 亿元，同比增长了 3.09%；棉花加工机械制造利润总额为 0.58 亿元，同比增长了 0.02%；其他农林牧渔业机械制造利润总额为 10.15 亿元（见图12），同比增长了 34.11%。

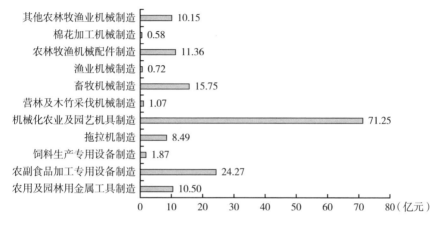

图 12 2021 年我国农业机械子行业利润总额

资料来源：机械工业经济管理研究院整理。

五 我国农业机械行业技术水平分析

（一）主要产品技术水平

1. 拖拉机技术与发达国家有较大差距

目前，欧美发达国家的农机产业正不断融合各种 ICT 技术、智能信息技术，朝着提高农业生产率的方向发展。领先农机企业也致力于发展为综合型农企，为农户提供精准农业综合解决方案。相比之下，我国拖拉机技术在全液压、智能、卫星导航等方面存在较大差距。目前虽有一些高等院校及科研单位针对自动换挡、自动导航等技术进行了控制策略理论研究，但是大多处于研究阶段，大规模应用尚有待实践。

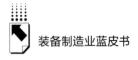

2. 机械化农业及园艺机具与国际先进水平差距明显

同荷兰、以色列等先进设施农业园艺装备国家相比，我国设施农业行业发展起步相对较晚，同时受经济与社会发展水平的制约，设备种类还是以塑料大棚、日光温室等居多。下一个发展阶段的重点任务与方向即致力于开发、生产、引进和使用比较符合中国农村经济发展特点的设施农业种植模式的耕整地技术、浇水、施肥、植保、配送运输、种植育苗、采收、环境管理等装备与技术。

3. 丘陵山地和经济作物专业装备有较大提升空间

丘陵和山地农业占我国农村的很大一部分，与欧美国家有很大不同，经济作物品类多，可以从国外借鉴的经验和技术欠缺。由于市场规模小、发展较慢，现阶段注重山区小型农机和经济作物专用农机产品开发的公司较少，自主开发技术水平也比较低，缺乏自主创新能力，相应的农机产品在品类数量和技术性能方面都有较大的提升空间。

4. 关键零部件和先进工艺与国外先进水平有较大差距

与国外相比，新材料新工艺技术，智能化技术如动力换挡离合器摩擦片、动力换挡离合器活塞回位碟形弹簧，农机用发动机电控技术，农业机械传感器关键核心技术，电控单元（控制器）关键核心技术，传感器高性能芯片等是我国农机的短板领域。

（二）重大技术突破

1. 水稻钵育摆栽技术及装备取得创造性突破

水稻钵育摆栽技术及装备是一项先进、实用、现代的水稻育苗插秧机械化技术，是以专用秧盘、机械化育苗播种机、高速乘坐六行带侧深施肥装置摆栽机为主体的成套水稻育苗及插秧设备，是工厂化育苗、机械化移栽、侧深施肥等多种技术的集成，是未来现代农业的发展趋势。该项技术适用于水稻育秧栽植的区域（南北方都可以），主要技术模式为：应用专用的钵体育秧盘育苗，并采用与之配套的水稻自动化钵盘育苗播种机进行播种，实现秧田育苗、管理机械化，当秧苗达到移栽标准时，应用水稻钵体摆栽机进行移栽。和常规技术相比，应用该项技术具有省种 50%、省土 50%、增产 10%~15%、无缓苗期、延长生育期 7~10 天等优点，主要解决早熟品种不高产、高产品种不早熟的瓶颈问题，解决了历史上钵苗只能人工手插而不能机械摆栽的难题。可实现节本增效 131.55 元/亩，对保护生态环境具有重要意义，还可以推动行业的发展，社会经济效益巨大。

2. 自动仿形喷雾植保技术及装备获得新进展

中国农业大学药械与施药技术研究中心在多年研究探索的基础上，成功研制出基于激光扫描传感器（light detection and ranging，LiDAR）探测的果园自动仿形精准变量喷雾机，突破了果树不同部位冠层结构与风量和喷雾量难以匹配的难题，提高了农药有效利用率，减少了喷雾作业过程中农药雾滴飘移与流失。该技术实现 270°广角扫描，实现自动仿形喷雾，实现精准喷雾，解决了果园农药用量大和利用率不高的问题，节省施药液量 40%以上。

3. 自动驾驶技术及装备在农业领域加速推广应用

高地隙自走式玉米去雄机的研发，突破了机器动态视觉和光电传感技术，产品各项指标突破技术瓶颈达到世界同行业先进水平，打破发达国家长期在玉米去雄技术及装备行业的垄断。3ZSC-190W 型无人驾驶水稻中耕除草机的成功试制，解决了水田复杂环境下无人驾驶水稻中耕除草技术难题，创新应用了基于北斗的种植—除草同辙作业、行株间高效除草等关键核心技术，具有完全的自主知识产权，打破国际技术垄断。

4. 海上工业化养殖方式和装备取得重大进步

中国水产科学研究院渔机所深远海养殖装备科技创新团队发挥总体牵头作用，经过多年努力，在海上工业化养殖工艺流程和技术装备上取得了创新性成果。深远海养殖专业船型创新突破了适渔性舱养结构构建、养殖环境精准调控、船载高效机械化作业装备研发、数字化控制系统集成、设计指南等关键技术，配置全封闭式舱养系统、养殖环境监控、集中自动投饲等高效养殖作业装备，可以躲避台风等恶劣天气，提高养殖安全性，可有效规避近海养殖污染与远海

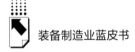
养殖风险，智慧渔业大型养殖工船拥有完全自主知识产权，有利于实施全季节养殖模式，提升规模化养殖产能，为开展深远海工业化养殖生产提供了有效途径，拓展深远海渔业养殖和国土空间海洋资源利用。

5. 保鲜及冷链消杀关键技术及装备取得突破

作为国际上一种新型高效非热源性杀菌技术，高压电场冷杀菌技术适用于对生鲜调理食品（如生鲜肉及调理产品、生鲜果蔬、鲜切菜等）的冷杀菌保鲜、安全品质控制技术的创新提升。南京农业大学首创低温等离子体冷杀菌保鲜、冷链物流消杀技术，国际首创的高压电场 CPCS-MAP 自动生产线开始商业应用，标志着核心技术装备取得突破性进展，将有助于突破我国保鲜及冷链消杀环节的技术瓶颈，在物流仓储、食品安全、畜牧养殖方面应用前景广阔，生鲜农产品、生鲜调理食品、预制菜冷杀菌保鲜安全品质控制，冷链物流喷雾消杀等关键技术，为食品工厂加工物流、畜禽生态养殖防疫空气消杀提供技术装备支撑。

六　我国农业机械行业存在的主要问题

（一）农机装备的供应链有待进一步完善

我国农机装备工业宏观上处于市场中低端，供应链不完善。比如说 1 台采棉机有 1 万多个零部件，除去通用件、标准件之外，共有几千个零部件，需要几百个甚至上千个厂家合作才能完成。由于市场规模大，研发成本高，缺乏高档数控机床等加工工具，许多零部件生产企业觉得无利可图，不愿参与。

（二）关键核心零部件有较大的依赖性

农业机械行业的发展，不能脱离制造业或者装备工业的发展。我国有很多基础材料和关键零部件与发达国家有较大的差距，依赖进口，在一些极端的情况下，这可能会对我国农机工业造成较大的冲击，这也是我国装备工业共有的较为突出的问题。

（三）尚有较多的技术和产品空白

我国农业生产方式极其复杂，比如说水稻种植分水直播、旱直播、插秧等方式，使用的机具多有不同，一些中国独有的农作物产品生产机械和农具，如枸杞采摘机、红枣采摘机、油茶采摘机、金银花采摘机等处于研发和起步阶段，同时在国外没有可以借鉴的经验，存在技术和产品的空白。

（四）碳达峰碳中和战略提高节能减排要求

新的排放法规对农机产业的影响可归纳为技术影响和市场影响。在技术方面，显著增加了发动机本身的技术开发难度，同时对农机整机企业的整体配套能力提出了极大的挑战。在市场方面，整机购置、日常维护保养等成本增加明显，给农机企业带来一定的挑战。

（五）行业竞争激烈

国家对农机购置补贴政策的投入较大，农民购置农机的积极性较高，农机行业前景巨大。同时，由于农业机械制造行业的准入门槛较低，涌现了大量中小规模的制造业企业，市场化集中度低，产品质量参差不齐，价格竞争激烈，不利于行业的健康发展。

（六）品牌影响力相对较弱

农业机械行业的特点决定了农机厂商销售渠道必须深入广大农村地区。由于我国幅员辽阔，地区人文及经济发展水平差异较大，目前国内农业装备企业能够覆盖的地域相对有限，这要求主厂商投入资源去构建能够覆盖全国农村地区的营销网络。特别是在山地丘陵农机领域，由于国内厂家起步相对较晚，相比国外知名厂家如久保田、富世华等，品牌影响力相对较弱。

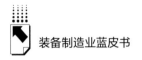

七　我国农业机械行业发展前景分析

（一）我国农业机械行业发展前景预测

1. 农业机械行业不断整合，市场集中度提高，竞争格局不断优化

随着农村居民人均可支配收入的不断增加，农户对农业机械产品的价格敏感性下降，对技术服务和品牌的需求提升，行业领先、产业链条完整、技术先进的规模以上农业机械制造企业可持续发展能力进一步得到强化，规模效应不断显现，并且拥有更多资源去拓展网络，打造品牌。中小农机企业难以扩大市场规模，达到最佳成本边际效应，实现规模经营，导致知名度和影响力弱，行业集中度将进一步提高。从农机企业数量来看，据统计，2016年我国农机规上企业将近2500家，2021年底不到1800家，降幅近30%。①

2. 农业机械化水平不断提升

在我国工业化城镇化进程持续推进与耕地面积难以大幅增长的前提下，农业劳动力总量日益减少，农业发展需要更高的劳动生产率。国家对农业机械化高度重视，通过财政补贴等"三农"政策持续支持，《2021全国农业机械化统计公报》显示：农作物耕种收的综合机械化水平从2010年的52.00%上升到2021年的72.03%，较上一年提高0.78个百分点，其中机耕率、机播率、机收率分别达84.62%、60.22%、64.66%。但是与发达国家平均90%的水平相比仍有一定差距。随着我国农业各领域全面全程机械化的推进，以及设备的更新换代，我国农业机械化水平将不断提升，农业机械市场将持续扩容。

3. 高端农机产品品类、质量和技术性能不断提高

目前国家对稀缺品种、高端农机的扶持力度持续加大，《2021—2023年农机购置补贴实施指导意见》提出，提升部分重点补贴机具补贴额，预计

---

① 机经网，http：www.mei.net.cn。

比例将从 30% 提高到 35% 左右，包括水稻耕种插机械、重型免耕机械、玉米播收机械等以及经济作物丘陵山区农业发展急需的新机具和智能、自走、网联机具。逐步降低技术相对过时的老式轮式拖拉机等机具种类的补贴额，到 2023 年底前将其补贴额进一步下降至 15% 及以下，逐步淘汰落后机具并退出补贴范围。农机企业也持续加大高附加值新产品新技术研发力度，提高我国农机产品的先进性、可靠性、适应性、安全性，实现行业转型升级，淘汰落后产能，逐步朝高质高效、节能环保、智能网联的方向发展。

4. 农业机械应用领域不断拓宽

由于农业机械不同子行业的市场发展以及技术成熟度不同，各种农作物的机械化进程存在一定差异。我国目前的农业机械主要应用于粮食作物农业生产，未来农业机械的全面应用将从粮食作物逐步拓展到经济、饲料、园艺作物等更多品类，从平原地区到山地和丘陵地区，从种植养殖业延伸到畜、果、渔业和农产品加工等领域，高科技高性能的农业机械将得到广泛应用，产业的规模化、标准化、集约化水平将不断提升。

5. 新能源电动农业机械将在农业机械市场占据一定份额

新能源电动农业机械具有结构简洁紧凑、控制灵活、低碳高效、无尾气、无噪声污染和维护成本低等特点。根据能源发展方向、市场需求和技术条件，在目前国家给予的政策指导和补贴扶持下，新能源电动农机正在成为我国农业机械市场未来发展的趋势之一，有望与传统燃油型动力农业机械实现优势互补。

（二）我国农业机械行业投资机会

1. 山地丘陵适用农业机械

我国农业生产地形地貌复杂多样，大致可以称为"三分天下"，即山地、丘陵和平地各占 1/3。其中，山地、丘陵地区约占我国国土面积的 2/3，山地、丘陵地区的农业发展情况对我国农业产业发展影响巨大。我国南方地区，山地、丘陵比例超过 60% 的省区有 10 个，依次是贵州、云南、四川、福建、广西、江西、浙江、广东、湖北和湖南。

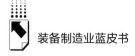

从农田所处的地形条件来看，山地、丘陵地区与平原地区相比具有坡度更大、地块更不规则、地貌条件更复杂、交通条件更恶劣等特点，适应平原地区的大型农业机械通常无法在山地和丘陵地区使用，因此山地、丘陵地区农业机械化水平相对较低。

《国务院关于加快推进农业机械化和农机装备产业转型升级的指导意见》指出，力争到 2025 年，丘陵山区农作物耕种收综合机械化率达到55%。以马铃薯为例，马铃薯作为我国主要的粮食作物，其耕种收综合机械化率一直不高且变化不大。作为区域性粮食作物，马铃薯主要生长于我国丘陵、山地等土地较为贫瘠的地区，不适宜常规机械化耕作。因此，马铃薯的机械化率一直未有突破，2021 年全国马铃薯综合机械化率仅为 45.32%，山地、丘陵地区的耕种收综合机械化水平仅约 40%。①

2. 专业化的经济作物农业机械

我国是世界上耕种经济作物种类最多的国家之一，不同品种作物的生长环境差异大，田间精细化管理要求不同，甚至有的需要采用大棚种植。这些特点决定了经济作物无法使用大型通用化的农机，需要根据经济作物种类，综合考虑农艺与农机的高度融合，以及经济作物的生长特点和植保需求等多项因素。因此，经济作物农业机械具有专业化要求高、种类繁多、精细化作业等特点，这些特点也加大了相关农业机械的生产制造难度，产品成本较高。

以油菜为例，油菜作为我国种植面积广泛的油料作物，受油菜自身生长制约、农艺与农机技术融合度不高，且我国油菜收获机大多为稻麦联合收割机局部改进后的兼用型机械，油菜破损率高，作业效率低，难以满足性能需求，油菜机播、机收环节的机械化率较低，最终导致油菜综合机械化率无法提高。现阶段，我国农业机械化稳步发展的基本面没有改变，工作的着力点更加明确，发展的条件更为有利，经济作物农机存在广阔的市场空间。

3. 新能源电动和节能农业机械

近十年来我国农村用电条件、动力电功率情况都有了较大改善，有利于

---

① 《2021 全国农业机械化统计公报》。

"轻简化、集成化、模块化"的小型、移动便捷、拆装便利的电动作业机械的发展。针对丘陵山区杂粮等种植分布广、地域差异大的特点，开发能够适应不同农艺要求，可调节株行距、节能减排的多功能新能源电动农机，能够满足农业生产和社会主义新农村建设的需要。根据能源发展方向、市场需求和技术条件，在目前国家给予的政策指导和补贴扶持下，新能源电动农机是农业机械化发展的重要趋势之一。

国家相关部门适时提出相关政策支持电动农机发展。农业农村部、工业和信息化部、国家发展改革委联合印发了《农机装备发展行动方案（2016—2025）》等政策，明确将清洁燃料与新能源农用动力、电控喷射与新能源拖拉机列为重点发展主机产品，农业农村部表示下一步将加强与有关部门的沟通合作，继续完善农机购置补贴等支持政策，积极引导和促进电动农业机械的推广应用。

未来，随着农业机械品种和数量的增加，叠加电池技术进步等驱动因素，新能源电动农业机械将发挥与传统农业机械的互补效应。

八　我国农业机械行业发展建议

（一）政府方面：应颁布农机购置精准补助政策

继续推动农业补助政策的优化与完善，对农机购置精准补助政策加以合理利用，对适应绿色农业发展需要的农业机械实施精准补助。进一步规划好补助的力度与程度，使补助政策的效果得到有效发挥。使农业机械生产服务主体意识到农业机械的发展需求，提高对装备生产的高效管理水平，并重视对农业机械的养护和维护，以提高其效益。

（二）行业方面：全面推进农业机械结构调整和注重人才培养

相关主管部门要支持地方大中型农机制造企业，按照各自特点打造地方特色品牌，并根据农业机械行业的实际发展需要，积极培育地方优质的农业

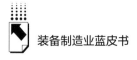

机械研发部门。坚持资源节约、对环境友好的工作态度，注重发展小农机设施等新兴产业，并积极推动全国各地对小型农机设施的推广应用，通过合理使用农机设施提升产出效益。

农业机械行业人才缺乏一直是我国的短板，高校及科研院所开设的农业机械行业相关专业较少且热度低，应该积极引导完善人才培养机制，让更多的有志青年投身农业机械行业。

（三）企业方面：加强农业机械的研发与推广

加强与高校、研究机构和企事业单位的农业机械研发合作，加快智能化网络化农业机械技术的攻关，加快农业机械产品升级换代，适应市场需求。因地制宜，针对各个地方的自然环境条件和农业生产特点，研究适宜的农业机具装置，加大市场推广力度，实现较好的经济效益和社会效益。

B.7
机床工具行业发展报告

郭文娜　杨湉湉*

摘　要： 本报告分析了国际机床工具行业市场和技术发展状况和趋势，并在此基础上，重点研究2021年我国机床工具行业的经济运行情况和产业结构、技术水平及行业发展存在的问题。分析表明，2021年我国机床工具行业总体发展尚好，运行指标增速有所回升，关键部件取得重大突破，但行业基础薄弱，产品数控化率依然较低，行业供需矛盾突出，零部件发展落后于主机。建议我国机床工具行业加强顶层设计，重点加快结构调整，着力发展高档数控机床，重视产业链协调发展。

关键词： 机床工具　数控机床　数控系统　五轴加工中心

一　国际机床工具行业发展概况

（一）国际机床工具行业市场发展状况

机床工具作为机械加工产业的主要设备，不仅是一个国家机械加工产业的发展标志，更是国家在先进制造装备业的战略必争领域。德国的《国家工业战略2030》再次强调工业4.0技术的发展，重申制造业在国民经济中的重要性以及掌握核心技术和维护核心产业链的必要性。美国

---

* 郭文娜，副研究员，机械工业经济管理研究院研究部主任；杨湉湉，机械工业经济管理研究院应急安全产业研究所助理研究员。

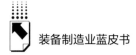

的《先进制造业国家战略》强调了先进制造业，尤其是智能制造将引领未来发展。

机床工具行业受多方面因素影响，挑战与机遇共存。新的市场需求对原有的技术提出挑战，新材料的应用对原有产品提出要求，各方面的因素促使行业获得新的增长动力，取得新的进步。

国际机床工具市场已形成三足鼎立的竞争格局，亚洲、欧洲、北美洲产值合计约占全球的90%。聚焦单一国家机床产值，2021年全球机床产值为709亿欧元，中国、德国、日本、美国、意大利位列前五，分别占比30.8%、12.7%、12.6%、9.0%、8.0%，中、德、日三国产值占比超过全球产值的一半（见图1）。

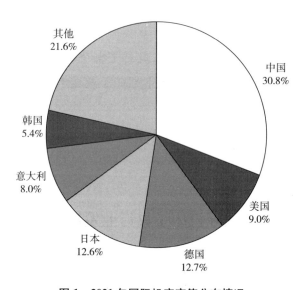

图1　2021年国际机床产值分布情况

说明：如无特殊说明，本报告数据均为机械工业经济管理研究院整理。

资料来源：机械工业经济管理研究院整理。

2021年全球机床消费额为703亿欧元，中国机床消费额约为236亿欧元，占全球总消费额的33.6%，位列全球第一，其次分别为美国、德国、意大利、日本、韩国，全球占比分别为12.9%、6.3%、5.7%、

4.6%、4.1%（见图2）。整体上看，中国机床产值和消费额均位居世界第一。

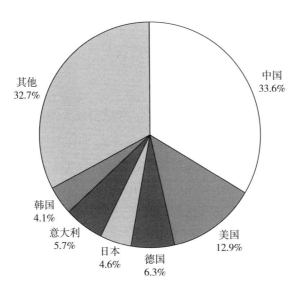

图2　2021年国际机床消费市场分布情况

（二）国际机床工具行业市场发展趋势

未来5年机床工具行业国际消费市场将呈现稳步增长趋势。具体来看，根据德国《国家工业战略2030》，德国市场将在汽车、航空航天、光学工业和医药科技方面有新的增长。美国市场着重强调重新为制造业注入动力并构建完整的制造业供应链条，这一思路直接带动以智能化、数字化为核心的高端机床工具消费需求。泰国市场得益于国际产业转移和汽车工业的快速发展，随着泰国经济缓慢复苏，汽车工业、模具制造业等对机床工具的需求将大幅增加。墨西哥的加工出口制造奖励计划促使北美、欧洲等地的汽车制造商在墨西哥增加了新的生产线，依托汽车和航空航天制造业的蓬勃发展，未来墨西哥在机床工具方面的消费量也将呈现温和增长。

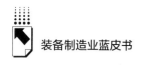
二　国际机床工具行业技术发展概况

（一）国际机床工具行业技术发展状况

1. 高速化

随着轻合金等新型材料在各个行业，如航空航天等行业的广泛应用，高速加工作为新的行业需求已经成为制造技术的重要发展方向。因此，高速化，成为机床工具行业目前最受追捧的新技术。当前，高速加工中心进给速度最高可达 50m/min，空运行速度可达 100m/min 左右。高速切削不仅能缩短加工时间，更可以提高加工精度及质量。

2. 精密化

精度保持性是衡量机床性能的关键指标，反映了机床在正常使用周期内的服役性能。影响机床生命周期内精度保持性的主要因素是机床结构件铸造、加工和装配过程中出现的残余应力。这些因素在长期均化释放过程中会使机床整体产生不规则形变，最终影响机床精度。由于各组件加工的精密化，微米的误差已不是问题，但机床生命周期内的精确度则会随时间和使用次数发生改变。以德国瓦德里希科堡（Waldrich Coburg）公司龙门加工中心产品为例，其使用 10 年后精度保持率可达到 95%。

3. 加工复合化

工序集中化、复合化和工艺复合化是数控机床复合加工的三点核心内容。而复合化加工在机械制造中的应用主要提高了加工效率和精度，将多道工序在一次加工中完成。日本山崎马扎克的 INTEGREX I-V 系列车铣复合加工中心采用头部倾斜方式，是实现重型工件高精度加工的五轴机。作为第五代复合加工机，其不仅可高效率、高精度地完成重型、大型零件的复合加工，其不断革新的软件系统更是与机器相辅相成。可以根据生产需求，随时增加托盘生产单元模块，组成自动化生产系统，还方便同类机型拓展成生产线，甚至可以与其他类别的机型组成混合式生产线，极大地提高生产效能。

（二）国际机床工具行业技术发展趋势

1. 以智能化信息技术为核心的新技术应用趋势

目前的新型机床，除传统的加工功能外，还通过内置大量新型传感器获取机床状态。同时收集加工中产生的信号与数据，在分析处理后，结合建模分析、数据挖掘等进行学习，一方面可以优化加工过程，形成更优化的指令；另一方面可以对加工状态、机床状态进行检测，实现健康状态检测维护，以满足更加高效、优质及柔性的加工要求。此外，机床还与工业互联网、工业物联网等信息网络连通，通过标准通信接口获取数据，结合深度学习、数字孪生、边缘计算/云计算等技术，推动机床行业朝着"感知、互联、学习、决策、自适应"的方向发展。

2. 复合功能、定制化技术助力机床产业提升效能

单一功能的机床早已经不能适应目前的发展需要。目前机床的发展趋势包括加工工艺复合（如铣—磨、车—铣）、不同成形方法组合（传统减材制造与增材制造等的组合）、加工与流转装配等组合（如数控机床与工业机器人集成）。在生产模式方面，更是从"CAD-CAM-CNC"的串行传统工艺模式转向基于三维模型的"CAD+CAM+CNC集成化"，从"机—机"联络向着"人—机—物"互联发展。在适应不同用户方面，新型机床需要在系统配置、机床机械结构、刀具、编程、测量等方面提供配置化、模块化服务，同时在工艺参数、故障诊断、运行维护等方面提供个性化服务。而机床的模块化设计、可重构配置、网络化协同、软件定义制造、可移动制造等技术将为实现定制化提供技术支撑。

三 我国机床工具行业政策导向分析

机床工具行业的发展离不开国家政策的支持。从"863 计划"到"04专项"，从国家高度出台的各项政策，不断促进机床工具行业的发展，尤其是高端数控机床的创新。

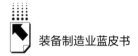

2009 年，"04 专项"正式启动，历经 12 年，发挥了重大作用。推动了高档数控机床技术和产业的发展，加快了高档机床、数控系统和功能部件的研发创新，促使机床制造企业与用户企业（航空航天、汽车、船舶及发电企业）进行联合研发创新，一批高档数控机床实现了从"无"到"有"的突破，并成功应用于实际生产。通过联合研发、技术创新、产业结构调整等措施缩小了我国与国际机床强国的差距。

《"十四五"智能制造发展规划》中要求研发智能立/卧式五轴加工中心、车铣复合加工中心、高精度数控磨床等工作母机，进一步对数控机床的发展方向提出了具体的要求。

截至 2021 年，我国出台的机床工具行业的一系列政策规划见表 1。

表 1　我国机床工具行业主要政策规划

时间	发布方	政策	内容
"十五"	科技部、总装备部、国防科工委、财政部	863 计划、"高精尖数控机床"重点专项	支持航空、汽车等重点领域急需的高精尖数控装备研制
"十一五"	国务院办公厅、工业和信息化部	《装备制造业调整和振兴规划》、国家科技重大专项（04 专项）	聚焦航空航天、汽车以及船舶、发电领域对高档数控机床与基础制造装备的需求，进行重点支持
2016 年	国务院	《"十三五"国家战略性新兴产业发展规划》	加快高档数控机床与智能加工中心研发与产业化，突破多轴、多通道、高精度、高档数控系统、伺服电机等主要功能部件及关键应用软件，开发和推广应用精密、高速、高效、柔性并具有网络通信等功能的高档数控机床、基础制造装备及集成制造系统
2017 年	工业和信息化部	《促进新一代人工智能产业发展三年行动计划（2018—2020 年）》	将提升高档数控机床的自检测、自校正、自适应、自组织能力和智能化水平等列入着重率先取得突破的智能制造关键技术装备

时间	发布方	政策	内容
2018 年	工业和信息化部、标准委	《国家智能制造标准体系建设指南（2018 年版）》	明确建立涵盖基础共性、关键技术、行业应用三类标准的国家智能制造标准体系，并提出制定行业急需的智能制造相关标准，如高档数控机床和机器人领域的机床制造和测试标准等
2019 年	国家发展改革委	《产业结构调整指导目录（2019 年本）》	鼓励"高档数控机床及配套数控系统：五轴及以上联动数控机床，数控系统，高精密、高性能的切削刀具、量具量仪和磨料磨具"产业发展
2019 年	工业和信息化部、国家发展改革委等	《关于印发〈制造业设计能力提升专项行动计划（2019—2022 年）〉的通知》	争取用 4 年左右的时间，推动制造业短板领域设计问题有效改善，工业设计基础研究体系逐步完备，公共服务能力大幅提升，人才培养模式创新发展。在高档数控机床、工业机器人、汽车、电力装备、石化装备、重型机械等行业以及节能环保、人工智能等领域实现原创设计突破。强化高端装备制造业的关键设计。在高档数控机床和机器人领域，重点突破系统开发平台和伺服机构设计，多功能工业机器人、服务机器人、特种机器人设计等
2021 年	十三届全国人大四次会议	《中华人民共和国国民经济和社会发展第十四个五年规划和 2035 年远景目标纲要》	深入实施智能制造和绿色制造工程，发展服务型制造新模式，推动制造业高端化智能化绿色化。培育先进制造业集群，推动集成电路、航空航天、船舶与海洋工程装备、机器人、先进轨道交通装备、先进电力装备、工程机械、高档数控机床、医药及医疗设备等产业创新发展
2021 年	全国人大常委会	《关于第十三届全国人民代表大会第四次会议代表建议、批评和意见办理情况的报告》	围绕实施创新驱动发展战略，加强基础研究，完善科技创新体制机制。工业和信息化部针对加快关键核心技术的建议，梳理集成电路、数控机床产业链图谱，形成关键核心技术攻关，任务清单，组织安排一批专项项目重点攻关

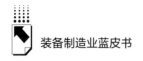
四 我国机床工具行业运行情况分析

（一）资产规模呈扩大态势

2021 年，我国机床工具行业资产规模达到 12975.14 亿元，同比增长 15.67%，增速较 2020 年增加 2.12 个百分点。分月来看，2021 年我国机床工具行业月度资产规模同比增速呈波动变化态势，其中，8 月增速最高，7 月最低，仅为 0.11%（见图 3）。前三个季度增速高于 2020 年同期。

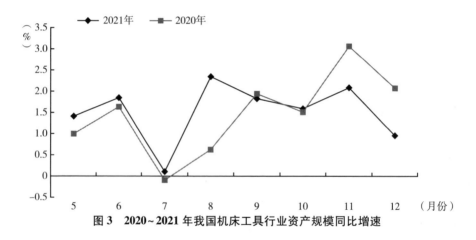

图 3　2020～2021 年我国机床工具行业资产规模同比增速

（二）主营业务收入持续增长

2021 年，我国机床工具行业主营业务收入为 11220.78 亿元，同比增长 30.13%，增速较 2020 年增加 24.66 个百分点。分月来看，2021 年月度我国机床工具行业主营业务收入增速较 2020 年稳定。其中，8 月增速最高，为 38.14%，随后呈波动下降趋势，11 月增速为 13.86%，12 月回升至 15.43%。2020 年机床工具行业主营业务收入 7 月、8 月同比增速为负，其余月份同比增速为正。其中，10 月增速最高，达 58.4%（见图 4）。

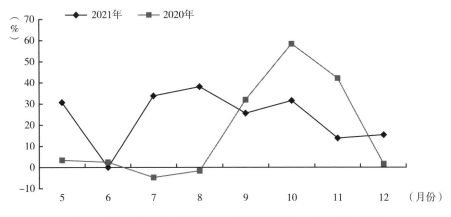

图4 2020~2021年我国机床工具行业主营业务收入同比增速

（三）主营业务成本稳步增长

2021年，我国机床工具行业主营业务成本为8880.17亿元，同比增长27.01%，增速较2020年增加23.16个百分点。分月来看，2021年我国机床工具行业主营业务成本月度变化平稳，增速整体呈下降趋势。其中，1月增速最高，为40.15%，之后呈波动下降趋势，11月达到年度最低增速，为11.15%。2020年下半年我国机床工具行业主营业务成本月度变化幅度较大，其中，10月增速最高，为63.05%（见图5）。

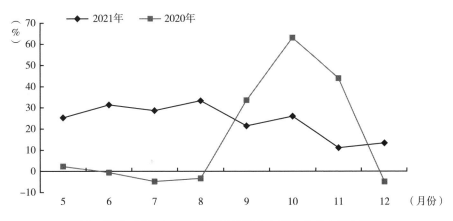

图5 2020~2021年我国机床工具行业主营业务成本同比增速

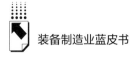

（四）利润总额实现大幅增长

2021年，我国机床工具行业实现利润1037.01亿元，同比增长72.42%，增速较2020年增加45.22个百分点。利润增速高于主营业务收入增速，机床工具行业呈现良性运行状态。分月来看，2021年12月利润总额增速呈负值，为-14.14%，9月增速最高，为107.75%。与2021年的主营业务收入和主营业务成本变化趋势基本一致。2020年机床工具行业利润总额增速7月最低，为-1.34%，10月最高，为171.92%（见图6）。

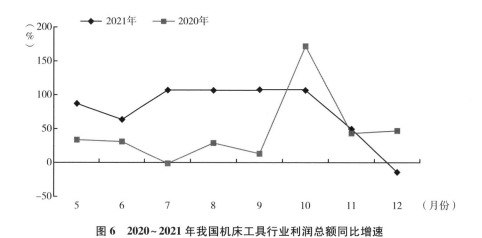

图6　2020~2021年我国机床工具行业利润总额同比增速

（五）营运能力不断提高

2021年，我国机床工具行业总资产周转率为0.86次，比2020年增加0.09次。分月来看，2021年我国机床工具行业月度总资产周转率在0.07~0.10次区间波动，其中，7月最低，12月最高。总体来看，2021年总资产周转率优于2020年同期（见图7）。

（六）盈利能力有所增强

从总资产利润率来看，2021年我国机床工具行业整体盈利能力有所增

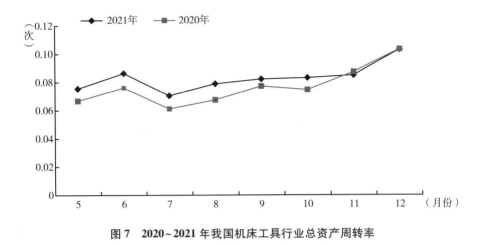

图 7　2020~2021 年我国机床工具行业总资产周转率

强，全年行业总资产利润率为 7.99%，较 2020 年增加 2.63 个百分点，总体呈稳步增长态势。根据月度数据分析，2021 年 1~11 月行业总资产利润率均高于 2020 年同期水平，其中 10 月最高，为 1.02%；12 月最低，为 0.62%（见图 8）。

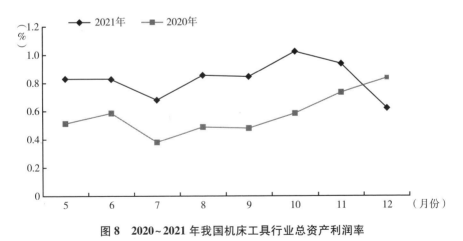

图 8　2020~2021 年我国机床工具行业总资产利润率

从主营业务成本率看，2021 年我国机床工具行业整体变化表现得较平稳，全年主营业务成本率为 79.14%，比 2020 年减少 1.94 个百分点。从月度指标看，6 月、7 月最高，达到 79.82%，10 月最低，为 77.15%。2021 年主营业务成本率月度数据均低于 2020 年同期水平（见图 9），说明 2021 年行业整体主营业务收入的盈利贡献比 2020 年有所提高。

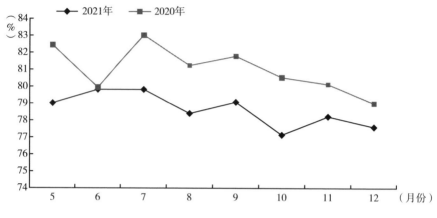

图 9　2020~2021 年我国机床工具行业主营业务成本率

（七）偿债能力略有提高

2021 年，我国机床工具行业总资产负债率为 52.33%，略低于 2020 年总资产负债率 52.45%的水平。全年走势与 2020 年趋同，整体平稳且呈下降趋势。2020~2021 年行业企业的资产负债水平处于 40%~60%（见图 10），资产负债率水平适宜，说明企业具备较强的偿债能力。

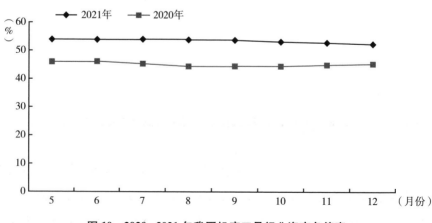

图 10　2020~2021 年我国机床工具行业资产负债率

五 我国机床工具行业产业结构分析

(一) 两大子行业资产规模扩大

2020~2021 年, 我国机床工具行业中两大子行业 (金属切削机床制造和金属成形机床制造) 资产规模均呈增长趋势。

2021 年金属切削机床制造子行业资产规模占同年机床工具行业总资产规模的 16.72%, 而金属成形机床制造子行业资产规模则占总资产规模的 6.83%, 比重低于金属切削机床制造子行业。

2021 年金属切削机床制造子行业资产规模同比增速为 5.44%, 较 2020 年增加 2.66 个百分点; 2021 年金属成形机床制造子行业资产规模同比增速为 8.77%, 较 2020 年增加 1.55 个百分点 (见图 11)。

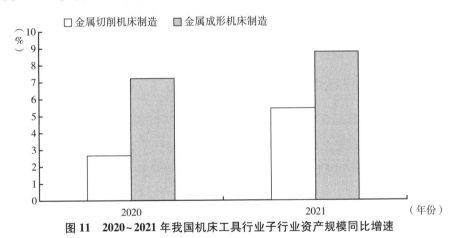

图 11 2020~2021 年我国机床工具行业子行业资产规模同比增速

(二) 两大子行业主营业务收入明显增长

2020~2021 年, 我国机床工具行业中两大子行业 (金属切削机床制造和金属成形机床制造) 主营业务收入增长明显。

2021 年, 金属切削机床制造子行业主营业务收入占同年机床工具行业主营业务收入的 12.95%; 金属成形机床制造子行业主营业务收入仅占同年

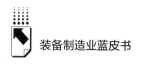

机床工具行业主营业务收入的 6.36%。

2021 年金属切削机床制造子行业主营业务收入同比增速为 33.76%，较 2020 年增加 33.51 个百分点；2021 年金属成形机床制造子行业增速为 13.11%，改变了 2020 年的负增长局面（见图 12）。

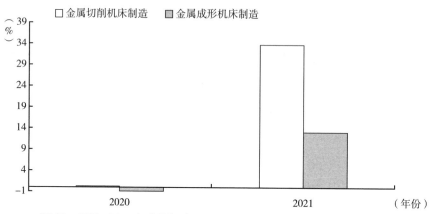

图 12　2020~2021 年我国机床工具行业子行业主营业务收入同比增速

（三）两大子行业主营业务成本大幅增加

2020~2021 年，我国机床工具行业中两大子行业（金属切削机床制造和金属成形机床制造）主营业务成本均大幅增加。

2021 年金属切削机床制造和金属成形机床制造两大子行业主营业务成本分别占同年机床工具行业主营业务成本的 13.21% 和 6.50%。

2021 年金属切削机床制造子行业主营业务成本同比增速为 33.54%，较 2020 年增加 38.17 个百分点。金属成形机床制造子行业主营业务成本同比增速为 12.76%，较 2020 年增加 13.90 个百分点（见图 13）。主营业务成本与主营业务收入变化趋势基本一致。

（四）两大子行业利润呈分化发展趋势

2020~2021 年，我国机床工具行业中两大子行业（金属切削机床制造和金属成形机床制造）利润总额呈现不同的发展趋势。

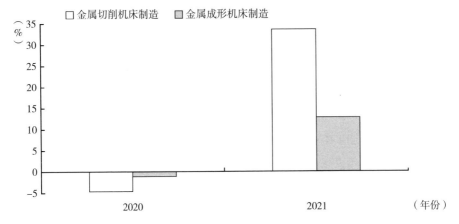

图 13　2020~2021 年我国机床工具行业子行业主营业务成本同比增速

2021 年金属切削机床制造子行业利润总额占同年机床工具行业利润总额的 4.95%，金属成形机床制造子行业则占 4.41%。

2021 年金属切削机床制造子行业利润总额大幅下降，呈负增长，增速为-14.96%，较 2020 年减少 146.81%；金属成形机床制造子行业利润总额逐步上涨，2021 年增速为 18.37%，较 2020 年增长 8.35 个百分点（见图 14）。

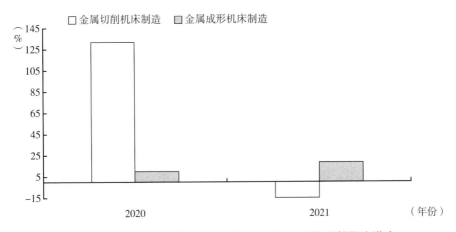

图 14　2020~2021 年我国机床工具行业子行业利润总额同比增速

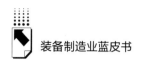

六　我国机床工具行业技术水平分析

（一）主要产品技术水平

1. 五轴龙门加工中心

综合来看，国产五轴龙门在主轴转速、XYZ 定位精度/重复定位精度、AC 定位精度与转位角度等大部分关键指标上已经接近甚至超过国际平均水平。

在主轴转速上，国产主轴转速在 1.8 万~2.4 万 rpm 区间；在 XYZ 定位精度上，精度上限达到 0.013/0.008mm；在 AC 转位角度上，国内产品的转位角度已经达到±105°/±360°的标准；在 AC 定位精度上，国内产品定位精度已经达到 5"。

2. 五轴立式加工中心

综合来看，在五轴立式中，国内产品在主轴转速、各联动轴定位精度与重复定位精度等关键指标上可与国外高端产品媲美。

在主轴转速上，国内产品可达到 1.5 万 rpm 以上；在 XYZ 定位精度/重复定位精度上，精度可达到 0.008/0.005mm；在 A 轴驱动与摆角上，科德摆角范围达到±130°，达到世界摆角范围上限；在 AC 定位精度/重复定位精度上，国内产品达到了 5"/3" 与 5"/2"，处于领先水平。

3. 高端数控车床

综合来看，国产高端数控车床已经达到国际先进水平，并在部分指标参数上占据一定优势。

在主轴转速上，国内产品可达到 5000rpm；最大加工直径与最大回转直径可达到 330/550mm，与国际领先水平（马扎克的 330/580mm）接近；在刀塔刀具数量与换刀时间上，国内产品最高数量为 12，与马扎克持平，换刀时间为 0.15s，领先马扎克。

（二）重大技术突破

1. 功能部件关键技术有所突破

功能部件如高速主轴单元、高速工具系统、直线电动机、数字化量仪等可实现量产。多轴联动控制系统取得重大突破，如华中数控研制出了数控系统系列化成套产品并拥有自主知识产权，武汉重型机床应用华中数控系统，研发试制成功 CKX5680 七轴五联动车铣复合数控加工机床，解决了大型螺旋桨的高精度加工问题。北京精雕研制出 JD50 数控系统，多轴联动控制能力较强，用于叶轮（航空航天精密零部件）的高精度加工。

2. 智能制造技术应用取得新进展

数控机床的售后系统纳入智能领域。西北工业大学与企业合作研究建立了基于因特网的远程监测和故障诊断系统，为数控机床制造企业实现远程售后服务提供网络环境基础，不仅减少了企业售后服务费用的支出，而且大大提高了售后运维效率。

广州数控自主设计实施了设备网络化综合解决方案体系，实现了生产制造车间的实时监控和远程诊断，通过实时数据的获取与分析，积累了大量的故障数据和加工数据，为企业进一步提高产品质量与服务水平奠定了基础。

七 我国机床工具行业存在的主要问题

（一）技术基础薄弱，高端研发人才缺失

总体来看，我国机床工具行业仍处于全球产业价值链的中低端，技术基础薄弱，核心技术功能单元和关键零部件依赖进口的局面未根本改变。同世界领先水平相比，在基础共性技术研究、产业前沿技术研究方面的差距有进一步扩大趋势，高端研发人才缺失，研发潜力不足。

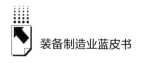
（二）数控化率较低

数控化率是衡量机床先进程度的重要指标之一。与机床强国相比，我国机床工具行业数控化率仍处于较低水平。根据中国机床工业协会的统计数据，国内数控机床数控化率由 2007 年的 17.01% 大幅提升至 2020 年的 43.27%，但仍远低于德国（75%）和日本（90%）。

（三）供需结构矛盾突出

从产品供给能力来看，通用型产品、同质化产品、中低端产品供给过剩，而定制型产品、差异化产品、高端产品的供给能力不足。从市场需求端来看，近年来市场对中低档产品、通用型单机类产品的需求量大幅下降，而对高档型产品和自动化成套类产品的市场需求量大幅增加，由此产生的供需矛盾日益突出，且企业能力短期内无法提高，不能适应市场的变化。

（四）核心部件滞后于主机发展

产业体系结构失衡，"重主机，轻配套"是机械行业的通病，具体到机床工具行业表现为中高档数控机床的关键功能单元和核心零部件大部分仍依赖进口，自主研发制造能力均落后于数控机床主机。这在很大程度上制约了行业发展，更严重的是数控部分受制于人，为机床工业乃至整个工业埋下了"安全"隐患。

八　我国机床工具行业发展前景分析

（一）我国机床工具行业发展前景预测

1. 更新换代周期到来，国内市场前景可期

根据行业发展趋势惯例，数控机床的更新换代周期大约为 10 年。我国机床工具行业上一个高速发展期为 2010～2014 年，按 10 年更新周期估算，

市场应于 2020 年进入新一轮发展高速期，但由于新冠疫情的影响，2020 年行业发展延续下行趋势。预计未来随着经济恢复性增长，下游产业需求增加，机床的更新换代需求将大幅增加，市场前景可期。

2. 国产机床性价比优势大，机床出口市场潜力巨大

我国机床生产以中低端产品为主，目前出口到日欧美等发达地区难度较大，但由于高性价比优势，在部分发展中国家适用性更强。近年出口到越南、印度、墨西哥、土耳其等地区的产品数量呈增长趋势，加之国内企业国际化销售渠道建设力度加大，机床出口市场潜力巨大。

（二）我国机床工具行业投资机会

1. 高端数控机床发展空间大

五轴加工中心是航天航空、发电装备、高精医疗设备等行业加工关键部件的重要装备，但是我国五轴加工中心发展缓慢，产量很低，五轴加工中心产量占数控机床比例仅为 1% 左右。随着诸如航空航天、发电装备、高精仪器仪表等下游行业的高质量发展，加工精度等要求进一步升级，以五轴加工中心为代表的高端数控机床增长空间巨大。

2. 新兴产业为行业发展提供新机遇

新能源汽车、风电设备等新兴产业迅速发展，拉动机床工具行业高质量发展。在新能源汽车方面，2021 年我国新能源汽车销量达 352 万台，复合增长率为 41.0%。目前汽车呈轻量化、一体化发展趋势，异形结构件需求增加。风电设备零部件加工难度大、精度要求高、可靠性要求高，需要专用高精度机床。基于"双碳"目标的要求，风电装备市场保持稳定增长，风电机组呈大兆瓦发展趋势。这些新兴产业的高速发展将为高端数控机床发展提供新机遇。

3. 民营企业成为行业发展新生力量

近 10 年是机床工具行业产业结构调整升级阶段，以"十八罗汉"为代表的国有企业由于经营、管理、市场竞争、战略等原因逐渐淡出市场，大连机床、沈阳机床等行业龙头企业被并购重组，仅剩济南二机床"一枝独

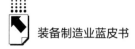

秀"。外资企业销量也有所下滑。民营企业起步较高，多定位于中高端产品，重视研发投入，逆势而上，市场份额逐步增加，成为行业发展的新生力量。

九　我国机床工具行业发展建议

（一）加强行业发展的顶层设计

西方发达国家一直将高档数控机床及其关键零部件作为重要的战略资源加以管控，对出口到我国的重大技术装备，包括控制系统以及关键核心零部件等进行限制，阻碍我国相关产品的发展。面对日益复杂多变的国际环境，为构建关键核心技术攻关的新型举国体制，解决"卡脖子"问题，要更好地处理"市场决定作用"和"更好发挥政府作用"的关系。这就需要进行顶层设计与规划，进一步发挥政府机构和行业协会等组织的领导和政策协调作用，对企业提供必要的政策（包括减免税优惠政策）支持，针对基础研究、材料研究、技术短板等组织科技攻关力量，不断推进全产业链技术升级，促进行业竞争力提高。

（二）促进产业结构调整

机床工具行业大而不强，中低端市场竞争激烈，高端市场几乎被国外企业垄断，中低端产品附加值低，行业整体利润空间有限，盈利能力亟待提高。在此情况下，促进产业结构调整刻不容缓。产业结构调整要在国家产业政策和行业规划的指引下，集中力量，重点突破，促进行业龙头企业和"专精特新"企业同步发展。

一是组织力量攻克高档数控系统和关键零部件研发。例如高档数控系统的算法复杂空间建模 know-how、优化补偿技术、可靠性、应用延展能力及芯片、光纤通信等。主轴、丝杠、刀具、直线电机等关键零部件的差距更为明显。

二是加快产品技术更新，提高产品数控化率。目前我国机床数控化率不足50%，日德等国家可达到75%~90%，所以产品结构调整在某种意义上来说就是提高产品的数控化率。

三是产品的技术研发必须以市场需求为导向，不断研究市场需求变化，切莫闭门造车，忽视市场而盲目进行大量的研发投入。

四是重视产业链一体化发展。为高档数控机床配套的数控系统及关键零部件（主轴、丝杠、刀具、直线电机）等成本长期处于高位，直接影响行业的盈利水平，进而缩小企业二次研发投入空间，陷入恶性循环。机床工具行业要从上游入手，与基础材料、基础加工、基础部件等上游企业携手共进，共同研发，实现产业链一体化协同发展。

（三）建设新型技术创新体系

自主创新是产业发展的基础，为突破关键技术，进而解决"卡脖子"的技术问题，需要以企业为主体，以市场为指引，建立产学研用相结合的新型技术创新体系。为加强基础技术研究、共性技术研究，要建立共性技术创新平台。为提高行业制造水平，要依托企业加强设计技术和应用技术研究，进而提升整体设计和制造水平。

人才是创新的载体，目前我国机床工具行业人才资源缺乏，难以支撑产业的研发与技术进步。我国机床工具行业专业人才大都毕业于技工学校，人才的培养体系有待完善。建议普通高等院校设置机床细分专业，给予基础学科及应用高度重视，同时鼓励领军企业培养人才。

B.8
石化装备行业发展报告

童童 智一歌 郭威 栗蕾乔*

摘 要： 本报告梳理了 2020~2021 年国际石化装备行业的发展状况和趋势、我国石化装备行业的发展状况与趋势，研究分析了我国石化装备行业的产业规模、产业结构、技术水平和存在的问题，展望了我国石化装备行业的发展前景，并有针对性地提出了行业发展建议。分析表明，2021 年我国石化装备行业资产规模和主营业务收入稳步增长，利润率保持稳定，行业整体运营能力有所提升；主要产品国产化程度提升，石油钻采装备取得重大技术突破。当前，我国石化装备行业应抓住国家重大发展机遇，打造绿色制造体系，推进信息化与智能化融合发展，进一步增强石化通用装备企业竞争力。

关键词： 石化装备 智慧石化园区 绿色化工

    "石化装备"为石油和化工装备的简称，是装备制造业的重要子行业之一，是用于石油钻采、加工、运输及化工生产一系列过程中的设备的总称。

---

* 童童，博士，副研究员，机械工业经济管理研究院城乡规划研究所执行所长，主要从事当代社会学理论与经济管理方向研究；智一歌，中级经济师，机械工业经济管理研究院发展战略研究所副所长，主要从事产业经济研究；郭威，工程师，机械工业经济管理研究院发展战略研究所研究助理，主要从事经济研究、行业研究；栗蕾乔，助理研究员，机械工业经济管理研究院城乡规划研究所研究助理，主要从事经济管理研究。

我国的石化装备是石化工业发展不可或缺的基础装备，其发展水平决定和影响着石化工业的发展进程。[①]

一　国际石化装备行业发展概况

（一）国际石化装备行业市场发展概况

当前，国际高端的大型石化装备制造业企业主要分布在美国和欧洲地区，以中国为首的发展中国家属于第二梯队。随着能源供需格局的改变，各国在石油装备方面的竞争将在未来一段时间内愈演愈烈。短期内难以打破欧美各国在设计研发和高端设备领域的垄断局面。

据统计，2017~2021年全球石化装备行业市场规模增长率为-4.0%~7.0%，2020年全球石化装备行业市场规模为3471.93亿美元，2021年全球石化装备行业市场规模为3672.21亿美元，同比增长5.8%。

表1　2017~2021年全球石化装备行业市场规模及增长率

单位：亿美元，%

年份	市场规模	增长率
2017	3185.86	5.3
2018	3059.24	-4.0
2019	3268.05	6.8
2020	3471.93	6.2
2021	3672.21	5.8

注：如无特殊说明，本报告数据均为机械工业经济管理研究院整理。
资料来源：机械工业经济管理研究院整理。

[①] 按照《国民经济行业分类》（GB/T 4754—2017）的规定，石化装备行业共分16种行业小类。

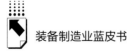

从供需结构看，全球石化装备市场供需平衡。2017~2021年全球石化装备行业供需呈现波动态势，2021年全球石化装备行业供给量为236.72万套，同比增长5.3%（见图1）。2021年全球石化装备行业需求量为237.19万套，同比增长5.2%（见图2）。

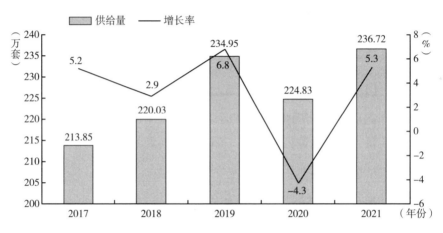

图1 2017~2021年全球石化装备供给量及增长率

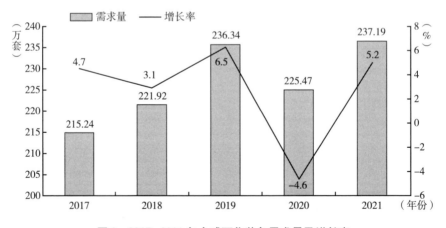

图2 2017~2021年全球石化装备需求量及增长率

受市场运行状况和石化装备上游原材料价格波动影响，2017~2021年全球石化装备行业平均价格呈现波动态势，2021年为12.76万美元/套。

表2　2017~2021年全球石化装备行业平均价格

单位：万美元/套

年份	平均价格	年份	平均价格
2017	12.67	2020	12.67
2018	12.83	2021	12.76
2019	12.77		

（二）国际石化装备行业技术发展概况

在炼油领域，欧美炼油技术始终处于世界领先水平，各项技术引领行业发展，轻油收率超过85%，先进炼油综合能耗低于40千克标油/吨原油，拥有全球领先的炼油生产企业和先进的炼油技术及催化剂供应商，如埃克森美孚、BP、壳牌、雪佛龙、Honeywell、UOP、CB&I、雅保等。

在加氢处理方面，埃克森美孚与雅保合作开发了基于先前开发的高效本体金属催化剂Nebula®的新一代催化剂CelestiaTM，在加氢裂化前可应用于轻质循环油（LCO）和减压瓦斯油（VGO）处理，其单位体积活性超过目前主流镍钼负载催化剂的3倍。烷基化方面，一些公司积极研究烷基化新工艺，原因是美国页岩油气产量增加，市场需求增加。

国际石化装备产品技术总体呈现五方面的发展趋势。一是规模化。为适应陆地深部油气库、深海油气库和大位移井的需要，石油钻机装备趋向规模化、大型化。二是智慧化。广泛应用嵌入式处理技术、数字化控制技术，逐步实现全系统、全过程智能控制。三是网络化。随着技术进步和系统复杂程度的不断增加，智能节点数也不断增加，工业局域网系统将被网络通信方式取代。四是一体化。钻机自动化控制系统正在朝一体化方向发展，从而实现钻井设备的统一监测、统一管理。五是稳定性。石化装备以复杂的大型成套设备为主，各部分装置的模块化设计将有效提高整体装备生产运行效率，从而降低成本。

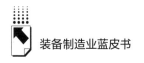

（三）美国和欧盟石化装备行业发展举措

1. 美国

美国石化装备行业受其能源政策影响较大。美国能源政策从"能源独立"转向"清洁能源革命"。在国家安全战略中，美国将"能源自主"提升为国家安全战略的关键一环，并提出了"以能源为先导"的战略理念。2016~2020 年，美国出台多项石化能源利好政策，推动美国石化企业及上游石化装备行业快速发展。

石化装备行业在经过 5 年持续发展后，进入行业变革阶段，行业产品供给转向清洁能源和可再生能源领域。2017 年美国石化装备行业市场规模达866.23 亿美元，2021 年美国石化装备行业市场规模为 998.25 亿美元（见表3）。

表 3　2017~2021 年美国石化装备行业市场规模

单位：亿美元

年份	市场规模	年份	市场规模
2017	866. 23	2020	937. 99
2018	835. 87	2021	998. 25
2019	884. 23		

2. 欧盟

数据显示，欧洲石化装备行业市场规模在 2017~2021 年呈现震荡走势。2017 年欧洲石化装备行业市场规模为 733.59 亿美元，2021 年欧洲石化装备行业市场规模为 846.67 亿美元。受欧盟绿色新政影响，欧洲能源结构正在快速脱碳，石化装备行业发展转向可再生能源和绿色低碳领域。氢能产业成为欧盟未来谋求能源独立和工业领域脱碳的重要方向，氢能相关装备市场需求紧迫。2021 年 3 月，欧洲议会通过欧盟碳边境调节机制（CBAM）的决议，随着立法讨论逐步深入，CBAM 政策得以不断推动，欧盟正式推出碳关税的时间日益临近，欧盟工业领域脱碳步入正轨。

二　我国石化装备行业政策导向分析

（一）聚焦达成"双碳"目标

2021 年 2 月 22 日，国务院发布《关于加快建立健全绿色低碳循环发展经济体系的指导意见》，就加快建立石化装备等产业的绿色循环发展体系、实施绿色转型、推动产业升级等内容做出部署安排。5 月 30 日，生态环境部发布了《关于加强高耗能、高排放建设项目生态环境源头防控的指导意见》，提出了绿色转型、优质发展石化装备行业的指导性意见，并将其纳入国家产业规划体系。

10 月 24 日，国务院印发《2030 年前碳达峰行动方案》，提出推进石化、化工产业碳达峰，优化产能规模和布局，加大落后产能淘汰力度，对推进石化装备行业碳达峰工作做出总体安排。10 月 29 日，国家发展改革委等部门印发《"十四五"全国清洁生产推行方案》，提出要全面开展清洁生产审核和评价认证工作，推动石化、化工等重点行业"一行一策"绿色转型升级，为石化装备行业清洁生产发展方向做出实践指导。

11 月 15 日，工业和信息化部印发《"十四五"工业绿色发展规划》，提出构建工业绿色低碳转型与工业赋能绿色发展相互促进、深度融合的现代化产业格局，为石化装备行业推动碳达峰碳中和提供重要支撑。

（二）持续推进智能化升级

2021 年 6 月 7 日，国家发展改革委等部门联合印发《能源领域 5G 应用实施方案》，推动以 5G 为代表的先进信息技术与能源产业融合发展，有效提升能源数字化、网络化、智能化发展水平，为石化装备行业 5G 应用实施提供政策指导。

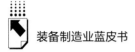
12月8日，国家发展改革委、工业和信息化部发布《振作工业经济运行推动工业高质量发展的实施方案》。该方案提出大力推动企业技术改造，组织开展石油化工等重点领域技术改造，推进智能制造示范工厂建设，引导企业加快技术改造和装备更新，修订产业结构调整指导目录，实施工业企业技术改造投资升级导向计划。该方案为石化装备行业发展提供了综合实施建议。

12月21日，工业和信息化部等八部门印发《"十四五"智能制造发展规划》，提出要为推动制造业优质发展提供有力支撑，加快建设制造强国，发展数字经济，构建国际竞争新优势，深入实施智能制造工程。该规划为石化装备行业"十四五"时期智能化升级改造做出了全面、具体的规划。

三 我国石化装备行业运行情况分析

（一）行业资产规模分析

2021年我国石化装备行业资产规模增长至2.67万亿元，同比增长8.46%。分月份看，2021年石化装备行业资产规模增速稳定在8%~11%，9月同比增速最高为10.2%，12月略有下降（见图3）。

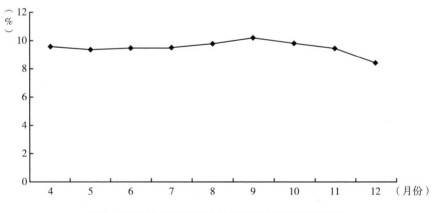

图3 2021年中国石化装备行业资产规模同比增速

（二）产品产量规模分析

2021 年 4~12 月石化装备行业主要设备产量同比增速波动明显。其中，风机增速最高为 20.6%，最低为-9.7%。石油钻井设备增速最高为 38.4%，最低为-9.5%。印刷专用设备增速最高为 30.6%，最低为 5.2%。气体分离及液化设备增速最高为 27.0%，最低为-14.1%。气体压缩机、泵增速总体呈下降趋势，气体压缩机产量同比增速降幅较大，从 5 月的 30.9% 下降至 12 月的-10.8%。阀门同比增速相对平稳（见图 4、图 5）。

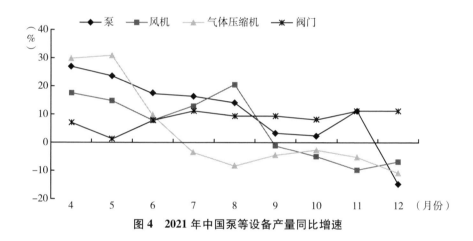

图 4　2021 年中国泵等设备产量同比增速

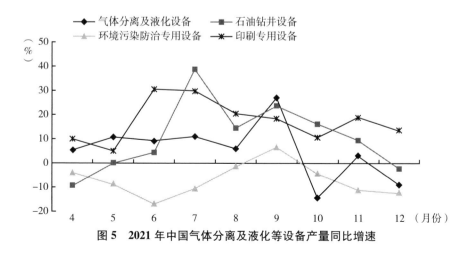

图 5　2021 年中国气体分离及液化等设备产量同比增速

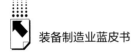
（三）主营业务分析

1. 主营业务收入同比增速波动下降

2021年，我国石化装备行业主营业务收入为2.14万亿元，同比增长14.2%。按月份看，行业前三季度景气度较好，主营业务收入增速维持在8%～13%，10月，行业主营业务收入同比增速回落至2%，后波动回升（见图6）。

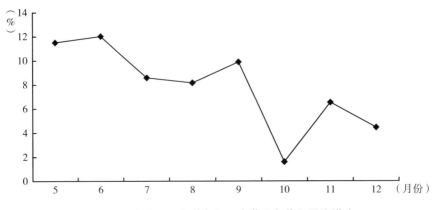

图6 2021年中国石化装备行业主营业务收入同比增速

2. 主营业务成本同比增速第四季度出现回落

2021年，我国石化装备行业主营业务成本为1.74万亿元，同比增长15.18%。从全年看，行业毛利率稳定，主营业务成本随主营业务收入同步变动。主营业务成本增速在前三季度维持在9%～14%的水平，第四季度出现回落（见图7）。

3. 利润总额同比增速第四季度较低

2021年，我国石化装备行业利润总额为1304亿元，利润率为6.08%，同比增长0.59%。上半年同比增长26.59%，下半年增速逐步下滑。12月，主营业务成本和管理及销售费用增长较快，利润总额增速下滑较大（见图8）。

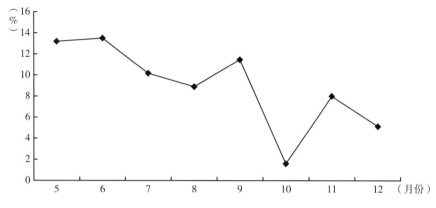

图7 2021年中国石化装备行业主营业务成本同比增速

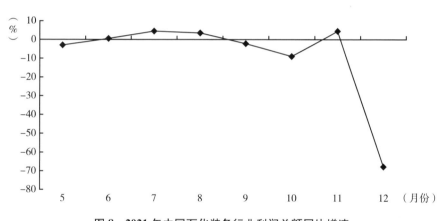

图8 2021年中国石化装备行业利润总额同比增速

（四）营运能力分析

2021年，我国石化装备行业资产周转率为0.83次，比2020年上升0.04次，行业整体资产营运能力有所提升。流动资产周转率为1.24次，较2020年上升0.04次。分月份看，行业月度资产周转率的波动范围在0.06~0.10次区间（见图9）。

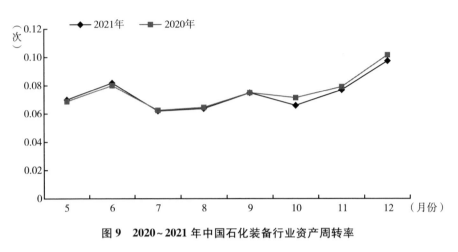

图9　2020～2021年中国石化装备行业资产周转率

（五）盈利能力分析

1. 总资产利润率优于上年同期

截至2021年12月，我国石化装备行业总资产利润率为5.1%，相比2020年下降0.4个百分点。分月份看，5～11月行业总资产盈利能力整体优于上年，但受12月利润总额下滑影响，全年总资产利润率略低于上年（见图10）。

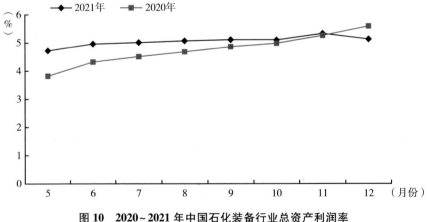

图10　2020～2021年中国石化装备行业总资产利润率

2.主营业务成本率略高于上年

从成本端看，2021 年我国石化装备行业主营业务成本率为 81.3%，上升 0.8 个百分点。受钢材等主要原材料价格上涨影响，5~12 月行业主营业务成本率整体高于上年（见图 11）。

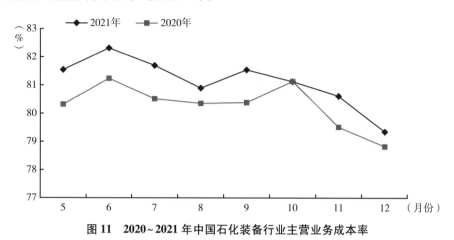

图 11 2020~2021 年中国石化装备行业主营业务成本率

（六）偿债能力分析

2021 年，我国石化装备行业资产负债率为 55.8%，上升 0.16 个百分点。5~6 月，行业资产负债率低于 2020 年同期，下半年有所回升（见图 12）。

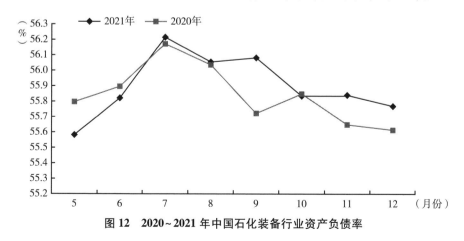

图 12 2020~2021 年中国石化装备行业资产负债率

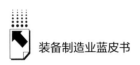

四 我国石化装备行业产业结构分析

（一）主要子行业资产规模分析

从资产规模所占比重看，2021年环境保护专用设备，制冷、空调设备，气体压缩机械三个子行业总资产规模较大，占比分别为19.1%、12.3%和9.7%（见表4）。从增速看，资产规模增加较快的前三个子行业为气体、液体分离及纯净设备，阀门和旋塞，塑料加工专用设备，分别同比增长14.1%、11.5%和11.3%（见图13）。

表4　2021年中国石化装备主要子行业资产规模占比

单位：%

主要子行业	占比	主要子行业	占比
金属压力容器	4.1	深海石油钻探设备	0.3
泵及真空设备	7.9	炼油、化工生产专用设备	4.9
气体压缩机械	9.7	橡胶加工专用设备	1.7
阀门和旋塞	8.6	塑料加工专用设备	3.9
风机、风扇	2.4	印刷专用设备	1.7
气体、液体分离及纯净设备	6.0	环境保护专用设备	19.1
制冷、空调设备	12.3	海洋工程装备	4.1
喷枪及类似器具	0.4	其他	4.3
石油钻采专用设备	8.5		

（二）主要子行业主营业务收入分析

从主营业务收入分布看，2021年主营业务收入规模较大的三大子行业为环境保护专用设备，制冷、空调设备，气体压缩机械，所占比重分别为14.2%、14.1%和11.0%（见表5）。从主营业务收入增速看，海洋工程装备、气体压缩机械和印刷专用设备三个子行业主营业务收入增长较快，分别增长30.8%、18.4%和18.3%（见图14）。

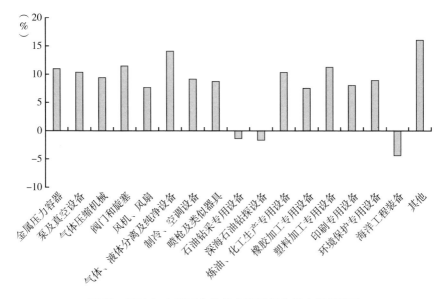

图 13 2021 年中国石化装备主要子行业资产规模增速

表 5 2021 年中国石化装备主要子行业主营业务收入占比

单位：%

主要子行业	占比	主要子行业	占比
金属压力容器	3.9	深海石油钻探设备	0.5
泵及真空设备	9.6	炼油、化工生产专用设备	4.3
气体压缩机械	11.0	橡胶加工专用设备	1.2
阀门和旋塞	10.9	塑料加工专用设备	4.4
风机、风扇	2.9	印刷专用设备	1.9
气体、液体分离及纯净设备	6.0	环境保护专用设备	14.2
制冷、空调设备	14.1	海洋工程装备	2.9
喷枪及类似器具	0.6	其他	5.6
石油钻采专用设备	6.1		

（三）主要子行业主营业务成本分析

2021 年，我国石化装备行业主营业务成本占比较大的三大子行业为制冷、空调设备，环境保护专用设备，气体压缩机械，所占比重分别为

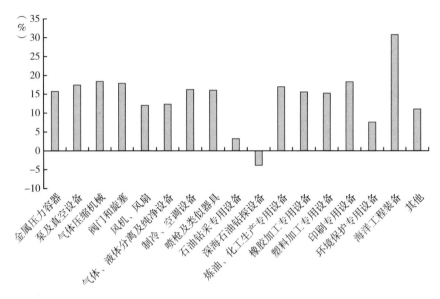

图14 2021年中国石化装备主要子行业主营业务收入增速

14.3%、13.7%和11.6%（见表6）。从主营业务成本增速看，海洋工程装备、气体压缩机械及阀门和旋塞三个子行业主营业务成本增长较大，分别上升31.6%、20.3%和19.1%（见图15）。

表6 2021年中国石化装备主要子行业主营业务成本占比

单位：%

主要子行业	占比	主要子行业	占比
金属压力容器	4.0	深海石油钻探设备	0.5
泵及真空设备	9.2	炼油、化工生产专用设备	4.4
气体压缩机械	11.6	橡胶加工专用设备	1.3
阀门和旋塞	10.7	塑料加工专用设备	4.2
风机、风扇	2.9	印刷专用设备	1.8
气体、液体分离及纯净设备	5.7	环境保护专用设备	13.7
制冷、空调设备	14.3	海洋工程装备	3.3
喷枪及类似器具	0.6	其他	5.6
石油钻采专用设备	6.2		

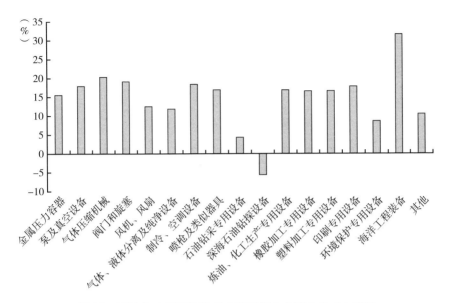

图15　2021年中国石化装备主要子行业主营业务成本增速

（四）主要子行业利润总额分析

2021年，我国石化装备主要子行业利润总额整体高于上年，仅海洋工程装备行业利润出现亏损。从利润总额分布看，环境保护专用设备，制冷、空调设备，阀门和旋塞三个子行业利润总额较大，占比分别为17.0%、13.7%和13.4%（见表7）。其中，印刷专用设备、橡胶加工专用设备和金属压力容器三个子行业利润增速较快，分别增长44%、40%和35%（见图16）。

表7　2021年中国石化装备主要子行业利润总额占比

单位：%

主要子行业	占比	主要子行业	占比
金属压力容器	3.6	深海石油钻探设备	0.6
泵及真空设备	12.2	炼油、化工生产专用设备	4.5
气体压缩机械	11.5	橡胶加工专用设备	1.2
阀门和旋塞	13.4	塑料加工专用设备	7.3

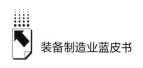

续表

主要子行业	占比	主要子行业	占比
风机、风扇	2.2	印刷专用设备	1.9
气体、液体分离及纯净设备	8.2	环境保护专用设备	17.0
制冷、空调设备	13.7	海洋工程装备	-8.3
喷枪及类似器具	0.8	其他	5.6
石油钻采专用设备	4.7		

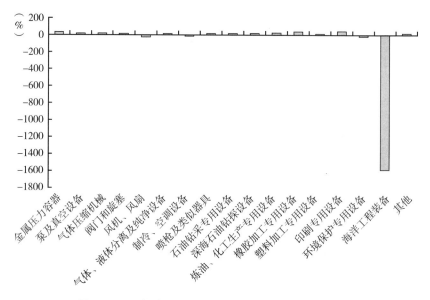

图16　2021年中国石化装备主要子行业利润总额增速

五　我国石化装备行业技术水平分析

（一）主要产品技术水平

1.丙烷脱氢装置实现完全国产化

丙烯是石油化工最重要的基础产品之一，丙烷脱氢装置作为生产丙烯的重要设备有化工装备"神器"之称。经过多年的探索和尝试，中建五洲工程装备有限公司研发生产的 LUMMUS 工艺丙烷脱氢核心装备，打破国外技术垄断，至 2021 年连续 3 年成为全国乃至全球市场占有率最高的国家级单项冠军产品。预计未来几年，丙烷脱氢装置的国内下游衍生产品需求仍将保持较为旺盛的趋势，而在全球市场竞争中，丙烷脱氢装置的市场份额将更多由中国占据。

2. 高温测井技术跻身国际前列

2021 年，中海油田服务股份有限公司宣布，由中国自主研发的 235℃、175Mpa 超高温满贯测井系统在渤海海域钻井作业中创造了 5572 米井深和 193℃井温的记录，成像质量达到国际主流装备水平。测井利用声、电、放射性、核磁等高精尖技术，将地层各项参数通过电缆实时传输到地面，是发现油气藏和探明油气储量的关键技术。该系统由我国自主研发，具有测井速度快、作业时间短等显著优势，标志着我国超高温满贯测井技术正式跻身国际先进行列，未来除可广泛应用于常规作业外，也可为大规模产业化应用奠定基础。

3. 深水钻井液技术达到国际领先水平

2021 年，中海油田服务股份有限公司自主研发的深水恒流变合成基钻井液，分别突破了 3℃最低、180℃最高的恒流变温度范围指标，超越了当前同类型国际技术，达到了国际领先水平。钻井液技术是钻井工程的重要技术支撑，我国此次在深水钻井液技术领域取得的重大突破，将大幅拓宽钻井液技术应用范围和提升钻井质量，为我国开发高难度深海深层油气资源奠定坚实基础。目前，中国海洋石油总公司为进一步满足深层油气资源开发需求，拓展深水钻井液技术应用空间，加大研发力度，力争突破最低 −15℃、最高 200℃的恒流变温度范围指标，进一步稳固中国在深水钻井液技术领域的国际领先地位。

（二）重大技术突破

1. 海洋石油工程装备取得重大突破

2021 年，我国自主研发的首套浅水水下采油树系统，是我国在海洋油气开发关键核心装备研发领域取得的重大突破，于5月14日在渤海海域试运行成功。水下采油树是我国海洋油气资源开发的重要手段，为攻克行业技术瓶颈，中海油田服务股份有限公司完成了1300多个零部件的设计、试制、装配和试验，使这套系统成本降低30%，单井作业周期缩短20%。该系统打破了国外技术垄断，标志着中国已经具备了水下井口采油树整体研发的核心技术能力。

2. 首台"一键式"人机交互7000米自动化钻机研制成功

2021年，我国钻井装备智能化获得重大新突破。由中国石油所属川庆钻探、渤海钻探、工程院、油管工程技术研究院等单位共同研制的国内首台"一键式"人机交互7000米自动化钻机顺利通过验收，该钻机的成功研制，标志着我国已经迈入世界可自主研发自动化钻机的国家行列，是我国钻井装备智能化发展迈出的坚实一步，在钻井装备技术创新领域具有里程碑意义。"一键式"人机交互7000米自动化钻机可实现"一键式"操作，具有独立建立根功能。各系统无缝衔接、交叉运行，大幅提高作业时效和安全水平，显著降低劳动强度。

3. 首台全重力平衡油气水处理一体化装置研制成功

2021年，为实现油气田建设的创新性突破，森诺科技有限公司研制的"全重力平衡油气水处理一体化装置"试投成功，达到同领域国际领先水平。该装置针对油气处理装置中普遍存在的占地多、能耗高、流程长、环保压力大等问题，通过流程再造，实现流程高效整合和集约运行，达到提质增效、节能降耗的目标。当前，该一体化装置已获得7项国家专利，未来将在各类油气田推广应用，具有极高的社会经济价值和广阔的使用前景。

六　我国石化装备行业存在的主要问题

（一）全球经济环境迎来重大变局

2021年，全球经济形势依然复杂严峻，国际力量对比深刻调整、新冠疫情给全球带来巨大冲击和深远影响，全球政治、产业、科技、金融格局继续深刻调整，经济环境迎来重大变局。美联储、欧洲央行、日本央行数据显示，全球经济的不确定性持续加大，对我国实体经济及石化装备行业产生不利影响。全球产业链及关键产品布局亟须调整，全面技术范式和经济范式面临变革，为我国石化装备行业发展带来更多不确定因素。

（二）石化装备行业面临多种挑战

2021 年，受全球新冠疫情、乌克兰危机影响，全球经济面临新变局，呈现多种矛盾交织、多种困局叠加、多种下行压力持续的严峻态势，在此背景下，石化装备行业呈现不同以往的新变化和新特点。疫情多点频发给石化装备行业产业链和供应链安全带来更多挑战，当前我国石化装备行业面临严峻的形势。全球经济下行趋势加剧行业外贸风险，乌克兰危机的负面溢出效应进一步冲击全球经济。全球经济面临多重下行风险，增加了石化装备行业的不稳定、不确定因素，对石化装备行业外贸的冲击不容小觑。

（三）石化装备市场结构性矛盾突出

一是我国石化装备市场整体发展不够完善，内部管理机制存在不健全、不科学等问题，存在市场恶性竞争、缺乏统一管理现象。二是我国石化装备知识产权保护有待完善，对技术创新形成较大制约，不利于在市场竞争中保持必要的活力。三是我国石化装备行业存在低端产品产能过剩现象，国外供应商垄断大量高端配套设备，石化装备中小企业较多，产品趋同和产能过剩问题突出。

七　我国石化装备行业发展前景分析

（一）我国石化装备行业发展前景预测

1. 行业需求变化预测

石化企业内部调整和转型升级需求加大，对当前石化装备行业构成双重

压力，石化装备行业在未来需要适时调整发展方向。行业将朝高科技、规模化、集约化方向发展，具备一定规模的企业将加快产品优化和产品结构调整，从而发展具有高科技含量、高附加值的一体化产品链和新产品，不具备一定经济规模和产品技术落后的企业将面临淘汰。同时，石化装备行业竞争激烈，要求企业在产业链中准确定位，在细分市场中提供差异化产品和定制化服务，加大供给侧结构性改革力度，加快协同制造和智能工厂建设。

2.竞争格局发展预测

我国石化装备行业市场处于成熟期，预测未来几年，石化装备行业市场规模将继续呈现波动趋势，但略有上升，行业市场发展前景较好。在国内市场，石化装备取得了长足发展，企业研发出一批先进的油气资源勘探开发装备，攻克了一批具有自主知识产权的石油化工技术，是支撑国家能源资源开发利用、保障国家能源安全的重要支柱。石油、天然气资源开发利用水平将跻身世界前列，成为我国能源资源开发利用的重要支撑。在国际市场上，国内石化装备企业在俄罗斯、中东、北美等地的油气开发保持活跃，国内石化装备行业在美国、欧洲、俄罗斯、中东等地持续稳定发展。

（二）我国石化装备行业投资机会

1.关注绿色化工发展需求

我国石化装备行业过去往往只重视末端污染控制，污染排放通过环保设备、技术等手段进行削减。从末端治理逐步转向源头减排是近年来石化装备行业绿色发展思路的重大转变。石化装备行业将面临更多的发展机遇，生产工艺的清洁化和绿色化取得更加重要的地位。

2.关注行业边际效益开发

当前石化装备行业面临深度调整和深刻转型，行业主要涉及石油化工专用设备、石油和天然气开采设备，具备一定能力的石化装备企业应充分发挥行业在压力容器质量保障体系建设和制造工艺等方面的优势，向边际领域拓展，如工程机械、交通运输设备、清洁能源储运设备、LNG动力船用设备、海工装备、深海采掘平台、工业重钢结构等，弥补行业发展内生动力不足的问题。

3. 抓住国家重大发展机遇

由于单边主义和贸易保护的兴起，尤其是中美之间的贸易摩擦，锅炉、钢铁、轮胎和橡胶机械等出口将受到较大冲击，下一步压力容器领域也将受到冲击。面对当前形势，企业要准确把握机遇，把国内特色装备、自有技术、优势产品和相关服务"带出去"，更多聚焦"一带一路"和国家新基建工程，围绕国际能源、基础设施和重大工程建设、贸易往来等领域进行合作，以多元化的形式拓展国际市场。

八　我国石化装备行业发展建议

（一）政府方面

1. 做优做强石化装备制造业

培育"高精尖"骨干企业和全球石化装备制造领军企业，做优做强石化装备制造业，打造世界一流的石化装备产业集群。发挥优势，挖掘潜力，推动石化装备制造产业向价值链高端攀升，推动石化装备企业技术转型。加快实施补短板工程，推动行业实施增品种、提品质、创品牌战略，落实优化产品结构、提升产品质量、促进产业优质发展。打造协同高效、特色突出、创新能力强、核心竞争力强、具有国际竞争力的石化装备产业集聚区，依托国家新型产业示范基地，推动石化装备产业集聚发展，推动产业集聚向产业集群转型升级。

2. 构建石化装备研发创新体系

以企业、联盟、产业为主导单位分类施策，加快创新主体、创新联合体、国家创新中心建设，建立健全以企业为主体、市场为导向、产学研相结合的石化装备研发创新体系。建立专门机构，统一制定政策，统筹各方资源，明确攻关机制，推动全产业链协同持续创新。由国家层面牵头，归口管理国家装备制造业创新攻关工作，发挥国家工程技术研究中心和国家级企业

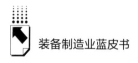
技术中心的作用。围绕石油装备、炼化装备、煤化工装备等重点领域，针对产业基础扎实、市场潜力大、具有较强发展趋势的高端装备，发展石化装备高端制造，培育高、精、尖拳头产品。建立发展石化装备与重大项目核准的联动机制，完善石化装备首台（套）政策。

3. 打造石化装备绿色制造体系

政府应大力支持石化装备企业发展绿色、节能产品，加快降耗技术研发，积极推动重大节能技术装备产业化示范和规模化应用。鼓励石化装备企业积极研发应用节能低耗发动机、轻量化材料、节能内燃机等节能技术和产品，推动余热回收、水循环利用、重金属污染减量化、有毒有害原料替代、废渣资源化等绿色工艺技术装备的推广应用。加快推进石化装备产业绿色转型升级，推广应用铸造、锻压、焊接、表面处理、切削、节材等清洁高效的先进加工工艺，降低能耗，促进生产过程清洁化改造。建立资源高效循环利用机制，培育石化装备循环经济园区和清洁生产企业，发挥示范引领作用。

4. 推动信息化与智慧化融合发展

政府应鼓励大力发展智能制造装备，推动建立石化装备智能制造产学研用联合创新机制，攻克石化装备智能制造"卡脖子"关键技术，加快石化装备智能制造信息化与智能化深度融合。立足国内发展实际，顺应石化装备企业特点，构建产品开发、工程设计、经营管理、质量控制与制造自动化一体化制造系统。政府牵头制订完善石化装备企业全面信息化基础技术标准化体系，推动建立智能工厂、智能车间及智慧石化园区标准应用体系，推动石化装备企业的持续优化与实现现代化。鼓励石化装备企业与国外先进企业进行技术合作，加快我国石化装备从中国"制造"走向中国"智造"的步伐。

（二）行业方面

1. 规范完善行业标准体系

石化装备各级各类行业协会作为石化装备行业自律组织，为逐步建立科学完备的石化装备标准体系、提高石化装备国际化水平及强化标准实施监督机制提出制订修订建议。在标准制订方面，行业协会应深入研究发达国家标准化管理的先进经验，跟踪调查研究国内石化装备相关技术和产品实施及运行情况，结合我国发展实际，提供预案、建议和咨询服务。行业协会在标准国际化、石化设备国际标准互认等方面积极推进，在标准实施监管上，协助政府建立石化装备标准评价制度，健全标准实施监管机制。

2. 协助推进行业结构调整

石化装备各级各类行业协会应协助政府和企业推动行业产品结构调整。一是调查研究石化装备行业产品结构调整和发展情况，协助政府部门制定行业结构调整方案、发展规划、产业政策和法律法规等。二是对石化装备行业结构调整的相关技术经济政策和法律法规的实施及运行进行跟踪调查研究，协助政府及时修订完善。三是跟踪石化装备行业市场需求和技术研究动态，为优化资源配置和产业结构提供信息和咨询服务。

3. 引导促进行业合作交流

石化装备各级各类行业协会应发挥政产学研用的桥梁和纽带作用，引导石化装备行业加强合作交流，高质量发展。一是结合国内企业发展需求，组织举办石化装备国际国内展览会和技术交流研讨会，针对石化装备市场及行业发展进行深度对接交流，帮助企业拓宽国内外市场，推动企业技术进步。二是协助政府和企业开展创新成果鉴定验收和研究咨询服务，促进行业技术交流合作。三是组织企业开展石化装备国际技术交流、出国考察活动，推动石化装备行业国内外交流合作。

4. 保障行业健康有序发展

石化装备各级各类行业协会应发挥连接政府和企业的资源整合优势，为行业健康有序发展提供综合保障。一是组织人才、技术等方面的专业培训工作，根据企业发展需要，为企业发展提供专业人才和先进技术。二是应用网站、公众号、会刊等多种平台，定期为行业提供专业知识和市场信息。三是协助政府做好行业监管方面的相关工作。协助政府做好行业质量管理工作，配合政府开展反垄断、反倾销、反补贴工作，促进行业健康发展和企业公平竞争。

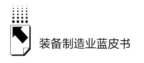

（三）企业方面

1. 加强企业核心竞争力建设

我国石化装备企业正面临严峻的现实挑战和重大战略机遇，提升企业核心竞争力是当前企业取得发展新突破的首要目标。一是努力实现产品技术升级优化。解决产品层次较低、同质化现象严重的突出难题，使我国在石化装备产品技术高端领域占据重要地位和保持领先水平。二是加强企业自主创新能力。促进企业自主创新、重点突破，加快实现核心产品和关键技术的产业化。三是推进企业数字化改造取得新突破。重点瞄准自动化钻机装备、深海油气开发技术装备、超高温井下工具等高端装备"卡脖子"技术，加快推进石化装备产品技术信息化与智能化深度融合。四是企业要提升产品和质量管理标准，促进核心竞争力建设，积极参与行业团体标准制定工作。

2. 加强企业"硬品牌"建设

石化装备企业应根据自身情况和市场需求，加强自身"硬品牌"建设。目前，国内主要装备制造业企业虽然在设计制造技术上有了较大进步，产品质量、品种、价格具有明显优势，但在特殊工艺装备和关键零部件领域与发达国家仍存在不小差距。同时，受国外专有技术限制影响，我国企业在精细化管理、制造工艺、工艺质量控制等领域，竞争力也相对较弱。随着国内市场的逐步开放，市场竞争会进一步加剧，这就要求企业积极响应国家质量提升战略，采用先进的信息化管理技术，不断提升企业产品质量和服务能力，推进更多自主研发的石化装备"硬品牌"建设，实现石化装备行业整体质效的提升。

3. 加强企业"实力"建设

石化装备企业需要在兼顾企业"软实力"建设的同时，积极发展"硬实力"。一是通过积极推进企业管理和科技创新，打造优秀的石化装备产品品牌，树立先进石化装备企业文化。二是根据企业自身发展现状，继承传统文化，强化文化融合，挖掘企业精神的新内涵。三是加强石化装备领域知识创新和信息整合，为石化装备企业的创新发展增添知识动力。

4.加强企业人才队伍建设

石化装备企业应加强复合型、高水平人才队伍建设，树立以人为本的战略思维。一是加强企业招引，培养领军经营管理人才、创新技术人才、专家型技能人才、中青年后备人才、国际化核心人才和高级技术工人，立足企业自身需求和市场现状，打造一支多元化的企业核心人才队伍。二是要发挥企业转型升级、优质发展的高层次人才引领作用，促进企业引才、育才的专业化、高效性，加强对石化装备领域高层次人才的引进和培养。三是建立以市场为导向、以奋斗者为本的良性竞争人才激励机制。四是根据企业自身发展实际，盘活用工总量，提高人才使用效率，优化人才配置和盘活人力资源。

B.9
仪器仪表行业发展报告

袁星煜　黄嘉桐　安　晨*

摘　要： 本报告在分析 2021 年国际仪器仪表行业发展状况与趋势的同时，对我国仪器仪表行业及其主要子行业的发展规模、运行情况、技术水平等问题进行分析讨论，并为我国仪器仪表行业发展提出政策建议。研究表明，2021 年我国仪器仪表行业发展相比 2020 年增速放缓，主要经济指标表现良好，总体处于稳步增长态势。多个子行业实现了技术突破，部分产品已达到国际领先水平，但整体仍缺乏核心关键技术。未来，我国仪器仪表行业应注重人才培养，健全行业标准体系，推动行业产业链供应链各环节协同发展，以提升我国仪器仪表行业的国际竞争力。

关键词： 仪器仪表　智能化　光学化　电子化

一　仪器仪表行业的定义和分类

（一）定义

仪器仪表是用以检验、测量、观察、记录各种物理量、物质成分、物性

---

* 袁星煜，机械工业经济管理研究院院长助理，兼科研基础部主任、国际技术中心副主任，主要从事国有企业改革、信用评价、行业和企业数字化转型等研究；黄嘉桐，硕士，机械工业经济管理研究院科研基础部专职研究技术员，主要从事金融分析、定量分析、经济政策等研究；安晨，硕士，机械工业经济管理研究院科研基础部专职研究技术员，主要从事公共政策、经济管理、工业行业等研究。

参数等的器具或设备,诸如传感器、压力变送器、温度变送器、流量变送器、分析仪表、实验室仪表等均属于仪器仪表。结合人工智能、数字化技术应用,仪器仪表也具备逻辑判断、数据运算及自动化操作等功能。例如,用于工业生产自动控制的函数发生器、可编程序控制器以及分布式测控系统等。

(二)分类

按照《国民经济行业分类》(GB/T 4754—2017),仪器仪表制造业共分为通用仪器仪表制造、专用仪器仪表制造、钟表与计时仪表制造等6个行业大类(见表1)。

表1 仪器仪表制造业分类

行业大类	行业名称
通用仪器仪表制造(401)	工业自动控制系统装置制造(4011) 电工仪器仪表制造(4012) 绘图、计算及测量仪器制造(4013) 实验分析仪器制造(4014) 试验机制造(4015) 供应用仪器仪表制造(4016) 其他通用仪器制造(4019)
专用仪器仪表制造(402)	环境监测专用仪器仪表制造(4021) 运输设备及生产用计数仪表制造(4022) 导航、测绘、气象及海洋专用仪器制造(4023) 农林牧渔专用仪器仪表制造(4024) 地质勘探和地震专用仪器制造(4025) 教学专用仪器制造(4026) 核子及核辐射测量仪器制造(4027) 电子测量仪器制造(4028) 其他专用仪器制造(4029)
钟表与计时仪表制造(403)	钟表与计时仪器制造(4030)
光学仪器及眼镜制造(404)	光学仪器制造(4040)
衡器制造(405)	衡器制造(4050)
其他仪器仪表制造业(409)	其他仪器仪表制造业(4090)

资料来源:《国民经济行业分类》(GB/T 4754—2017)。

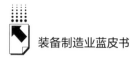

按照中国机械工业联合会分类,仪器仪表制造业共分为实验分析仪器制造、运输设备及生产用计数仪表制造、电子测量仪器制造、光学仪器制造等19个子行业(见表2)。

表2 仪器仪表制造业分类

子行业名称	子行业名称
工业自动控制系统装置制造	农林牧渔专用仪器仪表制造
电工仪器仪表制造	地质勘探和地震专用仪器制造
绘图、计算及测量仪器制造	光学仪器制造
实验分析仪器制造	衡器制造
试验机制造	教学专用仪器制造
供应用仪器仪表制造	其他专用仪器制造
其他通用仪器制造	钟表与计时仪器制造
环境监测专用仪器仪表制造	核子及核辐射测量仪器制造
运输设备及生产用计数仪表制造	电子测量仪器制造
导航、气象及海洋专用仪器制造	

资料来源:中国机械工业联合会。

二 国际仪器仪表行业发展概况

(一)国际仪器仪表行业发展状况

1.市场状况

欧美国家一直在全球仪器仪表制造领域处于领先地位。美国、日本、德国历来都是仪器仪表的制造强国,英国、瑞士、韩国等国家在仪器仪表细分领域也具有一定优势。世界著名仪器仪表制造公司,如美国赛默飞科技公司、日本岛津公司、瑞士罗氏公司、德国蔡司公司等均具有百余年发展历史。

仪器仪表属于资本高度密集型产业,需要大量初始投资,行业参与者在产品生产研发上需投入大量资金,以开发出优质高效的设备。全球金融危机发生后,欧美一些发达国家为促进本国制造业发展,不断增加研发与生产投入，实施"再工业化"战略，涌现出一批具有国际竞争力的装备制造业企业。根据仪器信息网公布的 2021 年全球仪器公司市值 TOP20 排行榜，赛默飞、丹纳赫（Danaher）、因美纳（Illumina）、安捷伦（Agilent）、梅特勒托利多（Mettler Toledo）5 家企业排 1~5 位。

2. 技术状况

（1）保持智能化、自动化发展旋律

仪器仪表行业目前发展仍以数字化、智能化为主，采用人工智能技术实现仪器仪表技术升级。随着工业 4.0 的引入，大多数制造业企业在生产系统与流程方面运用云计算、物联网和网络物理系统等多种技术手段。从获取原材料到创建成品，这些技术有助于缩短生产周期并提高流程效率。利用自动化技术来控制仪器仪表，实现仪器仪表的应用和控制分离，提高了仪器仪表的精准度。仪器仪表的智能化技术可以使企业在生产过程中发现产品缺陷，从而有效地降低经营成本并提高产能。同时，仪器仪表的自动化、智能化也能为环境保护带来有效的解决方案。

（2）现场用仪器仪表主导市场

工业现场用仪器仪表在流程工业的测量和控制参数方面发挥着关键作用。工业现场用仪器仪表通过数据采集、控制和测量获取温度、压力和液位等主要参数的关键信息，快速、安全、准确地监控生产流程，实现最佳生产率并协助优化整体生产过程。

（3）智能传感器技术受到广泛关注

智能传感器是由具备数据收集、转换和分析功能的传感器元件和信号调节控制器构成的。智能传感器的出现能够有效地提高传感器的精度，降低功率消耗和体积，并且更易于实施网络传输，使得传感器的应用范围得到扩大。受数字化市场需求的持续拉动，世界智能传感器市场在稳定增长的趋势下不断发展。欧洲方面，健全的医疗体系、发达的基础设施建设等因素，推动了智能传感器市场的发展；北美地区也为智能传感器市场提供潜在的增长机会，民众对先进医疗设备不断增长的需求，以及消费者对电子设备先进技术功能的需求，也推动了北美地区智能传感器市场的扩张。

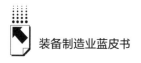

（二）国际仪器仪表行业发展趋势

1.市场趋势

（1）仪器仪表市场需求不断扩大

市场需求方面，随着物联网、移动互联网等新兴产业的发展，仪器仪表应用范围不断扩展。在新能源、半导体、人工智能、航空航天等行业的驱动下，国际仪器仪表市场需求有望保持稳定增长。在一段时间内，以美国为首的北美以及欧洲地区将继续主导仪器仪表市场。国内方面，随着我国工业化进程的推进，仪器仪表产品的需求不断增长。除此之外，政府有关部门已经认识到发展仪器仪表行业的重要性，开始制定出台一系列指导性政策文件。

（2）仪器仪表行业制造与销售向亚太地区转移

目前，亚太地区制造业整体发展向好，竞争力优势显著提升，发展潜力大，许多国际大型仪器仪表公司开始选择到亚太地区投资或合作建厂。经济发展形势的反差，使得全球仪器仪表的需求和制造中心不断向亚太地区及其他经济发展相对较快的国家转移，形成一种国际知名大型仪器仪表制造企业在亚太地区及其他发展中国家设立研发中心、建设制造工厂的趋势。

2.技术趋势

（1）数字化

随着新一代数字技术的突破和成熟，国际仪器仪表制造在技术上正在加快朝数字化方向转型。世界主要仪器仪表制造强国都在积极推动行业数字化转型升级，比如德国提出"工业4.0"，日本推行"互联工业"战略。中国也在积极推动包括智能制造、工业互联网在内的一系列制造业数字化转型战略与政策。数字技术在仪器仪表制造领域的深度应用使得行业产业链、价值链以及供应链发生深刻变革，进而提高制造效率、经济效益和发展质量。

（2）光学化

高精度小型光学仪器将成为仪器仪表市场新需求。利用光电仪器能够实现测量测绘领域的技术升级，光学设备的高精度也能提升物体测量的效率与准确率。在设备生产中，利用光学仪器也能对产品外观进行监测，对提高生产效率和保证生产质量有很大帮助，以达到有效控制产品质量的目的。

（3）电子化

仪器仪表的电子化运用也将对行业的发展产生重要影响。仪器仪表的电子化运行具备高速度、高抗干扰性，同时具有环保节能属性。使用者可在短时间内掌握仪器仪表设备的操作要领，使学习和操控仪器变得更加方便。随着电子化技术的融入，物品的相关质量数据和三维效果图通过外观扫描取得，再通过仪器仪表与各种电子设备之间的实时数据交换，对物品质量与外观参数进行合理的控制和管理。仪器仪表与电脑间的双向连接，也能做到数据的快速处理与安全储存。

三 我国仪器仪表行业运行情况分析

（一）行业规模分析

1. 资产规模呈波动趋势

2021年，我国仪器仪表行业资产规模达到12443.85亿元，同比增加13.08%，增速较2020年增加2.41个百分点。从整体来看，行业资产规模同比增速年内波动较大，但总体呈下降趋势。按月份来看，7月同比增速最高，达89.95%；12月同比增速最低，为-39.96%（见图1）。

2. 主营业务收入小幅波动增长

2021年，我国仪器仪表行业的主营业务收入达到9101.37亿元，同比增长15.9%，增速较2020年增加12.4个百分点。按月份来看，各月主营业务收入同比增速在6%~16%区间波动。5~6月同比增速迅速增加，6月达到峰值（14.87%）之后逐步下降，9月达到谷值（6.82%），11月同比增速回升至11.24%，12月小幅下降至9.72%（见图2）。

3. 主营业务成本略有增长

2021年，我国仪器仪表行业的主营业务成本达到6811.68亿元，同比增长16.63%，增速较2020年增加13.81个百分点。分月来看，各月主营业

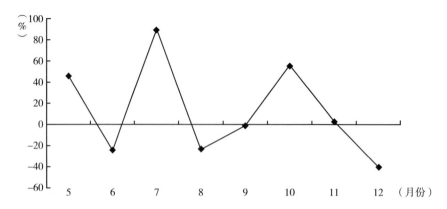

图1 2021年中国仪器仪表行业资产规模同比增速

说明：若无特殊说明，本报告数据均为机械工业经济管理研究院整理。
资料来源：机械工业经济管理研究院整理。

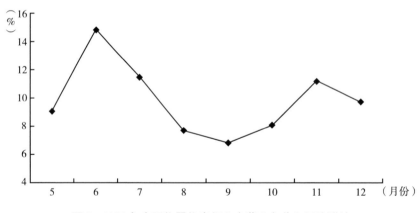

图2 2021年中国仪器仪表行业主营业务收入同比增速

务成本同比增速在6%~17%区间波动，与行业主营业务收入变动趋于一致。5~6月同比增速迅速增加，6月达到峰值（16.1%）后逐步下降，9月达到谷值（7.84%），11月同比增速回升至13.34%，12月同比增速小幅下降至10.39%（见图3）。

4.利润总额实现一定增长

2021年，我国仪器仪表行业利润总额同比增长10.99%，达到957.03

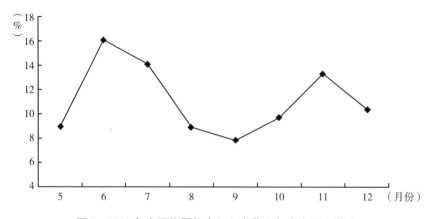

图 3　2021 年中国仪器仪表行业主营业务成本同比增速

亿元，增速较 2020 年降低 0.66 个百分点，利润总额增速略低于主营业务收入增速。从月度数据来看，2021 年仪器仪表行业各月利润总额同比增速波动较大，5~8 月呈下降趋势，8 月增速为负，为-6.64%；8~12 月利润总额同比增速波动上升，10 月达到单月最高值，为 9.38%（见图 4）。

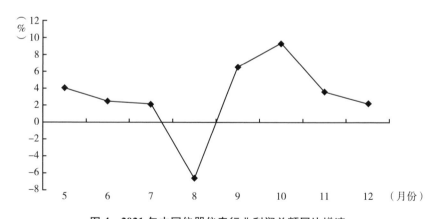

图 4　2021 年中国仪器仪表行业利润总额同比增速

（二）营运能力小幅提升

2021 年，我国仪器仪表行业营运能力略有上升，资产周转率为 5.03

次，较 2020 年提高 0.34 次。分月份来看，5~11 月行业资产周转率呈震荡状态，波动幅度较小，稳定在 3~7 次。12 月资产周转率达到最高值（9.41 次），7 月为最低值（3.29 次）（见图 5）。

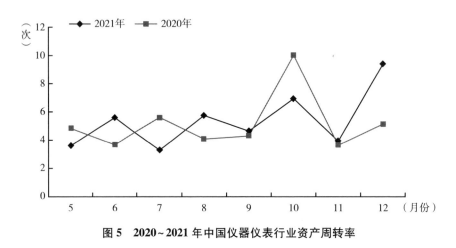

图 5 2020~2021 年中国仪器仪表行业资产周转率

（三）盈利能力有所提升

1. 总资产利润率小幅提升

2021 年，我国仪器仪表行业总资产利润率为 8.21%，较 2020 年降低 0.24 个百分点。从月度数据来看，2020 年和 2021 年仪器仪表行业各月总资产利润率呈持续上升趋势。5~8 月总资产利润率高于 2020 年同期；9~12 月低于 2020 年同期。2021 年行业总资产利润率最大值为 12 月的 8.21%，最小值为 5 月的 6.45%（见图 6）。

2. 主营业务成本率略有下降

2021 年，我国仪器仪表行业主营业务成本率较上年提升 0.45 个百分点，为 73.36%。2021 年主营业务成本率变化幅度与 2020 年趋于一致，5~7 月主营业务成本率呈波动下降趋势；8~12 月呈小幅下降趋势。按月份看，2021 年行业主营业务成本率在 6 月达到最高，为 75.78%；12 月达到最低，为 73.36%（见图 7）。

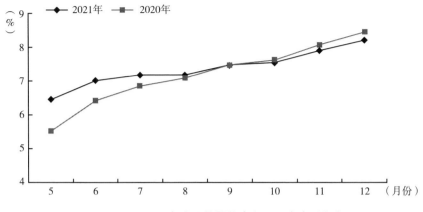

图6 2020~2021年中国仪器仪表行业总资产利润率

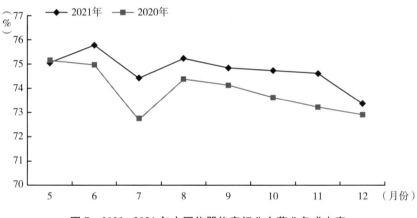

图7 2020~2021年中国仪器仪表行业主营业务成本率

（四）债偿能力小幅下滑

2021年，我国仪器仪表行业资产负债率为45.14%，比2020年提高0.22个百分点，2020年和2021年仪器仪表行业各月资产负债率全年均较平稳。从月度数据看，2021年全年资产负债率围绕45.5%小幅波动，8月达到最高值（45.7%），5月为最低值（45.03%）。2021年5~12月资产负债率均高于2020年同期，说明仪器仪表行业债偿能力有所下降（见图8）。

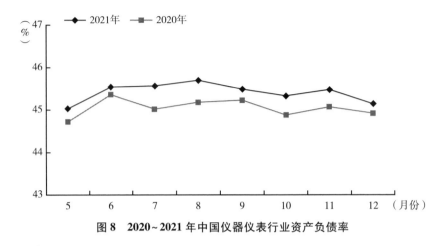

图8　2020~2021年中国仪器仪表行业资产负债率

四　我国仪器仪表行业产业结构分析

（一）主要子行业资产规模稳步扩大

2021年，工业自动控制系统装置制造、实验分析仪器制造、环境监测专用仪器仪表制造、电子测量仪器制造、光学仪器制造五个子行业资产规模实现大幅增长，同比增速分别为15.09%、13.00%、12.43%、18.00%、10.98%。绘图、计算及测量仪器制造，钟表与计时仪器制造涨幅较小，分别为4.48%和3.51%（见图9）。

（二）主要子行业主营业务收入增速较快

仪器仪表各主要子行业主营业务收入均实现增长。其中工业自动控制系统装置制造，绘图、计算及测量仪器制造，实验分析仪器制造，电子测量仪器制造，光学仪器制造均呈显著增长态势，分别同比增长24.08%、15.50%、17.49%、20.37%和11.05%。剩余子行业主营业务收入均有增长，但不超过10%，电工仪器仪表制造主营业务收入同比增速为5.35%，供应用仪表制造为8.56%，环境监测专用仪器仪表制造为9.69%，钟表与计时仪器制造为5.06%（见图10）。

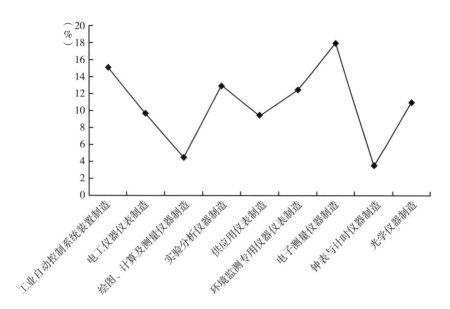

图 9　2021 年中国仪器仪表主要子行业资产规模同比增速

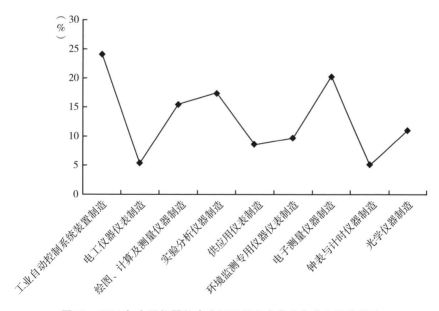

图 10　2021 年中国仪器仪表主要子行业主营业务收入同比增速

（三）主要子行业主营业务成本与收入同步变动

仪器仪表各主要子行业主营业务成本变动趋势与主营业务收入一致。其中工业自动控制系统装置制造，绘图、计算及测量仪器制造，实验分析仪器制造，电子测量仪器制造增长幅度较大，分别同比增长 25.38%、13.81%、18.33% 和 23.85%。剩余子行业均呈增长态势，电工仪器仪表制造主营业务成本同比增速为 5.15%，供应用仪表制造为 10.89%，环境监测专用仪器仪表制造为 11.68%，钟表与计时仪器制造为 4.69%，光学仪器制造为 10.88%（见图 11）。

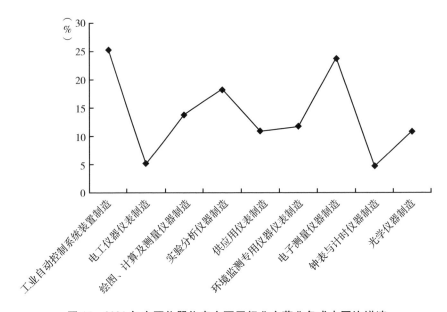

图 11　2021 年中国仪器仪表主要子行业主营业务成本同比增速

（四）主要子行业利润总额增速不一

2021 年，仪器仪表各主要子行业利润总额增速不一。除了电工仪器仪表制造及环境监测专用仪器仪表制造行业以外的子行业均实现利润总额增长。其中工业自动控制系统装置制造，绘图、计算及测量仪器制造，实验分析仪器制造利润总额增长迅猛，同比增速分别为 21.79%、24.83%、20.56%。光学仪器制造表现良好，较上年增长约12%。供应用仪表制造、电子测量仪器制造、钟表与计时仪器制造均实现不超10%的小幅增长，分别增长4.58%、7.76%、4.07%。电工仪器仪表制造及环境监测专用仪器仪表制造行业利润总额呈下降趋势，电工仪器仪表制造同比下降幅度较大，为14.58%。环境监测专用仪器仪表制造利润总额较上年小幅下降，同比增速为−2.97%（见图12）。

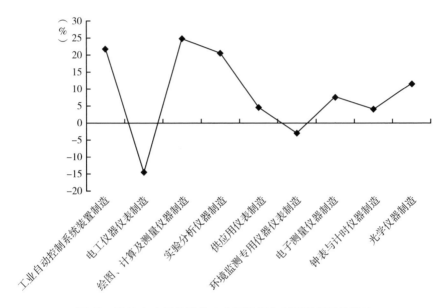

图12 2021年中国仪器仪表主要子行业利润总额同比增速

五　我国仪器仪表行业技术水平分析

（一）主要产品技术水平

我国仪器仪表行业发展较快，保持着较好的增长态势，但高端产品供给能力欠缺，总体与国际先进水平相比还存在10~15年的差距。

1.工业自动化仪器仪表

我国工业自动化仪器仪表产品已初具规模，产品以中低档为主。对于产品技术含量不高、变化不大的产品，国内企业已掌握核心制造技术，具备自主研发能力，可以满足国内市场需求。对于中高档产品，国内企业虽在一定程度上打破国外产品在国内自动化控制高端领域的垄断，但与发达国家相比，起点低、性能差、创新性与稳定性不足、不掌握关键核心技术，与世界领先水平相比仍存在一定差距。

2. 电工仪器仪表

我国电工仪器仪表行业已形成全球规模的产业集群且市场化程度较高，近些年相关企业数量增多，规模不断扩大，出口量增加，核心竞争力增强。受益于电力行业发展和相关政策扶持，我国下游市场对电工仪器仪表的需求仍在不断增长，技术水平在近几年也有很大提升。在中低端产品方面，我国电工仪器仪表无论是生产能力还是生产工艺，都已经具备相当高的水准，完全能够在国际市场中参与竞争。例如电能表、安装式电表及便携式电表等劳动技术密集型产品具有较强的价格优势，在市场中占据主动地位。但是从整体来看，我国缺乏核心技术，研发能力不强，高精尖产品依赖进口的情况依然存在，与国际先进水平仍存在一定差距。例如应用于关口点、网口点的高精度电能表，因技术门槛高，大多从国外引进；自动测试系统大多停留在未实现工业化大规模生产的科研和样机水平。

3. 科学测试仪器

随着国家的大力支持和相关产业的发展，国内外差距逐渐缩小，一批优质企业孕育而生，部分国产产品已达到当前国际领先水平，如北京卫星环境工程研究所自主研制的 140 吨振动试验系统、聚光自主研发的电感耦合等离子体质谱（ICP-MS）仪、以禾信仪器 SPAMS 系列产品为代表的单颗粒气溶胶飞行时间质谱仪等逐渐打破国外厂商垄断局面。然而高端科学仪器进口依存度大仍是我国的主要现状，每年我国都要从国外进口大量科学类仪器。[①]

[①] 李天柱、高皓天、王亚东：《高端科学仪器的创新特性与产业发展思路》，《科技和产业》2021 年第 2 期。

4. 地质勘探与地震相关专用仪器

我国地质勘探与地震专用仪器产品技术相较往年已取得了较大发展，仪器行业的人才水平呈现逐年提高的态势，人才水平的提升促进了如数字重力仪、感应式电磁传感器等仪器的研发和升级，轻便分布式遥测地震探测系统等诸多大型软件系统的研发也标志着我国与外国在技术成果上的差距正在逐步缩小。未来的地质勘探与地震仪器需要在 GPS 实时定位、全波场采集能力等数字化技术水平上着重发展。

5. 环境监测仪器仪表

我国在经济发展取得巨大成就的同时，环境问题日益凸显。环保建设力度的加大给仪器仪表行业带来了很多新机遇，环境监测仪器仪表行业也因此获得了迅猛发展，成为我国仪器仪表行业的新兴领域之一。在常规污染物监测方面，如烟尘采样器、总悬浮颗粒采样器等自主环境监测仪器制造技术已经相对成熟并开始向国际市场输出，达到了国际先进水平。但是，在高灵敏度、高质量分析仪器生产方面，国产仪器所占份额较小，仪器多为国外引进，生产规模和专业化协作能力有待提升。

（二）重大技术突破

1. 极高分辨率扫描电镜研制成功

纳克微束有限公司研发团队自主研发出国内首款极高分辨率场发射扫描电子显微镜 FE-2050X。它将媲美进口扫描电镜尖端产品，此电镜具备全电压段亚纳米（≤1.0nm）的极致分辨性能。FE-2050X 将采用新型的冷场发射电子阴极和全新自主开发设计的 X-Lens ™ 电磁复合透镜技术，在具备优秀的球色差相差系数的同时，保证了更好的图像信噪比与更低的电子能散。它的问世使我国与国际先进扫描电镜技术（分辨力设计能力）方面的技术差距由以前的 25 年以上大幅缩小至 5 年以内，在质量上实现了"跨跃式"发展。

2. 测风激光雷达系统研制方面取得突破

2022 年 7 月，我国相干测风激光雷达应用领域取得技术突破，首次实现 3 米和 0.1 秒的全球最高时空分辨率的高速风场观测。[①] 米级分辨率风场探测的技术突破对我国航空航天、高价值目标保障、天气预报等领域具有重要意义。在测风激光雷达中，风场观测最主要的挑战是"看得远、看得细、测得快、测得准"。研究小组运用时频分析、脉冲编码等方法，在激光光源、高速数据采集电路、光学收发系统、数据处理上进行了较为全面的优化，最终开发出了一套全新的反演算法，从而提高了风场反演的准确性和稳定性，实现了"产品级"实验样机的全国产化。

3. 无线自供电氨泄漏传感器研制成功

中国科学院化学传感器研究组与大连海事大学合作，在氨能船舶的氨泄漏监测方面取得新进展。[②] 科研团队研制出了一套完整的无线传输自供电传感系统，用来进行氨气检测工作。科研人员在工作中制备了聚吡咯氨气检测系统，该系统基于碳纳米管掺杂而成。碳纳米管与导电聚合物所具有的协同作用，使电子传导效率得到提高，进而使传感性能在室温下得到显著增强。在实地测试中的高温高湿环境下，整个感知系统都保持了正常运转，此套系统在实际应用中的潜力得到了充分印证。这套无线自供电检测系统可长期免维护监测船舶远航过程中的氨气泄漏情况，对进一步推广氨气能源的应用起到了不可忽视的作用。

六　我国仪器仪表行业存在的主要问题

（一）国产化率低

目前国际形势严峻，中美贸易摩擦升级，部分国家增加对中国的出口限

---

① 《中国科大在相干测风激光雷达系统研制方面取得重大突破》，中国科大新闻网，2022 年 7 月 5 日，http://news.ustc.edu.cn/info/1055/79715.htm。

② 《我所制备无线自供电氨泄漏传感器用于氨能船舶》，中国科学院大连化学物理研究所网站，2022 年 5 月 6 日，http://www.dicp.ac.cn/xwdt/kyjz/202205/t20220506_6444227.html。

制，① 国产替代外国产品进口是大势所趋。我国一直在推行国产化，一些领域有特殊准入制度，② 由于我国尚未形成高质量零部件供应体系，核心零部件仍依赖进口。低端仪器品类国外核心零部件进口限制较小，已实现国产化替代。但高端仪器情况不容乐观，国外对此类仪器零部件出口限制严格甚至不出口，存在"卡脖子"问题。市场认可度低也是推行国产化受阻的重要原因，许多国产科学仪器技术已非常完善且指标优于进口产品，但用户仍心存疑虑，存在"国产产品不行"的观念。并且国产产品欠缺配套的售后服务，导致仪器设备出问题后使用率大大降低，加大了国产化的难度。

（二）创新能力薄弱

企业在掌握核心技术以及产品创新方面明显不足，产品寿命短、更新换代周期较长。一些重点领域的科学仪器和高技术含量、高附加值的产品，例如电子显微镜、高端质谱联用仪等仍高度依赖进口。国外科技成果引进后，难以完全消化吸收，后续投入力度不足，总是落后于国际先进水平；科研院所能够实时跟进国际最新技术，但无法将技术成果产业化，主要原因在于缺乏前期的市场调研，企业产品同质化严重，且存在不良竞争现象。同时对技术认识不够深入，导致科技创新水平和技术含量同国外差距较大。

（三）产业链不完善

国内仪器仪表产业链"孱弱"，自建工艺链、产业链投入高，短期内回报率低。围绕仪器仪表产业的专业化配套能力不足，缺乏完善的现代化信息管理手段，与国内互联网技术融合度还不够高，给采购管理和提高质检效率增加了很大难度，造成产品的功能部件和附件的工艺、质量水平较低，影响

---

① 《仪器仪表又遭管辖？美国拟对中国增加新的出口限制》，仪商网，2020 年 5 月 8 日，https://www.861718.com/zixun/show-7865.html。

② 《检验检测科学仪器发展现状及建议》，科技导报网站，2022 年 11 月 10 日，http://html.rhhz.net/kjdb/20221110.htm。

仪器仪表整体技术效果和检测能力。虽然目前仪器仪表企业数字化建设尚不完善，但许多企业已开始积极参与数字化转型升级，提升产业链韧性，通过减少不确定性来增强企业在市场环境中的竞争力，实现高质量发展。

（四）产品质量和核心技术水平与国外存在差距

基础研究薄弱、关键技术对外依赖较大，产品可靠性和稳定性低，另外，仪器的许多原材料不达标，精加工、密封、焊接等关键技术没有攻破，产品稳定性和质量受到了一定影响。此外，国内仪器仪表产品数字化、智能化水平不高，而自动化、智能化、集成化又是信息时代的基础，与国外数字化仪器的高普及度和成熟度相比，我国存在较大差距。

（五）企业竞争力有待提升

我国仪器仪表企业作为创新研发的核心主体，底子薄、欠账多、自主研发能力弱、行业企业效益低、集中度偏低、产品低水平重复。小企业没有特色产品，同质化竞争激烈，大企业不具备市场开发能力和竞争力，急需高端复合型人才。从行业总体来看，存在低水平重复建设，人力、物力、财力后劲不足，以及缺乏高新技术企业等问题。

七 我国仪器仪表行业发展前景分析

（一）我国仪器仪表行业发展前景预测

1. 政策导向助推行业发展

作为制造业的一个重要组成部分，仪器仪表制造业在拉动国家经济增长和社会发展中发挥着重要作用。完善的政策体系是先进制造业高质量发展的有力保障，我国政府高度重视装备制造业的发展，通过部署一系列举措，不断优化产业结构、加大技术制造业和装备制造业的研发投入力度，为我国发展高端装备制造业打下良好的技术基础。政府部门陆续出台多种配套和具体领域的调节政策，推动制造业转型升级。2019 年，国家发展改革委发布《关于推动先进制造业和现代服务业深度融合发展的实施意见》，加快工业互联网创新应用，深化制造业和物联网的融合发展。2021 年，《"十四五"智能制造发展规划》提出，到 2025 年，规模以上制造业企业大部分实现数字化网络化，重点行业骨干企业初步应用智能化；到 2035 年，规模以上制造业企业全面普及数字化网络化，重点行业骨干企业基本实现智能化。

2. 国产化带来新发展

长期以来，我国在能源、医疗、工业等重点领域应用的仪器仪表国产化难度较大，产品以中低档为主，主要依靠进口，可靠性、稳定性不强。近些年来，国内市场对仪器仪表的需求开始随着国际政治形势的变化和世界经济格局的演变而不断提高。从中央到地方各级政府对仪器仪表行业的发展给予了极大的重视。一系列国家和地方政策的发布，为国内仪器仪表行业的发展提供了有利条件，并能有效发挥政策的优势和资金引导作用，激励我国仪器仪表行业实现自我创造和自主创新，加速推进我国高端仪器仪表设备国产化。

3. 数字化赋能行业创新

依托数字化的广泛应用，我国在导航和光电子等仪器仪表终端领域技术方面取得了进步。根据 FMI（Future Market Insights）预测，中国仪器仪表市场有望在预测期内以 5.7% 的复合增长率增长。[1] 同时，中国制造业企业越来越多地迈向工业 4.0，这也将促进未来我国仪器仪表行业的发展。

（二）我国仪器仪表行业投资机会

1. 可穿戴、植入式人体参数连续监测技术

疫情发生后，人们对健康更加重视，需要对自己的身体参数进行时刻监测。对运动中的人体参数进行监测，可以优化出最佳的运动锻炼方式；对人体各种营养参数进行监测，可以优化出适当的饮食结构等。通过开发生物相容的柔性 MEMS 制造技术，在柔性生物衬底上集成人体参数监测传感器、

---

[1] "Process Automation and Instrumentation Market Outlook（2022－2032），" Future Market Insights, https：//www.futuremarketinsights.com/reports/process-automation-and-instrumentation-market.

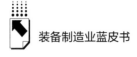
处理分析系统、通信系统等，可以开发出可对各种人体参数进行连续监测的穿戴式、植入式人体参数连续监测系统。该系统可以实时分析数据，向佩戴者提出合理的建议，从而提高人体健康水平。

2. 极端环境条件下的质谱分析技术

质谱仪器设备作为分子定性定量的唯一确证检测仪器，具有检测速度快、精确度高的优点，已经被广泛应用在检测领域。但是，仪器对工作环境的要求很高，无法在极端环境下起到应有的作用。随着需求的增多，分析设备在极端环境下的应用需求是必然的，而质谱仪器将极大地发挥其应有的作用。因此，发展在高温、高压、强电场、强磁场、强辐射等极端条件下的质谱测量技术将是我国高端仪器仪表行业的发展趋势与方向。

八　我国仪器仪表行业发展建议

（一）政策环境

1. 完善监督监管体制机制

政府行业主管部门应不断完善仪器仪表行业现有的监督监管体制机制和管理措施，在法律法规层面建立事中、事后监管的相关法规，确保监管落到实处。同时政府部门可牵头布局仪器仪表行业可靠的研究机构，集中对国产仪器进行参数验证，注重引导和监管，为国产设备的推广和应用提供数据支撑，逐步建立起完善、可靠的工作体系和验收管理机制。

2. 加大工业领域财税金融投资力度

金融部门应充分发挥资金优势和政策导向作用，通过财税、金融、贷款政策的倾斜，加大基础技术、共性技术研究以及国产科研仪器科技的投入力度。考虑到仪器仪表研发技术门槛高、研发周期长、回报周期长的特点，中央及地方政府部门应多维度协同，与企业、高校、科研机构等主体形成有效互动，精准有效地配置国家资源，有长期持续投入的决心，加强知识产权保护，推动技术研发成果转化。

3.加大仪器仪表中小企业帮扶力度

我国仪器仪表行业以中小企业为主体，有关部门可尝试启用不同类型的专项资金，支持有基础的中小企业做大做强；出台或完善相关政策，鼓励仪器仪表行业企业长期交流研究，积累经验，配套优质服务，加快龙头企业的培育进程；加强市场引导和监管，鼓励良性竞争，发展专精的单项冠军。

4.增强仪器仪表产业链自主可控能力

行业主管部门可出台政策激励企业自建供应链、产业链，在研发补贴、减税、退税等方面给予一定的政策支持。对于进口企业和国外仪器厂商，政策可以"先松后紧"，吸引进口企业、鼓励国外仪器厂商在国内建厂，在国际贸易方面给予一定的政策倾斜。

（二）行业层面

1.建立健全行业标准体系

仪器仪表行业应建立健全行业标准体系，完善企业标准、计量、认证、检验检测工作，建立系统、成套的测量技术评价规范，完善配套服务，建立行业内部标准信息共享平台，实现核电仪器仪表、智能传感器等领域新的突破。

2.加强仪器仪表行业相关基础学科研究

扎实的学科基础是国家科技创新的关键。考虑到外部形势严峻，我国已出台多项重大决策部署，旨在加强仪器仪表行业相关基础学科研究。仪器仪表行业应充分认识到加强基础学科研究对提升高水平技术的深度和广度起着不可忽视的作用，只有在关键基础技术（如测试计量技术等）、基础材料、基本原理等方面实现突破，才有机会向前沿领域不断进发，推动行业创新，缩小和世界领先水平的差距。

3.优化人才培养体系

离开人才队伍的技术创新如无本之木。在加强基础学科研究的基础上，加强对高水平科技人才的培养是实现高水平科技发展不可或缺的一环。行业需优化人才培养体系，形成产学研用有机结合体制，培养高层次复合型人才，解决结构性过剩和高端人才短缺并存的问题，提高成果转化

率和技术应用能力。由于仪器仪表行业涉及学科范围广泛，行业需要基础扎实、知识面广，能发现利用最新概念、技术、材料、工艺科研成果的"宽口径"人才。

4. 推动产业链各环节协同发展

推动产业链各环节的协同发展，避免产业链"一卡就死"的问题，充分开展补链、延链、强链工作，注重产业链核心环节，提升韧性和安全性，发挥骨干企业的带动作用，充分释放产业链提升动能。鼓励构建创新型产业集群，培育本土核心零部件制造企业，借鉴华为5G和手机芯片的产业布局，打造区域创新生态网络，带动产业升级，提升国际竞争力、影响力，推动仪器仪表产业的高质量、可持续发展。

（三）企业层面

1. 加大国际合作力度

在仪器仪表产品可靠性设计和可靠性试验方面瞄准国际先进水平，充分依靠国际合作，引进关键技术，提升产品整体性能和耐用性水平，提升市场占有率，力争一些重点产品性能达到或接近国际先进水平。合作的形式不能仅停留在查阅文献或参加学术会议等远观式技术借鉴活动上，要通过海外人才引进、为技术人员提供海外学习和实地调研机会等方式，深入了解先进技术产生的原动力、理念和方法等更高层次的技术内涵。

2. 加强数字化转变

随着大数据、云计算、人工智能、智能机器人等数字技术的成熟，数字化转型已经成为仪器仪表制造企业增强竞争力的重要举措。具体而言，企业要稳步推动仪器仪表产业链、价值链和商业生态的数字化，要根据自身数字化技术成熟度、数字化基础设施、企业经营需求等因素，全面考虑经济效益和竞争力。另外，企业数字化不仅局限于产品加工生产环节，还应包括企业内部的行政、财务、战略、生产经营、研发、人力资源等职能部门，应实现企业全领域数字化。

企 业 篇
Enterprise Reports

B.10
中国制造业上市公司价值创造
年度分析报告

周永亮 张雍达 褚 祺*

摘 要： 2021 年，中国制造业上市公司多项指标快速增长。资本价值方面，与 2020 年相比，2021 年制造业上市公司平均资产收益率、平均市盈率、净资产收益率均高于 A 股平均水平。产业价值创造方面，我国制造业发展重点自传统端加速向科技端转移，装备制造业已成为制造业新增长动力。创新价值创造方面，制造业上市公司研发投入持续保持较快增长，科技实力显著增强，重大科技成果不断涌现。社会价值创造方面，2019～2021 年制造业上市公司在分红总额、就业人数和税收贡献三个指标上均增长显著。出口价值创造方面，疫情发生后中国复工复产速度远快于世界其

---

* 周永亮，博士，机械工业经济管理研究院强国战略研究所所长，长期从事战略管理、上市公司价值创造等方面研究；张雍达，机械工业经济管理研究院产业经济研究所助理研究员，主要从事产业经济、工业经济研究；褚祺，工程师，机械工业经济管理研究院综合办公室副主任。

他主要经济体，使得部分产品出口额大幅提升。制造业上市公司为维持社会稳定贡献了应有的价值。

关键词： 制造业　上市公司　价值创造

一　2021年中国制造业A股上市公司资本市场表现

（一）多项指标快速增长：中国制造业上市公司概况

1. 制造业上市公司与A股市场比较

从数量上来看，制造业企业在A股上市公司中占据主导地位。截至2022年6月30日，A股上市公司（剔除ST、ST*、北交所及B股，下同）共计4648家，按照证监会最新《上市公司行业分类指引》，制造业上市公司共计3062家，占上市公司数量的65.88%（见表1）。

2021年，我国制造业上市公司在总资产、净资产、营业总收入方面均稳中有升，在总市值、净利润方面增长较为强劲。2020年、2021年制造业上市公司总市值分别为46.06万亿元、56.51万亿元，同比增长22.69%，2020年、2021年分别实现净利润1.30万亿元、1.75万亿元，同比增长34.62%（见表2）。而营业总收入2021年的增幅为25.04%，净利润增速连续两年显著高于营业总收入增速。

新时代我国面临复杂多变的安全和发展环境，国家把推动制造业高质量发展作为稳增长的重要依托，大力推进制造强国战略，制造业上市公司的发展速度快于整体水平，制造业企业在A股市场的主体地位进一步提升。盈利水平方面，2021年，A股整体营业总收入和净利润实现较大增长，同比增速分别达19.82%、16.18%，净利率维持在相对稳定的水平。而制造业上市公司的营业总收入和净利润增速均高于A股整体水平，同时净利率也在提升，制造业上市公司净利润占A股整体的比例由26.69%提升至31.05%，多个盈利指标向好，增长势头强劲。制造业上市公司的总市值占比也由2020年的53.56%提升至2021年的57.73%，达到56.51万亿元，制造业市场地位进一步提高。

表1　2021年中国A股及制造业上市公司基本情况

类别	数量（家）	总市值（万亿元）	总资产（万亿元）	净资产（万亿元）	营业总收入（万亿元）	净利润（万亿元）
A股	4648	97.88	348.18	60.34	65.96	5.65
制造业	3062	56.51	32.44	15.79	23.92	1.75
占比(%)	65.88	57.73	9.32	26.18	36.26	31.05

资料来源：本报告数据来自Wind数据库。

表2　2020年中国A股及制造业上市公司基本情况

类别	数量（家）	总市值（万亿元）	总资产（万亿元）	净资产（万亿元）	营业总收入（万亿元）	净利润（万亿元）
A股	3937	86.00	319.07	54.29	55.05	4.86
制造业	2543	46.06	27.97	13.56	19.13	1.30
占比(%)	64.59	53.56	8.77	24.98	34.75	26.69

2.制造业上市公司与A股分板块比较

（1）主板上市公司依旧占主要地位，制造业创业板和科创板总市值快速增长

从上市板总市值来看，A股及制造业上市公司中主板总市值均占比最高，占据市场主体地位。截至2021年12月31日，A股上市公司总市值达97.88万亿元，其中创业板总市值为13.99万亿元，占比14.29%；科创板总市值合计6.20万亿元，占比6.34%；主板总市值为77.69万亿元，占比79.38%。制造业上市公司总市值达56.51万亿元，其中创业板总市值为10.39万亿元，占比18.39%；科创板总市值达5.22万亿元，占比9.24%；主板总市值达40.90万亿元，占比72.38%（见表3、表4）。与A股相比，制造业在创业板和科创板的上市公司总市值占比较高（见图1、图2）。

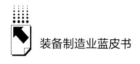

表 3　2021 年中国 A 股上市公司分板块的主要财报指标概况

单位：万亿元，%

类别	总市值	总资产	净资产	营业总收入	净利润
主板	77.69	341.51	56.66	62.27	5.33
占比	79.38	98.08	93.89	94.41	94.30
创业板	13.99	4.96	2.69	2.82	0.22
占比	14.29	1.42	4.46	4.27	3.88
科创板	6.20	1.72	0.99	0.87	0.10
占比	6.34	0.49	1.64	1.33	1.83
A 股	97.88	348.18	60.34	65.96	5.65

表 4　2021 年中国制造业上市公司分板块的主要财报指标概况

单位：万亿元，%

类别	总市值	总资产	净资产	营业总收入	净利润
主板	40.90	27.57	13.10	21.14	1.48
占比	72.38	84.99	82.96	88.38	84.57
创业板	10.39	3.36	1.86	1.98	0.19
占比	18.39	10.36	11.78	8.28	10.86
科创板	5.22	1.51	0.84	0.79	0.09
占比	9.24	4.65	5.32	3.30	5.14
制造业	56.51	32.44	15.80	23.91	1.76

受益于注册制推行、再融资门槛降低的政策红利，创业板和科创板上市公司总市值快速增长。创业板总市值由 2020 年的 10.85 万亿元大幅增长至 13.99 万亿元，同比增长 28.94%。科创板总市值由 2020 年的 3.70 万亿元提升至 6.20 万亿元，同比增长 67.57%，市场地位快速上升。

（2）制造业上市公司资产占比小，成长空间需要改善

截至 2021 年 12 月 31 日，A 股上市公司总资产合计 348.18 万亿元，其中创业板上市公司总资产合计 4.96 万亿元，占比 1.42%；科创板上市公司总资产合计 1.72 万亿元，占比 0.49%；主板上市公司总资产合计 341.51 万亿元，占比 98.08%（见图 3）。制造业上市公司总资产合计 32.44 万亿元，其中创业板上市公司总资产合计 3.36 万亿元，占比 10.37%；科创板上市公

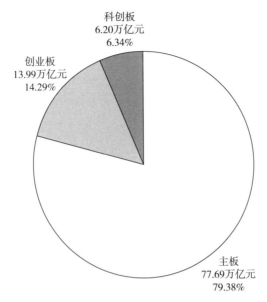

图 1　2021 年中国 A 股上市公司各板块总市值占比

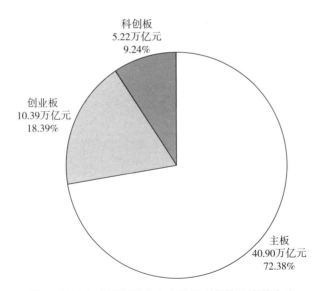

图 2　2021 年中国制造业上市公司各板块总市值占比

司总资产合计 1.51 万亿元，占比 4.65%；主板上市公司总资产 27.57 万亿元，占比 84.99%（见图 4）。

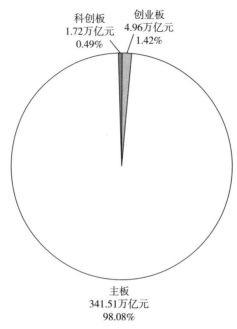

科创板
1.72万亿元
0.49%

创业板
4.96万亿元
1.42%

主板
341.51万亿元
98.08%

图3　2021年中国A股上市公司各板块总资产占比

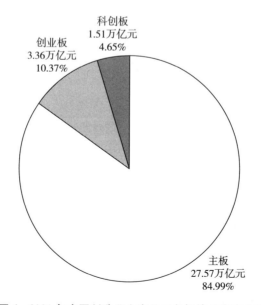

创业板
3.36万亿元
10.37%

科创板
1.51万亿元
4.65%

主板
27.57万亿元
84.99%

图4　2021年中国制造业上市公司各板块总资产占比

值得注意的是，制造业上市公司总资产仅占 A 股上市公司总资产的 9.32%，与其 57.73% 的总市值占比悬殊，这是由于 A 股上市公司的总资产主要集中在金融和能源行业，因此制造业上市公司总资产占比较小。从结构上看，制造业上市公司总资产在各板块之间的分布较为稳定，与 2020 年相比，创业板和科创板的总资产占比有略微上升。

（3）与 A 股整体相比，制造业上市公司净资产的板块分布相对均衡

截至 2021 年 12 月 31 日，A 股上市公司净资产合计 60.34 万亿元，其中创业板上市公司净资产合计 2.69 万亿元，占比 4.46%；科创板上市公司净资产合计 0.99 万亿元，占比 1.64%；主板上市公司净资产合计 56.66 万亿元，占比 93.89%（见图 5）。制造业上市公司净资产合计 15.79 万亿元，其中创业板上市公司净资产合计 1.86 万亿元，占比 11.79%；科创板上市公司净资产合计 0.84 万亿元，占比 5.30%；主板上市公司净资产 13.10 万亿

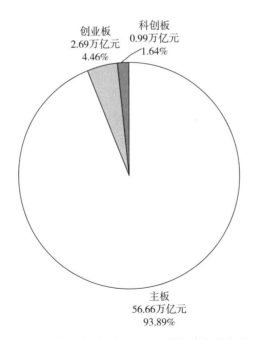

图 5　2021 年中国 A 股上市公司各板块净资产占比

元，占比 82.94%（见图 6）。总体而言，制造业上市公司净资产在各板块的分布相对均衡，这与科创板大部分是科创能力较强的制造业公司有关。

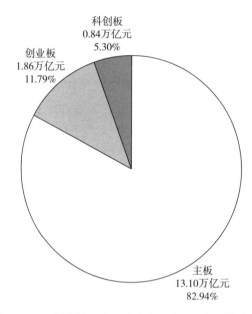

图 6　2021 年中国制造业上市公司各板块净资产占比

（4）制造业上市公司收入强势复苏，带动整体收入提升

截至 2021 年 12 月 31 日，A 股上市公司营业总收入合计 65.96 万亿元。其中，创业板上市公司营业总收入合计 2.82 万亿元，占比 4.27%；科创板上市公司营业总收入合计 0.87 万亿元，占比 1.33%；主板上市公司营业总收入合计 62.27 万亿元，占比 94.41%（见图 7）。制造业上市公司营业总收入合计 23.92 万亿元，其中，创业板上市公司营业总收入合计 1.98 万亿元，占比 8.30%；科创板上市公司营业总收入合计 0.79 万亿元，占比 3.31%；主板上市公司营业总收入 21.14 万亿元，占比 88.39%（见图 8）。

在 2021 年新冠疫情防控常态化的背景下，A 股上市公司整体营业总收入同比增长 19.81%，而制造业上市公司营业总收入同比增长 25.02%。疫情导致供需错配，我国制造业出口额快速增长，产能不断扩大，为经济复苏注入了强劲动力。

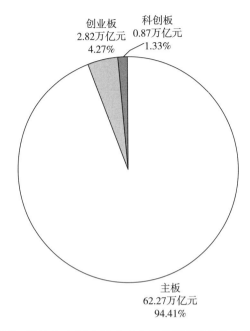

图7　2021年中国A股上市公司各板块营业收入占比

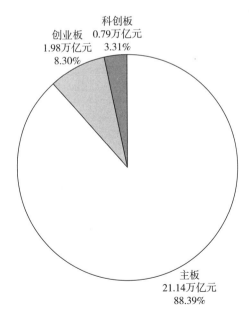

图8　2021年中国制造业上市公司各板块营业收入占比

（5）制造业上市公司净利润增长显著，创业板、科创板表现出色

2021 年，我国 A 股上市公司净利润合计 5. 65 万亿元，其中创业板上市公司净利润合计 0. 22 万亿元，占比 3. 88%；科创板上市公司净利润合计 0. 10 万亿元，占比 1. 83%；主板上市公司净利润合计 5. 33 万亿元，占比 94. 30%（见图 9）。制造业上市公司净利润合计 1. 75 万亿元，其中创业板上市公司净利润合计 0. 19 万亿元，占比 10. 63%；科创板上市公司净利润合计 0. 09 万亿元，占比 5. 32%；主板上市公司净利润 1. 48 万亿元，占比 84. 30%（见图 10）。

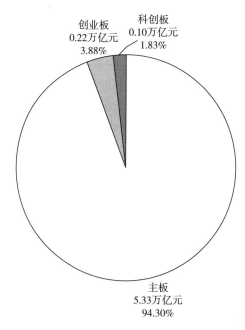

图 9　2021 年中国 A 股上市公司各板块净利润占比

净利润增长方面，制造业上市公司的净利润增幅显著高于 A 股整体水平，这是由于供给侧改革使落后产能得到出清，企业的净利率持续提升。结构上，科创板制造业上市公司的盈利能力不断提升，总利润由 2020 年的 0. 05 万亿元大幅增长至 0. 09 万亿元，占比提升至 5. 32%。对比 A 股整体表现，制造业在科创板和创业板的上市公司盈利能力更强。

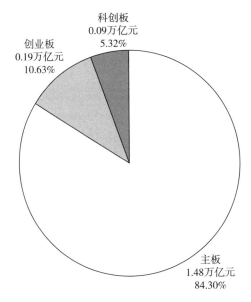

图 10　2021 年中国制造业上市公司各板块净利润占比

（二）政策助力制造业融资环境持续改善：制造业上市公司一级市场评价

1. 一级市场概述

（1）总体情况

2021 年，制造业上市公司从一级市场募集到的资金最多，达到 10948.03 亿元（见图 11）。由于 A 股在 2018 年整体表现较差，因此当年的募集资金相对较少，仅为 4778.26 亿元，2019 年、2020 年募集资金有明显增加，分别实现 5996.72 亿元、10035.67 亿元。2021 年 A 股首次公开募股（IPO）企业共379 家，与 2020 年相比小幅上涨，共募集资金 3420.79 亿元，与 2020 年基本持平。从定增融资情况看，2021 年制造业融资事件有 371 起，在所有行业中位居榜首，2021 年增发募资资金持续上升，达到 6105.73 亿元。

（2）IPO 募资情况

图 12 展示了自 2000 年以来中国制造业上市公司 IPO 募集资金情况。

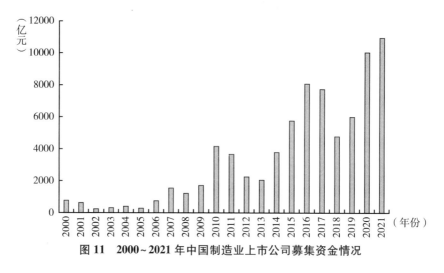

图 11 2000~2021 年中国制造业上市公司募集资金情况

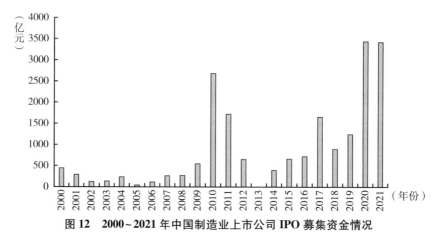

图 12 2000~2021 年中国制造业上市公司 IPO 募集资金情况

2000~2021 年，IPO 募集资金共有两轮高潮，分别是 2010 年和 2020~2021 年。2020 年达到巅峰，募集资金 3436.71 亿元，打破了 2010 年的纪录，当年共募集了 2680.19 亿元。2021 年制造业上市公司 IPO 募集了 3420.79 亿元，其中科创板占据了一半。

2020 年开始 A 股 IPO 募集资金大幅提升，与我国资本市场基础制度改革持续深化密不可分。2020 年 10 月，国务院提出"全面推行、分步实施证券发行注册制"。科创板和创业板实施注册制，大大简化了企业上市流程，提高了企业的上市速度，提升了融资效率，得到市场的热烈响应。

（3）增发情况

增发是 A 股市场上重要的融资方式之一，通常情况下通过增发获得的资金是各融资方式中最多的。从时间上看，我国制造业上市公司增发募集资金在 2016 年达到巅峰，当年共募集了 6753.79 亿元。2017～2019 年，定向增发经历了从全面收紧到政策松绑再到政策全面松绑的过程。2017 年再融资新政出台，对定增的退出期限及发行数量都提出了更严格的要求，导致 A 股市场增发规模此后显著下降，2017 年增发募集了 5140.49 亿元，而 2018 年增发募集资金仅为 3099.23 亿元。2018 年 11 月，再融资新规在资金用途和时间间隔两方面做出调整，放宽限制。2019 年 11 月，再融资新规公开征求意见，从多方面优化了非公开发行机制，发行难度大幅降低，[①] 2019 年、2020 年、2021 年增发募集资金持续上升，2021 年制造业上市公司增发募集资金达到 6105.73 亿元（见图 13）。

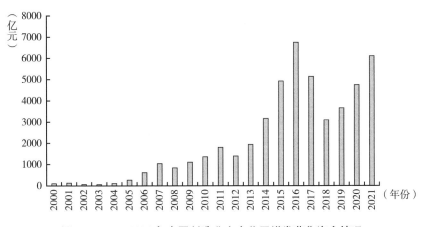

图 13　2000～2021 年中国制造业上市公司增发募集资金情况

（4）配股情况

配股是 A 股市场第一个再融资品种，也是唯一一种仅向原股东发行的再融资产品。2000 年、2001 年制造业上市公司配股募集资金达到巅峰，分别募集资

---

① 林子羽：《再融资春天》，《证券市场周刊》2020 年第 8 期。

金207.82亿元、206.23亿元,其次是2007年募集了177.53亿元。2017~2019年处于再融资政策调整阶段,监管部门对配股的要求相对宽松,配股备受投资者青睐。2020年以来受再融资新规出台的影响,定增热度较高,而配股市场相较2019年大幅降温,2021年配股募集资金大幅下降至26.32亿元(见图14)。

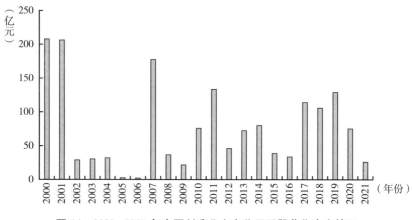

图14 2000~2021年中国制造业上市公司配股募集资金情况

(5)可转债情况

可转债是个相对小众的市场,受可转债新规发行的影响,可转债对上市公司的吸引力近年来显著增强,自2020年开始可转债市场迎来井喷。2000~2017年,可转债募资额度均在200亿元以下,募集资金量较少。2017年证监会发布《证券发行与承销管理办法》,将可转债和可交换债的申购方式由资金申购转为信用申购,投资者热情大大提高,此后连续出台多个文件,政策约束明显放松。借助2018年以来的债牛行情,市场扩容明显,2018年可转债募集资金达518.28亿元。[①] 2020年,受牛市预期的影响,以及付息成本较低,可转债发行量创下新高,共发行149家,募集资金达1481.20亿元。2021年,可转债发行量有所回落,募集资金达1111.65亿元(见图15)。

2. 总体评价

中国制造业经过多年的快速发展,国际竞争力不断增强,带动了中国经

① 彭林华:《可转债市场的问题及监管对策研究》,《科技经济市场》2020年第6期。

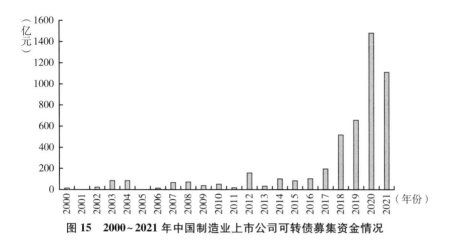

图15　2000～2021年中国制造业上市公司可转债募集资金情况

济的腾飞。制造业上市公司作为制造业的重要组成部分，直接反映了制造业的价值创造能力。

2021年，在全球供应链、产业链饱受冲击的背景下，中国制造一枝独秀，疫情之下全球对中国制造的依赖增强，这凸显了中国产业链、供应链的强大韧性。

从资本市场表现情况来看，自股票注册制于2019年启动以来，社会资金向制造业集中趋势明显。根据清科研究中信的数据统计，2021年全年股权投资市场中实现IPO的行业分布显示，机械制造领域上市融资金额近750亿元，上市数量以113例位居榜首。2022年第一季度，机械制造领域投资金额超71亿元，投资案例达137起。制造业越来越受到资本青睐，热度超过互联网的趋势愈加明显，这是很多研究机构和行业的普遍看法。

二　抢抓新机遇是关键：中国制造业上市公司之资本价值

上市公司在经济体系中的"基本盘""顶梁柱"地位日益巩固，是我国经济的重要载体和资本市场的核心，上市公司的资本价值直接体现在财务方面。因此，本报告通过对上市公司的主要财务指标进行研究，来衡量上市公司的资本价值。从历史上讲，制造业一直是引领整体经济走出低迷时期的最重要行业，疫情发生后经济复苏时也是如此。制造业上市公司作为整个 A 股市场的主体，不仅仅引领了中国经济的复苏，而且对整个资本市场有举足轻重的影响。本报告将通过横向和纵向比较，剖析制造业上市公司的资本价值。

在构建价值创造指数时，本报告采用了总市值、营业收入和净资产收益率三个指标评估上市公司的资本价值，并在实际打分计算时采用标准化处理以更加直观地反映制造业上市公司和 A 股其他行业上市公司之间资本价值的差异。最终，本报告将采用反映估值水平的市盈率（PE）、反映资产回报率水平的资产收益率（ROA）、反映净资产回报率水平的净资产收益率（ROE）、反映直接盈利能力的毛利率和反映整体盈利能力的净利率五大相对指标进行比较分析。

（一）制造业资本价值之总体评价

本报告选取了完整的年度数据来表现 A 股市场的实际情况，所选取指标均以 2021 年财务数据为准，并与 2020 的数据进行比较。

由表 5 可知，2021 年中国制造业上市公司 PE 为 32.21 倍，[①] 高于整个 A 股的平均水平（17.32）。结合现实来看，2021 年新冠疫情持续肆虐，大量上市公司生产经营活动遭到冲击，但受益于国内疫情控制得当，制造业整体复工复产较快，叠加大量医疗产品的生产需求，制造业估值上涨更为明显。

表 5　2020~2021 年中国 A 股及制造业上市公司主要财务指标

单位：倍，%

		PB	PE	ROA	ROE	毛利率	净利率
2020 年	A 股	1.58	17.68	1.52	8.96	9.11	8.83
	制造业	3.40	35.48	4.64	9.57	5.95	6.78
2021 年	A 股	1.62	17.32	1.62	9.36	9.20	8.57
	制造业	3.58	32.21	5.41	11.11	6.97	7.33

注：为了减轻极值影响，表中所有数据均剔除了 ST 股票。

---

① 静态市盈率，采用 2021 年 12 月 31 日的总市值与 2021 年年度净利润计算。

制造业上市公司 2021 年的 ROA 为 5.41%，高于整个 A 股的 1.62%，说明制造业资产盈利能力更强，高于 A 股平均水平；制造业上市公司 2020 年的 ROE 达到了 11.11%，同样高于 A 股平均水平的 9.36%。相较于 2020 年，2021 年 A 股上市公司和制造业上市公司的 ROA 和 ROE 均出现提升。

制造业上市公司不仅是我国制造业的主要力量，而且是上市公司群体中的中坚力量。数据显示，截至 2021 年 12 月 31 日，我国上市公司（含主板、中小板、创业板、科创板和北交所）共计 4682 家，总市值达 96.53 万亿元，规模稳居世界第二。全年新增上市公司 524 家，我国上市公司进入高速增长阶段，其中，科创板、北交所、制造业（含北交所）上市公司达到 3123 家，所占比例高达 66.7%。[①] 数据表明，虽然新冠疫情对整体经济造成了一定的冲击，但国内疫情迅速得到控制，制造业复工复产快于其他国家。同时，海外疫情状况在 2021 年不断反复，对海外国家制造业的正常发展造成了严峻影响，在这种情况下，已经复工复产的中国世界工厂的优势进一步放大，国内部分产品的国产替代也逐渐成为趋势。综合影响下，2021 年中国制造业资本价值创造能力较 2020 年有所回升。

毛利率和净利率作为衡量利润率的指标，反映了企业最终的经营效率和盈利能力，即将自身业务转化为利润的核心能力，是公司竞争力的关键指标。行业间毛利率差别很大，因此其绝对值的直接比较没有意义，本报告经过分类对其按需要进行纵向比较。可以看到，制造业上市公司 2021 年的毛利率为 6.97%，A 股上市公司的整体水平高于制造业上市公司。2021 年 A 股上市公司的净利率为 8.57%，与 2020 年相比小幅下降，而制造业上市公司的净利率逆势上扬至 7.33%，增长约 0.55 个百分点（见表 6、表 7）。疫情发生后，中国的世界工厂地位进一步突出，海外对中国产品的需求不断增长，国内制造业企业迎来重大利好，进而推动企业净利率大幅提升。

---

① 中国上市公司协会 2022 年 4 月 30 日发布的《中国上市公司 2021 年年报经营业绩快报》。

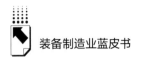

表6 2021年中国A股上市公司分板块主要财务指标

单位：倍，%

	PE	ROA	ROE	毛利率	净利率
所有A股	17.32	1.62	9.36	9.20	8.57
创业板	63.72	4.43	8.16	6.92	7.80
科创板	60.08	6.02	10.44	9.94	11.80
主板	14.58	1.56	9.40	9.29	8.56

表7 2021年中国制造业上市公司分板块主要财务指标

单位：倍，%

	PE	ROA	ROE	毛利率	净利率
制造业	32.21	5.41	11.11	6.97	7.33
创业板	55.88	5.53	9.99	8.70	9.37
科创板	56.07	6.17	11.13	10.17	11.78
主板	27.72	5.35	11.26	6.69	6.98

（二）制造业资本价值之分板块评价

本报告将分板块分析A股和制造业上市公司的资本市场表现。为了便于直观了解制造业上市公司与A股市场分板块的比较，本部分采用图表形式展示。

如图16所示，截至2021年12月31日，A股创业板PE略高于科创板，远高于主板，这与各板块的企业构成和定位有密切关系。2021年我国经济一枝独秀，沪深两市三大股指全线收涨，各板块上市公司估值水平也都有了较大的提高。

整体来看，创业板和科创板制造业上市公司的估值水平低于A股，主板的制造业上市公司的估值水平明显高于A股。从估值角度分析，资本市场对创业板制造业公司给予了较高溢价，尤其是创业板改革启动以后，更多动能得以释放。过去资本市场工具使用率不高的存量公司也同创新企业一样，迎来更加宽松有利的发展环境。

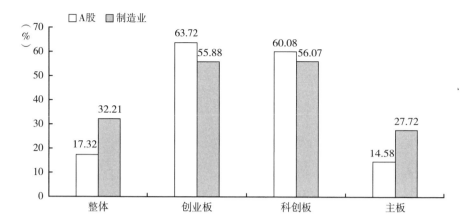

图16　2021年中国A股与制造业上市公司分板块的PE比较

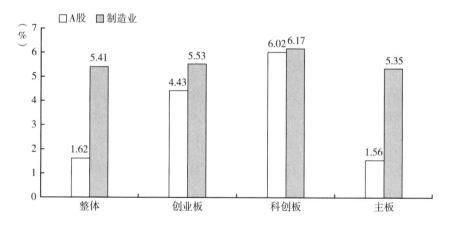

图17　2021年中国A股与制造业上市公司分板块的ROA比较

如图17所示，截至2021年12月31日，制造业上市公司资产收益率为5.41%，高于A股平均水平3.79个百分点；制造业各板块的ROA均高于A股各板块的平均水平，表现尤为突出的是制造业主板上市公司，领先A股创业板3.79个百分点。整体来看，A股和制造业上市公司ROA在各板块间均呈现科创板、创业板、主板依次降低的特点。

由图18可以看出，截至2021年12月31日，制造业上市公司净资产收益率为11.11%，高于A股（9.36%）。从各板块情况来看，A股和制造业上市

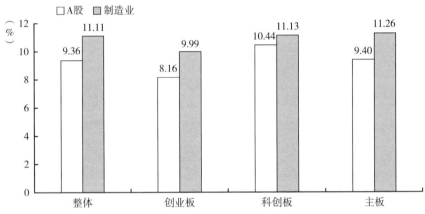

图18　2021年中国A股与制造业上市公司分板块的ROE比较

公司各板块ROE趋势相似，均呈现主板和科创板ROE高于创业板的情况。同时，制造业各个板块的ROE均高于A股平均水平，尤以主板为甚。

由图19可以看出，截至2021年12月31日，制造业上市公司毛利率为6.97%，A股整体水平为9.20%，这表明制造业的盈利能力低于A股平均水平。从各板块情况来看，科创板毛利率均为最高，对于A股平均水平而言，主板毛利率高于创业板，而制造业则是创业板毛利率高于主板。制造业上市公司创业板和科创板的毛利率高于主板，主要由于高科技和新兴产业上市公司都集中在创业板和科创板，直接成本较低。

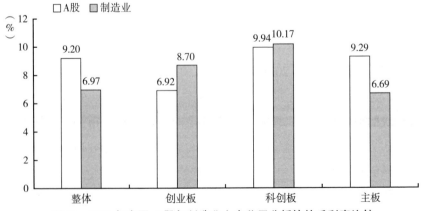

图19　2021年中国A股与制造业上市公司分板块的毛利率比较

由图 20 可以看出，截至 2021 年 12 月 31 日，制造业上市公司净利率为 7.33%，略低于整个 A 股的 8.57%。从各板块情况来看，现状与主板制造业上市公司的构成有关，制造业创业板的净利率高于 A 股创业板平均水平，而制造业主板的净利率明显低于 A 股平均水平。目前主板制造业上市公司以净利率偏低为特征，以体量较大、发展极为稳健的机械、纺织、化学原料、汽车等传统行业为主。

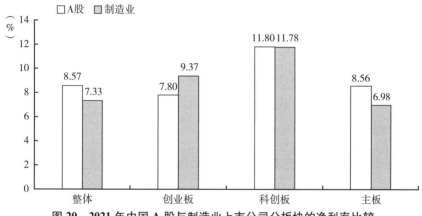

图 20　2021 年中国 A 股与制造业上市公司分板块的净利率比较

2021 年，制造业上市公司得到较好发展，与 A 股平均水平相比，制造业上市公司在估值水平、资产收益率、净资产收益率等 3 个方面均高于 A 股市场平均水平。制造业上市公司分板块来看，创业板、科创板在估值水平、资产收益率、毛利率和净利率 4 个方面均高于主板。

2021 年初受益于新冠疫苗问世及全球经济复苏预期升温，A 股部分板块拉动市场加速上行，后受全球通胀预期加大及流动性收紧担忧因素影响，A 股市场波动加大，但随着"双碳"政策推进、能耗双控，年底确认了"稳增长"的发力目标，最终 A 股整体涨幅基本保持稳定，成交额再创历史新高。联合国《全球投资趋势监测》报告称，2021 年中国的外国直接投资流入量达到创纪录的 1790 亿美元，增长了 20%。根据海关总署的数据，2021 年，中国外贸进出口总值实现较快增长，货物贸易进出口总值同比增长 21.4%，规模再创新高、质量稳步提升，实现"十四五"外贸良好开局。2021 年，中国进出口规模达 6.05 万亿美元，在 2013 年首次达到 4 万亿美元的 8 年后，年内跨过 5 万亿美元、6 万亿美元两大台阶，达到历史新高。全年外贸增量达 1.4 万亿美元。得益于中国经济发展和疫情防控保持全球领先地位，同时稳增长政策措施效果持续显现，疫情之下，世界对中国制造的依赖增强，中国世界工厂的地位得到了进一步的强化和凸显，我国制造业逆势增长，为全球疫情防控和经济增长做出了中国贡献。这一过程中，国内制造业公司在盈利能力、资产回报等方面都有了不错表现，估值水平也有了较大提高。另外，创业板改革缓解了制造业转型升级和结构调整的重压并有效推动了存量公司的发展，从而成为 2021 年制造业中表现最好的板块。目前海外经济形势仍较为严峻，我国制造业有望利用这一发展时机，积极进行转型升级并推动全行业健康可持续发展。

（三）装备制造业资本价值之总体评价

根据表 8，装备制造业子行业的估值涨跌不一，涨幅最大的是通用设备制造业，从 2020 年底的 27.01 倍上涨到了 2021 年底的 62.83 倍，而计算机、通信和其他电子设备制造业的估值出现较大下降，从 44.30 倍下降到了 32.44 倍。2021 年受到疫情持续影响，部分细分领域和部分公司业绩受到冲击，导致行业估值出现了回调。对于大部分装备制造业子行业，ROE 和 ROA 都出现了不同幅度的增长，说明在制造业整体景气度较高的情况下，处在中游的装备制造业同样受惠于行业红利。

表 8 2020~2021 年装备制造业上市公司主要财务指标

单位：倍，%

子行业	2020 年					2021 年				
	PE (LYR)	ROA	ROE	毛利率	净利率	PE (LYR)	ROA	ROE	毛利率	净利率
电气机械及器材制造业	27.37	5.48	12.45	6.85	7.80	28.24	5.55	12.86	6.85	7.31

子行业	2020 年					2021 年				
	PE (LYR)	ROA	ROE	毛利率	净利率	PE (LYR)	ROA	ROE	毛利率	净利率
计算机、通信和其他电子设备制造业	44.30	3.69	7.93	3.61	5.11	32.44	4.92	10.26	5.29	6.44
金属制品业	22.80	4.37	9.15	4.37	5.71	25.57	4.53	9.84	5.34	4.77
汽车制造业	30.61	2.88	7.35	0.87	3.77	38.29	2.69	6.67	0.95	3.43
铁路船舶等交通运输制造业	44.40	2.32	5.09	2.86	4.94	54.35	1.91	4.47	2.95	4.29
通用设备制造业	27.01	2.73	6.69	3.27	5.39	62.83	1.46	3.60	0.62	2.72
仪器仪表制造业	30.93	4.99	9.21	6.41	10.97	39.10	4.93	8.32	7.45	10.92
医药制造业	40.73	6.35	9.90	10.53	11.66	35.67	6.50	10.01	10.91	11.91
专用设备制造业	25.53	5.34	11.85	8.50	9.46	29.26	4.64	10.17	6.76	8.03

三　新基建成长仍为关键：中国制造业上市公司之产业价值

近年来，我国网络、信息、数字等科技高速发展，5G 与人工智能快速发展，制造业处于更新换代过程，传统制造业的发展遭遇瓶颈，竞争力下降。此外，为解决资源短缺、高污染、高能耗等问题，国内"碳中和"政策出台，加速促进绿色制造业进一步发展。加之全球政治环境等因素，我国制造业发展重点自传统端加速向科技端转移。

从宏观经济数据来看，2021 年受疫情影响，外部环境严峻复杂，制造业景气水平前高后低，年末有所回升，制造业景气水平总体处于扩张区间。截至 2022 年 6 月，中国物流与采购联合会、国家统计局服务业调查中心发布的中国制造业采购经理指数（PMI）为 50.2%（见图 21），考虑到稳增长政策的进一步发力，年底有望实现进一步回升。

2021 年，制造业虽受疫情影响，但仍实现逆势增长。2021 年中国制造业增加值占 GDP 比重达 27.4%，比 2020 年提高 1.22 个百分点。我国

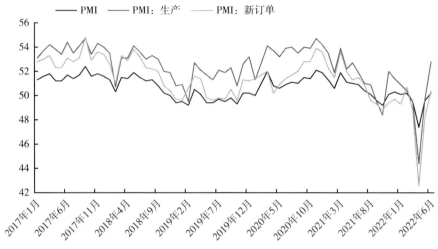

图21　2017年1月至2022年6月中国PMI指数

说明：剔除2020年2月因疫情影响出现的大幅离群异常值。

制造业如今尚未完成高端制造业的转型升级，在这种情况下制造业增加值在GDP中的占比提高，是一个有利信号。2021年可以称为中国高端制造业高歌猛进之年。2020年中国先进制造业（包括5G通信设备制造、医药制造、医疗器械制造等）增加值增速达到惊人的18.2%，这也直接证明了中国制造业的升级和转型处于高速发展之中。中国制造业在不断向高端制造业转型升级的同时，其增加值占GDP的比重也在不断提高，这将继续为中国经济提供源源不断的发展动力。

制造业上市公司作为制造业的中坚力量，能够有代表性地反映我国制造业的发展情况。本部分将采用数个核心指标对制造业各个产业进行比较和分析，以期清晰展示制造业各产业的发展状况。

（一）制造业产业价值之总体评价

如表9所示，本报告采用三大指标来评估制造业上市公司产业价值，分别反映了上市公司产业价值的三大要素：产业核心业务价值、产业影响力价值和产业贡献度价值。

表 9 产业价值衡量指数简要阐述

产业价值	指数	注释
产业核心业务价值	主营业务利润率	主营业务利润是能最直观地体现公司核心业务经营成果的指标,衡量公司在产业链中是否提供价值,越高的主营业务利润带来越多的产业价值
产业影响力价值	商誉及无形资产	无形资产如专利直接影响产业科技进步,越高的商誉及无形资产产生越高的产业影响力,从而产生更高的产业价值
产业贡献度价值	营业周期	营业周期体现公司经营效率,越高的经营效率越能促进公司快速发展,从而带动产业快速发展,赋能更多产业价值
	主营业务增速	主营业务增速用以衡量公司现阶段成长性,快速成长的公司带来更多产业价值。然而该指标受公司成长周期与行业增速影响,如较大体量的公司,增速将较慢,该指标权重将较低

注:主营业务利润率及主营业务增速进行排名加权平均处理。

产业核心业务价值:代表制造业上市公司核心业务创造价值的能力。

产业影响力价值:代表制造业上市公司行业地位、市场份额创造价值的能力。

产业贡献度价值:代表制造业上市公司资源资本投入创造价值的能力。

其中,主营业务利润率加权指数(核心业务盈利能力)用以衡量公司产业核心业务价值,商誉及无形资产(并购整合及知识产权价值)用以衡量公司产业影响力价值,营业周期(公司经营效率)与主营业务增速(公司成长情况)用以衡量公司对产业的贡献价值。

2019~2020 年,制造业上市公司产业核心业务价值从 8472 亿元提升至 11442 亿元,2020 年同比增速为 35.06%(见表 10),主要是由于疫情缓解,需求出现爆发性反弹,加之新基建领域政策持续加码加速发展,上市公司对核心业务投入不断增加,预计未来一段时间内,制造业上市公司产业核心业务价值将进一步提升。

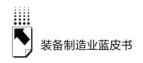

表10 2019~2020年制造业上市公司产业价值基本情况

单位：亿元，%

年份	产业核心业务价值		产业影响力价值		产业贡献度价值	
	绝对值	增速	绝对值	增速	绝对值	增速
2019	8472		14895		606988	
2020	11442	35.06	16225	8.93	1135266	87.03

注：为减轻极值对数据的影响，剔除了 ST、ST* 及 B 股。

2019~2020年，制造业上市公司产业影响力价值从14895亿元提升至16225亿元。2018年底贸易摩擦升级后，制造业上市公司开始加速产业并购整合，科技创新研发加速，2019年产业影响力增速迅猛，2020年增速放缓，但行业加速科技发展，较多企业向头部企业迈进。

2019~2020年，制造业上市公司产业贡献度价值接近翻倍增长，主要原因是中美贸易摩擦对贸易造成的冲击从2018年开始，此后中国制造业逐步恢复。此外，供给侧改革也对我国制造业生态产生了明显的影响，部分工业企业在去产能、去杠杆过程中被淘汰，企业加速成长，经营效率大幅提升，同时促进了制造业中新的经济动能的快速发展，制造业上市公司的产业并购整合加快推进，幸存下来的公司也更加注重对企业自身创新创造能力的提升。

（二）制造业产业价值之细分产业评价

根据证监会的行业分类，制造业行业可分为电气机械和器材制造业、医药制造业和汽车制造业等29个细分行业，每个细分行业的上市公司数量、总市值、营业总收入等具体指标如表11所示。

表11 制造业细分行业概览

行业名称	上市公司数量（家）	总市值（亿元）	营业总收入（亿元）	毛利率（%）	净利率（%）
电气机械和器材制造业	291	78082	26382	6.92	7.58
纺织服装、服饰业	39	2943	1527	5.96	7.14
纺织业	47	2399	1381	5.69	6.77

续表

行业名称	上市公司数量（家）	总市值（亿元）	营业总收入（亿元）	毛利率（%）	净利率（%）
非金属矿物制品业	103	18810	9749	12.86	11.87
废弃资源综合利用业	11	1094	455	5.05	10.56
黑色金属冶炼和压延加工业	32	9982	23249	5.79	5.28
化学纤维制造业	30	8528	7621	10.51	9.57
化学原料和化学制品制造业	315	44417	17388	12.83	12.38
计算机、通信和其他电子设备制造业	502	96827	34924	5.86	7.21
家具制造业	27	2837	1345	5.95	5.76
金属制品业	91	7667	5780	5.46	4.93
酒、饮料和精制茶制造业	45	56006	4139	39.41	30.43
木材加工和木、竹、藤、棕、草制品业	8	374	266	6.30	6.55
农副食品加工业	55	12855	9117	1.60	0.94
皮革、毛皮、羽毛及其制品和制鞋业	11	1350	323	12.23	9.82
其他制造业	17	997	852	6.43	5.51
汽车制造业	156	34736	25780	1.03	3.47
石油加工、炼焦和核燃料加工业	16	2179	2462	4.96	5.14
食品制造业	72	14029	3805	9.77	9.46
铁路、船舶、航空航天和其他运输设备制造业	75	18214	7178	3.58	4.84
通用设备制造业	168	14595	7163	1.22	3.06
文教、工美、体育和娱乐用品制造业	21	1491	513	-0.36	-0.15
橡胶和塑料制品业	107	11405	3659	9.37	9.36
医药制造业	292	51819	9961	11.85	12.67
仪器仪表制造业	73	4299	778	8.43	12.21
印刷和记录媒介复制业	14	844	193	8.91	13.65

行业名称	上市公司数量(家)	总市值(亿元)	营业总收入(亿元)	毛利率(%)	净利率(%)
有色金属冶炼和压延加工业	82	19468	19935	4.55	4.00
造纸和纸制品业	37	3139	2470	6.66	6.79
专用设备制造业	321	43703	10742	8.51	9.86
其他	4	0	44	9.01	10.10
总计	3062	565090	239178	6.97	7.33

注：为减轻极值对数据的影响，剔除了 ST、ST*及 B 股；因四舍五入，数据存在误差，不做机械统一。

从数量上分析，截至 2021 年 12 月 31 日，共有 3062 家制造业上市公司。其中，计算机、通信和其他电子设备制造业的上市公司数量最多，达 502 家。仅 9 个制造业细分行业的上市公司数量超过了 100 家，但这 9 个行业共有 2255 家上市公司，占制造业上市公司比重达 73.64%，制造业上市公司的集中度极高。数量最少的是木材加工和木、竹、藤、棕、草制品业，仅有 8 家。

从总市值上分析，得益于 5G、半导体、云计算、AI、物联网等新基建行业的加速发展，计算机、通信和其他电子设备制造业上市公司的总市值最高，达到 96827 亿元，占制造业总市值 17.13%。总市值排名其次的行业分别为电气机械和器材制造业（78082 亿元），酒、饮料和精制茶制造业（56006 亿元），医药制造业（51819 亿元），化学原料和化学制品制造业（44417 亿元）。酒、饮料和精制茶制造业总市值进一步提升，以茅台、五粮液为首的上市公司热度不减。整体来看，市场产业投资偏好仍较为集中，排名前五的行业总市值达到了 32.72 万亿元，占制造业总市值的 57.89%。

从盈利能力的角度分析，从营业总收入来看，目前制造业营业总收入较高的前五大行业分别为计算机、通信和其他电子设备制造业，电气机械和器材制造业，汽车制造业，黑色金属冶炼和压延加工业，有色金属冶炼和压延加工业，营业总收入分别为 34924 亿元、26382 亿元、25780 亿元、23249 亿元和 19935 亿元，共计 13.03 万亿元，占制造业全部营业总收入的 54.47%。这五大行业全部为重资产和支撑性行业。从毛利率来看，目前制造业毛利率较高的前五大行业分别为酒、饮料和精制茶制造业（39.41%），非金属矿物制品业（12.86%），化学原料和化学制品制造业（12.83%），皮革、毛皮、羽毛及其制品和制鞋业（12.23%）和医药制造业（11.85%）。从净利率来看，目前制造业净利率较高的前五大行业分别为酒、饮料和精制茶制造业（30.43%），印刷和记录媒介复制业（13.65%），医药制造业（12.67%），化学原料和化学制品制造业（12.38%）以及仪器仪表制造业（12.21%）。

进出口景气有所回升。新出口订单指数和进口指数分别为 49.50 和 49.20，分别环比增长 3.3% 和 4.1%。价格指数有所下降，主要原材料购进价格指数和出厂价格指数分别为 52.00 和 46.30，分别低于上月 3.8% 和 3.2%。

新基建发展态势良好。2022 年 6 月，高技术制造业和装备制造业 PMI 高于制造业总体平均水平，分别为 52.80 和 52.20（见图 22），环比分别上升 3.3% 和 2.3%，高端制造业成为整体制造业发展主要动力。

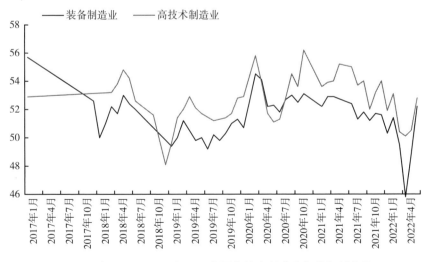

图 22　2017 年 1 月至 2022 年 6 月中国高技术制造业与装备制造业 PMI

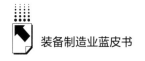
（三）装备制造业产业价值之总体评价

制造业包括装备制造业和最终消费品制造业。装备制造业承担着为国民经济各部门提供工作母机和带动相关产业发展的重任，是为制造业提供装备的制造业，是制造业的核心部分，也是机械工业的核心部分。可以说，对我国整个工业体系优化升级起着基础性、决定性作用的装备制造业，是工业的心脏，是国民经济的生命线，是支撑国家综合国力的重要基石。

根据《国民经济行业分类》，其包括 8 个行业大类：电气机械和器材制造业，计算机、通信和其他电子设备制造业，金属制品业，汽车制造业，铁路、船舶、航空航天和其他运输设备制造业，通用设备制造业，仪器仪表制造业，专用设备制造业。

从国内工业增加值来看，2021 年，中国装备制造业工业增加值大幅反弹，且增速远快于制造业（见图 23），装备制造业已成为制造业新增长动力。

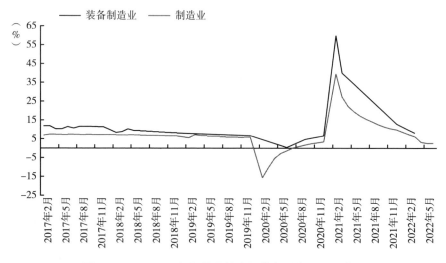

图 23　2017~2022 年部分月份中国装备制造业及制造业
工业增加值同比增速

总体来看，尽管国际经济形势错综复杂，外部环境日趋严峻，供给侧结构性改革任务繁重，但我国装备制造业发展机遇大于挑战。在培育工业机器人、增材制造、智能网联汽车、无人机等新的经济增长点中，互联网、大数据、人工智能和装备产业将加速融合发展。[①]

2021年，装备制造业上市公司数量达1677家，占制造业上市公司的54.77%，总市值及总收入分别占比52.75%和49.62%（见表12）。装备制造业盈利能力较前两年大幅提升，主要由于部分行业"东升西落"竞争格局完成，公司议价能力显著提升，且装备制造业公司前期的研发、人力、资产投入的规模效应逐渐显现，国内装备制造业公司盈利能力已处于与整体制造业较为相当的水平。

表12　2021年中国制造业及装备制造业简要对比

类别	上市公司数量(家)	总市值(亿元)	总收入(亿元)	毛利率(%)	净利率(%)
制造业	3062	56.51	23.92	6.97	7.33
装备制造业	1677	29.81	11.87	4.87	6.25
占比(%)	54.77	52.75	49.62	—	—

注：为减轻极值对数据的影响，剔除了ST、ST＊及B股。

2021年，高端装备制造业发展取得显著成效，一大批重大创新成果竞相涌现，中国创新能力在国家一系列产业政策的推动下持续增强。如"华龙一号"全球首堆——中核集团福建福清核电5号机组投入商业运行，我国核电技术跻身世界前列；"海牛Ⅱ号"下钻231米，刷新深海钻机钻探深度纪录；随着海洋油气勘探开发迈向"超深水"，"深海一号"正式在海南陵水海域投入运营；海洋一号D卫星和海洋二号C卫星正式向自然资源部交付并投入业务运营。

---

① 赛迪智库装备工业形势分析课题组：《2019年中国装备工业发展形势展望》，《电器工业》2019年第5期。

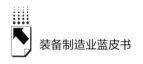
四 核心技术是关键：中国制造业上市公司之创新价值

世界在不断进步，科技在不断发展，创新技术是国家发展道路上的基石。2021年，我国创新投入大幅增加。国家统计局数据表明，我国2021年研究与试验发展（R&D）经费支出为27864亿元，比上年增长14.23%，占国内生产总值的2.44%。不仅是创新投入大幅增加，科技实力也显著增强。2021年，全国授予专利权446.7万件，比上年增长26.9%；年末每万人口高价值发明专利拥有量达到7.5件，较上年提高1.2件。"中国天眼"（FAST）建立了符合国际标准的全球开放平台，"海斗一号"全海深潜水器在马里亚纳海沟科考航次完成12次下潜，全超导托卡马克核聚变实验装置创造新的世界纪录等，重大科技成果不断涌现。

创新是引领发展的第一动力，也是提升智能化、数字化、网络化、精细化水平的推进器，是制造业与服务业融合发展的新动力。如今，智能化水平大幅提升，极大地促进了实体经济与新能源、大数据、新一代信息技术等深度融合，实现了大数据、新一代信息技术等高端生产要素对制造业、服务业发展的放大倍增作用，在大数据、云计算、新能源等新一代信息技术与实体经济深度融合的同时，实现了信息共享与控制协同。互联网通信、云计算、人工智能、新能源汽车等绿色技术的发展加速了制造业数字化转型。

国家统计局数据表明，全年规模以上工业中，高技术制造业工业增加值比上年增长18.2%，占规模以上工业增加值的比重为15.1%；装备制造业工业增加值增长12.9%，占规模以上工业增加值的比重为32.4%。全年高技术产业投资比上年增长17.1%，说明制造业高技术改革正在加速，科技创新进程不断加快。

专业技术人才是创新必不可少的动力来源，制造业企业给技术人才的薪酬激励稳步提升。制造业专业技术人员年平均工资从 2013 年的 6.02 万元增加到 2021 年的 11.76 万元，几乎翻倍（见图 24）。

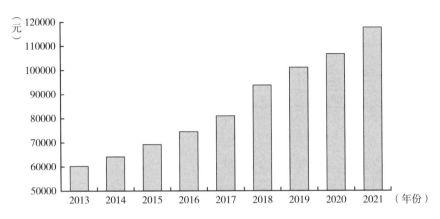

图 24　2013~2021 年制造业专业技术人员年平均工资

资料来源：国家统计局。

通过分析制造业上市公司的科技创新情况及盘点过去一年多的重大科技创新，本报告从宏观层面呈现了制造业上市公司的科技创新状况。

（一）制造业创新价值之总体评价

为了避免股票上市和退市年份对绝对值产生的影响，本报告在分析时采用平均值来分析。从 A 股整体来看，平均研发投入有所增长，2020 年 A 股上市企业平均每年投入 2.73 亿元的研发经费，2021 年平均研发投入增加到了 2.93 亿元。上市公司研发人员人数在 2021 年大幅下降，2021 年平均研发人员人数达到 568 人，同比减少超 6 成。从平均研发人员占比来看，研发人员在公司雇员人数中的占比从 2020 年的 22.76% 下降到 2021 年的 9.29%。

从制造业上市公司的整体情况来看，平均研发投入小幅提升，从 2.81 亿元上涨至 2.94 亿元。2021 年平均研发人员人数达到 571 人，不足 2020 年的 3 成。平均研发人员占比从 43.31% 下降到 12.89%。平均研发投入占比从 2020 年的 3.73% 提高到 3.76%（见表 13）。

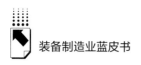

表 13　2020~2021 年我国制造业上市公司创新投入情况

		平均研发人员人数(人)	平均研发人员占比(%)	平均研发投入(亿元)	平均研发投入占比(%)
2021 年	A 股	568	9.29	2.93	2.49
	制造业	571	12.89	2.94	3.76
	相对比例(%)	100.57	138.78	100.07	150.69
2020 年	A 股	1576	22.76	2.73	2.44
	制造业	2146	43.31	2.81	3.73
	相对比例(%)	136.20	190.33	102.70	152.94

（二）制造业创新价值之分板块评价

绝对值方面，就上市公司平均研发人员人数来看，A 股主板平均研发人员人数远高于科创板和创业板，平均研发人员人数分别为 673 人、318 人、393 人。制造业呈现相同规律，其主板、科创板和创业板平均研发人员人数分别为 724 人、290 人、341 人。

A 股主板、科创板和创业板平均研发投入分别为 3.74 亿元、2.03 亿元、1.18 亿元，分别低于制造业主板（3.83 亿元）、科创板（2.11 亿元）和创业板（1.21 亿元）平均研发投入，制造业主板平均研发人员人数高于 A 股主板，制造业科创板、创业板平均研发人员人数略低于 A 股科创板、创业板（见表 14）。

表 14　2021 年我国上市公司分板块的创新投入情况

	平均研发人员人数(人)	平均研发人员占比(%)	平均研发投入(亿元)	平均研发投入占比(%)
A 股	568	9.29	2.93	2.49
主板	673	8.17	3.74	1.82
科创板	318	23.03	2.03	10.61
创业板	393	16.05	1.18	4.89
制造业	571	12.89	2.94	3.76
主板	724	12.26	3.83	3.42
科创板	290	20.20	2.11	9.77
创业板	341	14.63	1.21	4.92

相对值方面，A 股上市公司和制造业上市公司的数据都呈现科创板最高、其次是创业板、最后是主板的状况。这在一定程度上反映了体量较小的科创企业创新的愿望更强，科创板企业的平均研发投入占比和平均研发人员占比最高，制造业科创板平均研发投入占比高达 9.77%，符合科创板企业科技创新的定位。从上市公司平均研发人员占比角度看，A 股主板、科创板和创业板平均研发人员占比分别为 8.17%、23.03%、16.05%，制造业主板、科创板和创业板平均研发人员占比分别为 12.26%、20.20%、14.63%。从上市公司平均研发投入占比角度看，A 股主板、科创板和创业板平均研发投入占比分别为 1.82%、10.61%、4.89%，制造业主板、科创板和创业板平均研发投入占比分别为 3.42%、9.77%、4.92%。

2021 年，我国发明专利申请量为 460.1 万件（见图 25），共授权发明专利 69.6 万件。其中，境内专利授权 58.6 万件，同比增长 32.97%。国内企业发明专利授权量方面，2021 年国内发明专利授权量排名前十的企业情况见表 15。对比两年的数据，排名前十的企业大体变化不大，制造业上市公司在创新领域仍起到引领作用，2021 年发明专利授权量排名前十的公司中，有 7 家为制造业上市公司，同比增加 1 家。发明专利授权量的绝对值方面，2021 年前十名企业的发明专利授权量整体高于 2020 年。

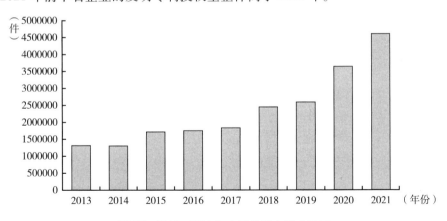

图 25　2013~2021 年中国发明专利申请量

资料来源：国家统计局。

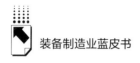

表15 2020～2021年国内发明专利授权量排名前十的企业情况

单位：件

排名	2021年			2020年		
	名称	所属行业	数量	名称	所属行业	数量
1	华为技术有限公司	制造业	7497	华为技术有限公司	制造业	6403
2	腾讯科技（深圳）有限公司	软件和信息技术服务业	4536	OPPO广州移动通信有限公司	制造业	3581
3	OPPO广州移动通信有限公司	制造业	4179	中国石油化工股份有限公司	石油和天然气开采业	2921
4	京东方科技集团股份有限公司	制造业	3841	京东方科技集团股份有限公司	制造业	2882
5	中国石油化工股份有限公司	石油和天然气开采业	3596	腾讯科技（深圳）有限公司	软件和信息技术服务业	2813
6	国家电网有限公司	电力	2936	珠海格力电器股份有限公司	制造业	2678
7	维沃移动通信有限公司	制造业	2898	国家电网有限公司	电力	2499
8	珠海格力电器股份有限公司	制造业	2880	阿里巴巴集团控股有限公司	软件和信息技术服务业	2098
9	海尔智家股份有限公司	制造业	1913	维沃移动通信有限公司	制造业	1687
10	中兴通讯股份有限公司	制造业	1593	美的集团股份有限公司	制造业	1675

资料来源：国家统计局。

整体而言，制造业上市公司研发投入力度很大，尤其是科创板企业，并取得了巨大成果。举例来说，芯片产业在中美贸易摩擦的背景下成为国内关注焦点。在这一领域，芯片产能增长了33%，知识产权创造表现更加"惊人"。以备受关注的集成电路设计为例，2021年，共收到集成电路布图设计登记申请2.0万件，同比增长41.6%；予以公告并发出证书1.3万件，同比增长11.6%。[①]

然而，我国制造业创新发展仍存在不平衡不充分问题。主要体现在如下两个方面。一是制造业发展趋势下降，长期高研发投入成为困难。大部分制

① 国家知识产权局2021年度报告。

造业企业受疫情影响营业收入明显下降，由于研发投入大、周期长，企业承担经济压力导致资金链趋紧，无法负担长时间研发投入。二是我国制造业核心技术水平仍有待提高。近年来，受复杂多变的国际局势影响，我国频繁遭遇"技术封锁"，这严重阻碍了我国制造业自主创新能力的提升。我国在一些尖端领域，如发动机、药品、医学技术、环境技术等领域核心技术专利分布数量仍处于低位。从质量上看，我国战略性新兴产业的技术创新能力不强，专利"含金量"有待提升，我国研发投入总体规模仍不到美国的一半，研发投入及其强度低于世界制造强国3%左右的水平。2021年，我国创新指数全球排名上升2位至第12位，我国创新指数实现较快增长，创新发展水平加速提升，但与世界第二大经济体和第一制造大国的地位仍存在一定差距。

制造业上市公司作为制造业的主体，其反映的问题也代表了我国制造业的基本情况。从总体上看，我国制造业创新能力仍有待提升，关键核心技术对外依存度较高、技术创新体系不健全，推动产业转型升级必须依靠创新驱动。要加强创新投入的连续性和创新规划的引导性，切实营造开放式创新生态环境，进一步完善创新投入机制、创新激励机制和创新保护机制。定期开展制造业产业链安全综合评估，按照共担风险、共享收益的方式，围绕制造业重点领域和关键制造环节，推动相关龙头企业、大专院校、科研院所在核心零部件、先进基础工艺、关键基础材料和装备等方面加强研发突破，打造自主可控的产业链。

2021年，我国制造业取得多项重大科技成就：全超导托卡马克核聚变实验装置"人造太阳"再创超高温等离子体运行世界纪录。"玲龙一号"全球首个陆上商用小堆目前正在建设，标志着我国在模块化小型堆技术方面走在了世界前列。量子计算"双子星"实现量子优越性里程碑。我国在国际上首次实现淀粉全人工合成。嫦娥五号首批月球科研样品取得系列成果。"中国天眼"FAST全球开放，发现脉冲星超过500颗。"海斗一号"开启全海深无人潜水器万米科考空白应用新征程。截至2021年末，我国正在运行的国家重点实验室达533个，国家工程研究中心191个，布局建设了20个国家科学数据中心、31个国家生物种质与实验材料资源库。截至2021年末，国家级科技企业孵化器达1287家，国

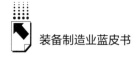

家企业技术中心达 1636 家，创新空间布局持续优化。①

2021 年，制造业上市公司进行科技创新的数字化转型趋势更加明显。工业和信息化部数据显示，我国已建成全球最大规模光纤和移动通信网络，累计建成开通 5G 基站超过 142.5 万个，5G 手机终端连接数达 5.2 亿户。制造业数字化、绿色化转型步伐加快，重点领域关键工序数控化率达 55.3%，数字化研发设计工具普及率达 74.7%，为经济社会持续健康发展提供了强劲动力。②

（三）装备制造业创新价值之总体评价

从绝对值指标来看，平均研发人员人数和平均研发投入方面，电气机械及器材制造业，计算机、通信和其他电子设备制造业，汽车制造业，铁路、船舶、航空航天和其他运输设备制造业这四个装备制造行业均超过了制造业上市公司的平均值，上述四个行业也是制造业中产业集中度较高、龙头企业较多的行业。

从相对值指标来看，平均研发人员人数占比和平均研发投入占比方面，仪器仪表制造业，专用设备制造业，计算机、通信和其他电子设备制造业，铁路、船舶、航空航天和其他运输设备制造业的平均研发人员占比遥遥领先。上述四个行业均处在科技前沿领域，企业需要持续投入大量资源来实现技术迭代以维持行业地位。

此外，信息通信业保持平稳较快发展态势。计算机、通信和其他电子设备制造业的平均研发人员占比和平均研发投入占比分别为 18.35% 和 6.19%，在装备制造业中均属于前列（见表 16）。按上年单价不变计算，2021 年全年完成电信业务总量 1.7 万亿元，同比增长 27.8%，累计完成电

---

① 《新动能茁壮成长　新经济方兴未艾——党的十八大以来经济社会发展成就系列报告之九》，国家统计局网站，2022 年 9 月 26 日，http：//www.stats.gov.cn/xxgk/jd/sjjd2020/202209/t20220926_ 1888675.html。

② 《工业和信息化部：去年累计建成开通 5G 基站超 142 万个 5G 手机终端连接数已达 5.2 亿户》，央广网，2022 年 2 月 28 日，https：//www.cnr.cn/ziben/kb/20220228/t20220228_ 525753110.shtml。

信业务收入 1.47 万亿元，同比增长 8.0%，实现 2014 年以来较高增长水平，增速比上年提高 4.1 个百分点。截至 2021 年底，我国已建成和开通 5G 基站 142.5 万个，建成世界上最大的 5G 网络，全行业加快推进国家大数据中心发展、构建云网融合新基础设施、赋能社会数字化改造供给能力持续增强的"双千兆"建设。

表 16 2021 年我国装备制造业上市公司创新投入情况

类别	平均研发人员人数（人）	平均研发人员占比（%）	平均研发投入（亿元）	平均研发投入占比（%）
电气机械及器材制造业	714	13.08	3.91	4.31
计算机、通信和其他电子设备制造业	995	18.35	4.31	6.19
金属制品业	365	10.61	1.48	2.33
汽车制造业	1304	13.99	6.50	3.93
铁路、船舶、航空航天和其他运输设备制造业	1182	17.20	4.80	5.02
通用设备制造业	347	13.08	1.89	4.43
仪器仪表制造业	315	23.66	0.86	8.11
专用设备制造业	451	17.37	2.16	6.45
装备制造业平均值	751	15.79	3.51	4.95
制造业平均值	571	12.89	2.94	3.76

2021 年是"十四五"规划的开局之年，智能制造是制造强国建设的主攻方向，其发展程度直接关乎我国制造业质量水平。2021 年 12 月 21 日，工业和信息化部、国家发展和改革委员会、教育部、科技部、财政部、人力资源和社会保障部、国家市场监督管理总局、国务院国有资产监督管理委员会等八部门联合发布了《"十四五"智能制造发展规划》，提出"深入实施智能制造工程，着力提升创新能力、供给能力、支撑能力和应用水平，加快构建智能制造发展生态，持续推进制造业数字化转型、网络化协同、智能化变革，为促进制造业高质量发展、加快制造强国建设、发展数字经济、构筑

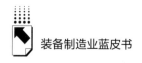

国际竞争新优势提供有力支撑"，发展智能制造对于巩固实体经济根基、建成现代产业体系、实现新型工业化具有重要作用。[①]

五　社会责任是关键：中国制造业上市公司之社会价值

随着我国综合国力的不断攀升及社会日新月异的发展，投资者对上市公司的判断已不仅仅局限于传统的价值指标，如总市值、盈利能力等。近年来，企业是否具有积极的外部效应即社会责任也逐渐成为备受重视的评价指标。社会价值可分为四个方面：第一，对社会的贡献，主要指的是税收方面的贡献；第二，社会问题的解决，也就是解决及促进就业；第三，对股东和债权人进行回报，也就是股息和利息支出；第四，战略价值，制造业企业需要不断自主创新，提高国际竞争力，通过政府补贴来衡量其对国民经济和社会发展具有重要战略意义的产业体系的完善程度。

（一）制造业社会价值之总体评价

2021 年，我国 A 股上市公司的税收贡献（主要指所得税贡献）约为 12975.30 亿元，而制造业上市公司的税收贡献为 3480.77 亿元，占比为 26.83%。所得税总额与利润息息相关，分析发现，制造业上市公司净利润达 1.75 万亿元，占 A 股上市公司净利润的 31.05%。制造业上市公司税收贡献比例略低于净利润比例，这在一定程度上受益于支持制造业发展的财税政策红利。

2021 年，我国 A 股上市公司年度累计分红总额达 19129.13 亿元，制造业上市公司累计分红近 5993.51 亿元，占比达 31.33%。分红在一定程度上体现了上市公司的社会价值。

---

① 《关于印发"十四五"智能制造发展规划的通知》，工业和信息化部网站，2021 年 12 月 28 日，https：//www.miit.gov.cn/jgsj/zbys/wjfb/art/2021/art_ f3952b4a7d0941609d94262da9891542.html。

2021 年，我国 A 股上市公司解决的就业人数为 2842.50 万人，而制造业上市公司共解决就业人口 1356.95 万人，占比达 47.74%。这一比例符合制造业上市公司在行业中所处的主体地位，也体现了制造业在特殊时期的支柱作用。

2021 年，我国 A 股上市公司利息费用达 7657.63 亿元，制造业上市公司的利息费用为 2389.86 亿元，占比达 31.21%。利息体现的是企业对债权人的价值，企业在发展过程中需要融资，相对于股权融资，债券融资对公司有更强的约束力，但融资成本更低，风险也更低，企业按期履约，支付利息费用，对债权人来说是社会价值的体现。

2021 年，我国 A 股上市公司收到的政府补助为 2153.62 亿元，制造业上市公司收到 1386.30 亿元的政府补助，占比达 64.37%（见表 17）。这一数据反映了制造业极高的战略地位，因此应进一步加强制造业自主创新能力，增强我国制造业的国际竞争力。对于国家来说，制造业是国民经济的支柱产业，具有十分重要的战略意义。企业要充分利用政策优势，走自主创新之路，不断增强核心竞争力。

表 17　2021 年我国制造业上市公司社会价值情况

类别	年度累计分红总额（亿元）	就业人数（万人）	税收贡献（亿元）	政府补助（亿元）	利息费用（亿元）
A 股	19129.13	2842.50	12975.30	2153.62	7657.63
制造业	5993.51	1356.95	3480.77	1386.30	2389.86
占比（%）	31.33	47.74	26.83	64.37	31.21

注：为减轻极值对数据的影响，剔除了 ST、ST* 及 B 股。

2019 ~ 2021 年，我国制造业上市公司年度累计分红总额分别为 3612.84 亿元、4772.85 亿元、5993.51 亿元，增长率分别为 - 2.03%、32.11%、25.58%，2020 年开始增速明显加快。这与证监会引导上市公司加大分红力度是分不开的。证监会明确表示将继续完善制度，引导上市公司结合自身经营状况，通过现金分红、股份回购等方式加大分红力度，让投资者更好地分享经济增长的红利，并加强对长期不分红公司的约束，打击"高送转"。在证监会加大分红力度的号召和制度的引导下，预计制造业分红将继续稳步增长，为股东创造更多的财富。

2019~2021 年，我国制造业上市公司解决的就业人数分别为 1092.04 万人、1184.08 万人、1356.95 万人，增长率分别为 0.41%、8.43%、14.60%，增速明显提升，制造业在保证就业稳定方面发挥了越来越重要的作用。

总体而言，2019~2021 年，我国制造业上市公司年度累计分红总额、就业人数和税收贡献三个指标均增长显著，政府补助稳步增长，利息费用也总体呈增长态势（见表 18）。

表 18　2019~2021 年我国制造业上市公司社会贡献变化情况

指标	2019 年	2020 年	2021 年
年度累计分红总额（亿元）	3612.84	4772.85	5993.51
同比增速（%）	-2.03	32.11	25.58
就业人数（万人）	1092.04	1184.08	1356.95
同比增速（%）	0.41	8.43	14.60
税收贡献（亿元）	2170.47	2554.82	3480.77
同比增速（%）	-5.27	17.71	36.24
政府补助（亿元）	1143.89	1317.64	1386.30
同比增速（%）	9.38	15.19	5.21
利息费用（亿元）	2317.61	2309.05	2389.86
同比增速（%）	1.06	-0.37	3.50

（二）制造业社会价值之分板块评价

从年度累计分红总额情况看，制造业主板、创业板和科创板 2021 年累计分红金额分别为 5187.93 亿元、547.83 亿元和 257.75 亿元，占制造业整体分红比重分别为 86.56%、9.14% 和 4.30%。相对于制造业，A 股主板上市公司贡献了 94.84% 的股息，制造业主板上市公司的股息比重略低。这一方面与上市板块中制造业与 A 股的结构性差异有关，A 股主板上市公司总市值占 A 股总市值的 79.38%，制造业主板上市公司市值占制造业总市值的

72.38%，制造业主板上市公司占比略低，创业板与科创板占比较高，导致制造业主板上市公司分红表现逊于 A 股主板上市公司；另一方面，剔除结构性差异因素后，制造业主板相对于 A 股主板的股息水平仍偏低，有进一步改善的需要。

从就业人数看，2021 年制造业主板、创业板和科创板解决就业人数分别为 1116.75 万人、187.65 万人和 52.55 万人，分别占制造业上市公司解决就业人数的 82.30%、13.83% 和 3.87%，主板上市公司承担了绝大部分就业。

在税收贡献方面，2021 年制造业主板、创业板和科创板分别贡献税收3063.86 亿元、285.40 亿元和 131.51 亿元，分别占制造业上市公司税收总额的 88.02%、8.20% 和 3.78%。主板上市公司贡献了绝大部分税收，中小企业由于体量较小，税收减免政策较多，纳税金额相对主板上市公司要少得多，但创业板和科创板上市公司在制造业中的税收贡献明显高于 A 股创业板和科创板上市公司。

从政府补助上看，2021 年制造业主板、创业板、科创板分别收到政府补助 1070.85 亿元、185.68 亿元、129.77 亿元，分别占制造业上市公司政府补助总额的 77.25%、13.39%、9.36%。剔除 A 股与制造业上市板块的结构差异，两者政府补助的分布情况较为接近。

从利息费用上看，2021 年制造业主板、创业板、科创板利息费用分别为 2142.88 亿元、192.28 亿元、54.70 亿元，分别占制造业上市公司利息费用的 89.67%、8.05%、2.29%，剔除 A 股与制造业上市板块的结构差异，两者的利息费用水平是较为一致的（见表 19、表 20）。

表 19　2021 年我国 A 股上市公司分板块的社会价值情况

制造业	年度累计分红总额(亿元)	就业人数(万人)	税收贡献(亿元)	政府补助(亿元)	利息费用(亿元)
主板	18141.90	2495.08	12442.10	1764.80	7276.38
占比(%)	94.84	87.78	95.89	81.95	95.02
创业板	693.33	284.25	391.43	242.54	323.14

续表

制造业	年度累计分红总额(亿元)	就业人数(万人)	税收贡献(亿元)	政府补助(亿元)	利息费用(亿元)
占比(%)	3.62	10.00	3.02	11.26	4.22
科创板	293.91	63.16	141.79	146.27	58.11
占比(%)	1.54	2.22	1.09	6.79	0.76

表 20　2021 年我国制造业上市公司分板块的社会价值情况

A 股	年度累计分红总额(亿元)	员工总数(万人)	税收贡献(亿元)	政府补助(亿元)	利息费用(亿元)
主板	5187.93	1116.75	3063.86	1070.85	2142.88
占比(%)	86.56	82.30	88.02	77.25	89.67
创业板	547.83	187.65	285.40	185.68	192.28
占比(%)	9.14	13.83	8.20	13.39	8.05
科创板	257.75	52.55	131.51	129.77	54.70
占比(%)	4.30	3.87	3.78	9.36	2.29

　　ESG 是英文"Environmental"（环境）、"Social"（社会）和"Governance"（治理）的缩写，是一种关注企业环境、社会、治理绩效的投资理念。华证 ESG 评价数据具有贴近中国市场、覆盖范围广泛、时效性高的特点。参考其中的社会评级，2021 年制造业上市公司社会价值评级为 AAA 的共有 0 家，为 AA 的共有 0 家，为 A 的共有 16 家。其中，电气机械和器材制造业企业有 2 家，包括横店东磁、正泰电器；纺织业企业有 1 家，为鲁泰 A；非金属矿物制品业企业有 3 家，包括东方雨虹、蒙娜丽莎、科顺股份；计算机、通信和其他电子设备制造业企业有 3 家，包括歌尔股份、鹏鼎控股、中科曙光；家具制造业企业有 1 家，为索菲亚；仪器仪表制造业企业有 1 家，为汇中股份；造纸和纸制品业企业有 3 家，包括太阳纸业、冠豪高新、山鹰国际；专用设备制造业企业有 2 家，包括大宏立、复洁环保（见表 21）。

　　社会价值评级能够反映一家公司持续发展和创造社会价值的能力。上述

16 家评级为 A 的制造业上市公司是制造业社会价值和标杆性企业的集中体现，也分别是制造业细分行业中的龙头企业，反映出公司的社会价值与其规模、盈利能力有一定的关联性。企业要多关心社会效益，带头承担应尽的社会责任；对于小企业而言，它们的贡献同样重要，每一个创业者的付出和收获都离不开社会的发展。

表 21　2021 年华证社会价值评级为 A 的制造业上市公司

代码	公司名称	社会评级	证监会行业
000726.SZ	鲁泰 A	A	纺织业
002056.SZ	横店东磁	A	电气机械和器材制造业
002078.SZ	太阳纸业	A	造纸和纸制品业
002241.SZ	歌尔股份	A	计算机、通信和其他电子设备制造业
002271.SZ	东方雨虹	A	非金属矿物制品业
002572.SZ	索菲亚	A	家具制造业
002918.SZ	蒙娜丽莎	A	非金属矿物制品业
002938.SZ	鹏鼎控股	A	计算机、通信和其他电子设备制造业
300371.SZ	汇中股份	A	仪器仪表制造业
300737.SZ	科顺股份	A	非金属矿物制品业
300865.SZ	大宏立	A	专用设备制造业
600433.SH	冠豪高新	A	造纸和纸制品业
600567.SH	山鹰国际	A	造纸和纸制品业
601877.SH	正泰电器	A	电气机械和器材制造业
603019.SH	中科曙光	A	计算机、通信和其他电子设备制造业
688335.SH	复洁环保	A	专用设备制造业

（三）装备制造业社会价值之总体评价

从纵向上看，装备制造业大部分子行业的平均分红、平均税收，2019 年因贸易摩擦而下降，在 2020 年都有所增加。但在 2021 年，各子行业呈现不同特点。铁路、船舶、航空航天和其他运输设备制造业在 2021 年除平均分红、平均财务费用小幅上升外，平均税收、平均就业人

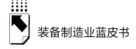

数、平均政府补助均大幅下降。这是由于其受疫情持续不断影响较大，行业盈利水平下降。

财务费用方面，2021年装备制造业子行业除铁路、船舶、航空航天和其他运输设备制造业外，各子行业的平均财务费用都有所下降（见表22）。这与制造业2021年的整体变动趋势一致。装备制造业的平均财务费用相对较低，这可能是装备制造业的外部融资约束造成的。研发创新活动周期长、不确定性高、投入高，研发过程中产生的产品和人力资本通常属于无形资产，无法通过抵押担保借债，财务费用相对较低。

横向对比，汽车制造业是平均分红最多的行业，但是装备制造业整体的分红比较低，低于制造业的平均水平，这是因为装备制造业需要大量的投资进行新项目的研发。

平均就业人数排在前三的行业是汽车制造业（9325人），铁路、船舶、航空航天和其他运输设备制造业（6873人），电气机械和器材制造业（5459人），这三个行业同时是平均政府补助排名靠前的。总体来说，装备制造业的平均就业人数较高，为社会提供了大量的就业岗位，同时装备制造业也具有技术含量高、研制难度大、资本密集度高的特点，政府补助的力度也是比较大的，高于制造业平均水平。

税收方面，汽车制造业、电气机械和器材制造业以及金属制品业是纳税较多的行业，平均每个企业贡献不低于1亿元的所得税，其他装备制造业的平均税收普遍较低（见表23）。一方面是因为享受了高新技术企业的税收优惠，另一方面是因为盈利水平偏低，纳税金额相应偏低。

表22 2019~2021年我国装备制造业上市公司细分行业社会价值情况（1）

单位：亿元

	平均政府补助			平均财务费用		
	2019年	2020年	2021年	2019年	2020年	2021年
汽车制造业	1.52	1.18	1.27	1.39	1.2	0.91
电气机械和器材制造业	0.52	0.61	0.53	1.06	0.98	0.88

	平均政府补助			平均财务费用		
	2019 年	2020 年	2021 年	2019 年	2020 年	2021 年
铁路、船舶、航空航天和其他运输设备制造业	0.83	1.12	0.75	1.07	0.59	0.66
计算机、通信和其他电子设备制造业	0.75	0.72	0.64	1.03	0.88	0.66
金属制品业	0.37	0.33	0.28	0.87	0.76	0.56
通用设备制造业	0.36	0.35	0.28	0.64	0.59	0.42
专用设备制造业	0.27	0.33	0.32	0.67	0.54	0.37
仪器仪表制造业	0.18	0.20	0.15	0.33	0.26	0.20
装备制造业平均	0.59	0.58	0.55	0.88	0.76	0.62
制造业平均	0.51	0.52	0.45	1.15	1.01	0.82

表23 2019~2021 年我国装备制造业上市公司细分行业社会价值情况（2）

单位：亿元，人

	平均分红			平均就业人数			平均税收		
	2019 年	2020 年	2021 年	2019 年	2020 年	2021 年	2019 年	2020 年	2021 年
汽车制造业	3.24	3.74	3.52	10165	9786	9325	1.00	1.11	1.13
电气机械和器材制造业	2.30	3.42	3.04	5311	5261	5459	0.95	1.05	1.10
铁路、船舶、航空航天和其他运输设备制造业	0.26	2.58	2.62	9548	8204	6873	1.14	0.95	0.64
计算机、通信和其他电子设备制造业	1.49	1.71	1.98	6183	5593	5425	0.60	0.53	0.60
金属制品业	1.10	1.17	1.29	4017	3887	3441	1.00	0.77	1.00
通用设备制造业	0.86	1.21	0.99	2822	2852	2652	0.37	0.37	0.31
专用设备制造业	1.09	1.65	1.46	2736	2679	2598	0.49	0.57	0.46
仪器仪表制造业	0.50	0.63	0.64	1593	1439	1331	0.19	0.25	0.18
装备制造业平均	1.74	2.09	2.03	5087	4796	4754	0.70	0.71	0.69
制造业平均	2.15	2.49	2.71	4871	4656	4432	0.97	1.01	1.15

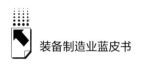

六 持续攀升全球价值链：中国制造业
上市公司之出口价值

在国内国际双循环相互促进的新发展格局之下，中国的制造业正在从过去的市场换技术、市场换资本转换成以市场换市场，我国企业和国外企业之间双向互利互惠的开放格局逐步形成。在中国逐步融入全球价值链分工体系并由以往的"低端嵌入"向价值链高端攀升的过程中，制造业上市公司扮演着重要的角色。本部分将从海外业务收入（绝对指标，反映上市公司绝对出口能力）、出口占比（相对指标，反映上市公司出口产品相对竞争力）和出口额增速（反映上市公司出口额的成长性）三个维度测算制造业上市公司的出口价值，并剖析各板块、各细分行业的出口状况。

（一）制造业出口价值之总体评价

由表24可知，2021年我国制造业上市公司海外业务收入为43439亿元，约占所有A股上市公司海外业务收入的69.38%；而2019年和2020年，我国制造业上市公司海外业务收入分别为27198亿元、32103亿元，分别占当年所有A股上市公司海外业务收入的56.22%、61.03%。考虑到2021年制造业上市公司总收入约占所有A股上市公司的36.26%，其创造的出口额显著高于A股其他门类的上市公司。从出口结构来看，当前我国主要出口产品为工业品，制造业上市公司自然应该占据A股上市公司出口贡献的主体地位。

表24 2019~2021年我国A股及制造业上市公司出口价值概况

单位：亿元，%

主要指标		海外业务收入	出口占比	出口额增速
2019年	所有A股	48375	9.72	10.76
	制造业	27198	16.56	−14.34
2020年	所有A股	52604	9.99	8.74
	制造业	32103	17.44	18.03
2021年	所有A股	62608	9.49	19.02
	制造业	43439	18.16	35.31

在出口占比方面，2021 年制造业上市公司产品出口占比为 18.16%，远高于 A 股上市公司的出口占比 9.49%。相比之下，中国制造业上市公司在海外市场的竞争力显著高于 A 股其他门类的上市公司，原因主要在于受我国过去出口导向型战略的影响，大量制造业上市公司本就把生产加工出口产品作为经营目标，以充分发挥中国制造的成本优势。随着 2020 年"双循环"战略的提出及 2021 年国际局势复杂多变，内需得到了更多重视，我国"两头在外"的经济模式逐步转型，在这一背景下，制造业上市公司的出口占比却依然实现持续上升，其原因包括：我国制造业上市公司深耕海外市场，在国际市场中竞争地位稳固；高端供给持续突破，中国制造业正在由以往的"低端嵌入"向价值链高端攀升；中国疫情控制卓有成效，复工复产速度远快于世界其他主要经济体，部分产品出口额大幅提升。

（二）制造业出口价值之分板块评价

从海外业务收入总和来看，A 股上市公司和制造业上市公司的数据都呈现"主板>创业板>科创板"的情况。2021 年，A 股上市公司中，主板上市公司创造的海外业务收入达到 54815 亿元，占 A 股上市公司创造海外业务收入的 87.55%；创业板和科创板上市公司创造的海外业务收入分别为 5660 亿元、2134 亿元，分别占所有 A 股上市公司创造的海外业务收入的 9.04%、3.41%。制造业上市公司中，主板上市公司创造的海外业务收入为 36513 亿元，占制造业上市公司创造海外业务收入的 84.05%；创业板和科创板上市公司创造的海外业务收入分别为 4897 亿元、2030 亿元，分别占制造业上市公司创造的海外业务收入的 11.27%、4.67%（见表 25）。

表 25　2021 年我国 A 股及制造业上市公司海外业务收入情况

单位：亿元

	主板	创业板	科创板
制造业	36513	4897	2030
A 股	54815	5660	2134

从平均海外业务收入角度来看，2021年A股主板上市公司平均海外业务收入达30.85亿元，高于制造业主板上市公司的25.44亿元；而在创业板、科创板，制造业上市公司的平均海外业务收入分别达到7.36亿元、7.99亿元，略高于A股上市公司的6.89亿元、7.26亿元（见表26）。说明相较于A股各板块上市公司，制造业创业板、科创板上市公司更具出口价值。

表26 2021年我国A股及制造业上市公司平均海外业务收入情况

单位：亿元

	主板	创业板	科创板
制造业	25.44	7.36	7.99
A股	30.85	6.89	7.26

从出口占比看来，A股与制造业上市公司的出口占比均呈现"科创板>创业板>主板"的规律，且在各个板块中A股上市公司的出口占比均低于制造业上市公司。2021年A股主板、创业板、科创板上市公司出口占比分别为8.80%、20.11%、24.39%；制造业各板块上市公司出口占比分别为17.27%、24.67%、25.67%（见表27）。通过比较出口占比这一相对指标，不难看出制造业上市公司的海外市场竞争力相较于A股整体更高；其中，科创板、创业板代表新兴产业的上市公司具备较高的出口占比，说明我国新兴产业出海顺利，高端供给持续突破，在国际市场上具有较强的竞争力，或将成为未来拉动我国外贸出口持续增长的重要动能。

表27 2021年我国A股及制造业上市公司出口占比情况

单位：%

	主板	创业板	科创板
制造业	17.27	24.67	25.67
A股	8.80	20.11	24.39

（三）装备制造业出口价值之总体评价

在我国制造业日渐受到制造强国和新兴市场经济体双重挤压的背景下，装备制造业，尤其是高端装备制造业国际竞争已成为当前及未来制造业国际竞争中的制高点。装备制造业上市公司的出口价值直接反映我国在新一轮科技革命、产业革命中所处的产业链位置和竞争力，具有重要意义。本部分将从平均海外业务收入、出口占比、出口同比增速等角度剖析我国装备制造业各细分行业的出口价值情况。

从平均海外业务收入看来，我国装备制造业大部分细分行业的上市公司平均海外业务收入呈现稳定增长的趋势。其中，2021年电气机械及器材制造业，计算机、通信和其他电子设备制造业，汽车制造业三个行业平均海外业务收入远高于制造业平均水平；金属制品业、通用设备制造业、仪器仪表制造业、专用设备制造业四个细分行业平均海外业务收入远低于制造业平均水平；铁路、船舶、航空航天和其他运输设备制造业平均海外业务收入与制造业平均水平基本持平。

从出口占比看来，2021年电气机械及器材制造业与计算机、通信和其他电子设备制造业两大行业的上市公司出口占比均超过20%；专用设备制造业出口占比和制造业平均水平基本持平；其他细分行业均低于制造业平均水平。

从出口同比增速看来，2021年专用设备制造业，金属制品业，计算机、通信和其他电子设备制造业，电气机械及器材制造业等行业的上市公司分别实现972.06%、10.53%、9.81%、9.74%的同比增长（见表28）。

表28　2019~2021年我国装备制造业上市公司细分行业出口价值情况

单位：亿元，%

	平均海外业务收入			出口占比			出口同比增速		
	2019年	2020年	2021年	2019年	2020年	2021年	2019年	2020年	2021年
电气机械及器材制造业	25.37	27.22	29.87	27.41	28.85	27.06	-10.62	7.29	9.74

	平均海外业务收入			出口占比			出口同比增速		
	2019 年	2020 年	2021 年	2019 年	2020 年	2021 年	2019 年	2020 年	2021 年
计算机、通信和其他电子设备制造业	25.77	28.94	31.78	31.53	35.51	37.58	−25.51	12.30	9.81
金属制品业	8.97	7.72	8.53	15.69	13.14	11.67	0.54	−13.94	10.49
汽车制造业	31.04	30.70	31.85	14.39	15.05	16.68	−7.26	−1.10	3.75
铁路、船舶、航空航天和其他运输设备制造业	20.21	18.85	19.52	13.54	12.83	13.87	1.04	−6.73	3.55
通用设备制造业	6.61	6.92	7.32	14.71	14.54	15.34	−19.21	4.69	5.78
仪器仪表制造业	1.65	2.09	1.87	11.52	14.30	12.74	−21.51	26.67	−10.53
专用设备制造业	0.67	0.68	7.29	18.31	17.14	18.18	−11.65	1.49	972.06
制造业平均	15.84	16.38	18.45	16.56	17.44	18.16	−14.34	3.41	12.66

综观我国制造业上市公司海外业务情况，2021 年我国海外业务收入排名前 20 的制造业上市公司有 3 家属于电气机械和器材制造业，8 家属于计算机、通信和其他电子设备制造业，4 家属于汽车制造业，1 家属于黑色金属冶炼和压延加工业，2 家属于化学纤维制造业，2 家属于化学原料和化学制品制造业。20 家上市公司中 75% 属于装备制造业（见表 29）。

计算机、通信和其他电子设备制造业、电气机械和器材制造业上市公司呈现高出口额、高出口占比、高增长的特征。作为我国出口额最高的工业制成品品类，机电产品出口额维持着持续上升的趋势，即使处于全球总体贸易形势不太景气的背景下，受益于大数据、5G 时代背景下我国高新技术不断突破与规模应用，机电产品贸易额仍然能够实现快速增长。

由于国产中低端车系具备显著的性价比优势且车企普遍收入体量较大，在装备制造业中汽车制造业平均海外业务收入最高，在国内新能源汽车高速发展的背景下，中国汽车制造业上市公司有望进一步扩大国际市场份额。

金属制品业、通用设备制造业、仪器仪表制造业以及专用设备制造业上市公司侧重资源、劳动密集型产品，技术壁垒较低，在我国出口结构向资本与技术服务密集型产业倾斜的背景下，这四个细分行业出口贡献普遍低于制造业平均水平，出口价值相对较低。

表29　2021年我国海外业务收入排前20名的制造业上市公司

单位：亿元

排名	证券简称	海外业务收入	所属细分行业
1	立讯精密	1434.53	计算机、通信和其他电子设备制造业
2	美的集团	1376.54	电气机械和器材制造业
3	京东方A	1254.59	计算机、通信和其他电子设备制造业
4	海尔智家	1147.26	电气机械和器材制造业
5	潍柴动力	856.54	汽车制造业
6	万华化学	708.32	化学原料和化学制品制造业
7	歌尔股份	700.68	计算机、通信和其他电子设备制造业
8	比亚迪	639.07	汽车制造业
9	TCL科技	587.98	计算机、通信和其他电子设备制造业
10	上汽集团	567.34	汽车制造业
11	冠捷科技	499.27	计算机、通信和其他电子设备制造业
12	传音控股	485.36	计算机、通信和其他电子设备制造业
13	宝钢股份	383.83	黑色金属冶炼和压延加工业
14	隆基绿能	379.50	电气机械和器材制造业
15	中兴通讯	364.55	计算机、通信和其他电子设备制造业
16	蓝思科技	356.35	计算机、通信和其他电子设备制造业
17	均胜电子	341.66	汽车制造业
18	恒逸石化	332.82	化学纤维制造业
19	荣盛石化	320.61	化学纤维制造业
20	安道麦A	310.39	化学原料和化学制品制造业

改革开放以来，经过40多年的快速发展，我国制造业得到长足进步，在国际上的地位稳步提升。中国制造业出口价格指数显示，过去几年中国制造业产品出口价格指数均同比上升，而且这是在全球经济下行、全球尤其是美国贸易保护主义盛行的背景下取得的。我国制造业整体出口形势向好，竞争力优势明显。

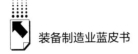

2021年，我国制造业上市公司出口情况主要呈现如下几大特征。

第一，面对新冠疫情的持续冲击，我国制造业上市公司展现了较强的竞争力和韧性。2021年，在全球经济受到疫情持续冲击的情况下，我国制造业上市公司出口额增速逆势提升，显著高于A股上市公司整体水平。以上成绩的取得来之不易，很大程度上是因为中国制造业的竞争力更强，在世界范围内的韧性也更强。

第二，我国制造业上市公司呈现从"低端嵌入"到向价值链高端攀升的发展模式。改革开放以来，我国通过发挥劳动力等传统低成本优势，抓住经济全球化发展带来的重要战略机遇，较快、较全面地融入了以跨国公司为主导的发达国家全球价值链分工体系。出口结构由以资源密集型产业和劳动力密集型产业为主逐步向以资本和技术服务密集型产业为主转变，这是因为随着我国制造业竞争力的提升，我国制造业在全球产业价值链中的地位得到提高，对世界制造业的外溢影响逐步加大。我国制造业在国际分工体系中的地位随着高端供给的不断突破而不断提高，从而奠定了制造业上市公司出口能力不断加强的基石。

第三，新兴产业和高新技术上市公司优势凸显。综合考量制造业上市公司的出口能力，代表新兴产业、科技创新的创业板、科创板上市公司表现显著优于主板上市公司，计算机、通信和其他电子设备制造业与电气机械和器材制造业等面向新一代技术革命的细分行业表现显著优于其他赛道。

当前，全球制造业产业格局正在发生重大调整，"逆全球化"暗流涌动，产业价值链呈现"缩短"趋势，发展中国家创新能力提升，人工智能等高科技不断成熟，我国制造业面临内外环境各种变化下的新机遇和新挑战，制造业上市公司出口价值的重要性将不断提升。

B.11
装备制造行业技术创新企业发展报告

蔡 鑫 吕汉阳 梁永胜*

摘　要： 本报告分别对东方电气股份有限公司、中国商用飞机有限责任公司、国机智能技术研究院有限公司三家装备制造业企业的基本情况、技术创新情况和技术创新经验进行了分析。结果表明，这三家企业在技术创新过程中均坚持政策导向和市场导向，在构建科研机制、探索合作模式、推动智能制造、创新人才评价、打造产品体系等方面制定了新的管理制度，对装备制造业企业技术创新和管理方法改进具有重要借鉴意义。

关键词： 装备制造业　技术创新　创新经验

　　2022年12月，国务院国资委网站公布央企十大国之重器。首台完全自主知识产权的F级50兆瓦重型燃气轮机正式发运，国产大飞机C919正式进入中国民航运输市场。这是中国自主研发技术突破性进展取得的璀璨成果。2023年2月，工业和信息化部公示了2022年工业互联网试点示范名单。iMOM工业互联网平台机械行业质量管控解决方案等试点示范项目的推进，对我国装备制造业形成智能化发展的新兴业态和应用模式、深化"互联网+先进制造业"、推进制造强国建设有重要支撑作用。本报告分别对东方电气股份有限公司、中国商用飞机有限责任公司、国机智能技术研究院有限公司

---
　　* 蔡鑫，博士，机械工业经济管理研究院产业经济研究所助理研究员，主要从事产业经济、国际贸易、乡村振兴等研究；吕汉阳，博士，国务院国资委研究中心创新发展处处长；梁永胜，机械工业经济管理研究院标准创新研究所副所长、区域经济研究室主任。

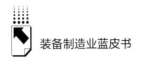

三家装备制造业企业的基本情况、技术创新情况和技术创新经验进行了分析，以期对装备制造业企业技术创新和管理方法改进提供借鉴。

一 东方电气股份有限公司

（一）企业基本情况

1. 企业介绍

东方电气股份有限公司（以下简称"东方电气"）是全球最大的发电设备研究开发制造基地和电站工程承包特大型企业之一。以大型能源装备的开发、设计、制造、销售、服务为基础，东方电气积极主动对接服务国家战略，紧抓碳达峰碳中和战略机遇，持续优化"六电并举"（风电、太阳能发电、水电、核电、气电和火电）和"五业协同"（节能环保、工程与国际贸易、现代制造服务、电力电子与控制、新兴成长产业）的产业格局，拥有科技创新能力强、产业结构完善、制造及服务能力先进、营销体系健全、市场开拓能力强、人才队伍素质高、品牌影响力大等优势。

2. 产品介绍

围绕"双碳"目标，东方电气对接落实以新能源为主体的新型电力系统建设需求，持续推进产业绿色低碳转型，积极布局和推进氢能源、储能等新能源产业，大力发展风电、水电、太阳能发电、核电等清洁能源。在能源领域，东方电气拥有100万千瓦水力发电机组、135万千瓦火力发电机组、175万千瓦核能发电机组、13兆瓦风力发电机组及重型燃机机组、太阳能光热等发电设备产品的研发、设计和制造的专有技术。在节能环保领域，东方电气具有大气治理、固废处理、水处理等环保解决方案和工业节能解决方案，工程EPC、综合能源服务业务，"智能+"产品供给和运维、改造以及金融支持服务，工业控制系统产品和解决方案，能够提供制氢加氢和储能系统方案，具备高端化工装备研制能力，产品结构较为完善。

（二）技术创新情况

1. 企业技术创新战略

东方电气坚持以创新引领铸大国重器，围绕产业绿色低碳转型和数字化转型需要，大力推进智能制造转型工程，强化协同创新平台建设，以数字技术推动业务变革，进一步完善科技创新体制机制，持续提高研发经费投入和精准度，加快突破关键核心技术，积极打造原创技术策源地，与分布于各地区的产品开发机构共同形成了"多层互动、内外统筹"的科技创新体系。

2. 企业技术创新成果

近年来，东方电气聚焦国家战略，与 70 余家企业成立先进电力装备等 4 个创新联合体，科技创新能力稳步提升，技术创新成果丰硕。其研制的白鹤滩水电站首批机组安全准点投产发电，风电机组取得单机容量亚洲海上最大、陆地国内最大、安装世界海拔最高三个第一，G50 燃机首台（套）示范项目落地，"华龙一号"全球首堆投入商运。[①]

（三）技术创新经验总结

1. 构建高效科研机制

东方电气注重在研发投入保障、人才引培、研发平台建设等方面下功夫，构建了高效的科研机制。一是公司研发经费投入占营业收入的比重在 2021 年达到 5.82%，远远超过央企平均水平。二是通过将科研机构改为企业，完善科技人才引进和培养评价机制，建立科研人员专项奖励基金，构建三级科研人才队伍体系，即"青年骨干、优秀人才、专业带头人"。三是把中央研究院建成东方电气顶层研发平台、技术创新中心、科技成果孵化中心和科技人才高地。

2. 探索创新合作模式

围绕前沿技术和市场需求，东方电气积极开展与高等院校、世界 500 强企业的协同创新和产业对接。与华中科技大学等高校联合组建了多家联合研

[①] 《东方电气获 2020 年度国家科学技术进步奖》，《东方电气评论》2021 年第 4 期。

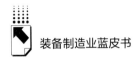

发机构，包括能源装备工控网络安全工程实验室、"东方电机技术研究中心"和"5G+高端能源装备联合实验室"；与中国移动、华为、诺基亚贝尔等知名企业签署了全面战略合作协议，旨在共同攻克智能制造关键核心技术，搭建产业互联网平台，打造产学研用产业链创新合作模式。[①]

3. 着力推动智能制造

东方电气大力推进智能制造转型工程，拥有先进的装备产品智能化研制能力。持续推进数字化转型升级，建成 7 个数字化车间、1 个无人车间，其中发电装备行业首个定子冲片"无人车间"实现人均产出提升 620%，能源利用率提高 56.6%，劳动强度降低 90% 以上，实现了由传统"人机生产制造"向"智能生产制造"的转变。完成锅炉集箱焊缝数字射线检测系统建设应用，制定国内首个应用于超小径管相控阵检测标准。实现风电叶片制造设备信息数字化联网，物料管理系统智能记录和监控，成型过程缺陷自动识别。同时，公司在自身智慧化管理、智能化生产基础上，具备提供发电主机设备智能化升级服务、工业智能制造服务能力，助力发电领域和工业领域的自动化、智能化转型升级。

二　中国商用飞机有限责任公司

（一）企业基本情况

1. 企业介绍

中国商用飞机有限责任公司（以下简称"中国商飞"）成立于 2008年，总部设在上海，以民机及相关产品的科研、生产、试验、试飞为主业，具体包括民用飞机的销售、服务、租赁和运营等，是我国实施大型飞机重大专项中大型客机项目的主体，是实现我国民机产业化的主要载体。[②]

[①] 东电：《东方电气：在数字化智能化升级中踏浪而行》，《电力设备管理》2020 年第 5 期。
[②] 《中国商飞公司简介》，中国商飞网站，http://www.comac.cc/gywm/gsjj/。

2. 产品介绍

中国商飞目前同时研制和生产三种机型，即俗称"商飞三剑客"的 ARJ21（窄体支线客机）、C919（窄体干线客机）和 CR929（宽体干线客机）。"商飞三剑客"体现了大飞机发展的层次递进关系。ARJ21 窄体支线飞机是我国第一款中短程新型涡扇支线客机，按照国际民航规章规定自主研制，并拥有自主知识产权，目前已在航线上正式运营。C919 窄体干线客机是按照国际通行的适航标准研制的我国第一种具有自主知识产权的喷气式干线客机。中国民用航空局于 2022 年 9 月 29 日颁发型号合格证，全球首架于 2022 年 12 月 9 日交付。CR929 宽体干线客机是在广泛满足全球国际和地区间航空客运市场需求的同时，由中俄联合研制，以中俄和独联体市场为切入点的双通道民用飞机。

（二）技术创新情况

1. 企业技术创新战略

中国商飞坚持以产业链构建创新链，持续优化大飞机创新生态，推进融合创新和开放创新，全力打造更安全、更经济、更舒适、更环保的商用飞机，以"发展民机、壮大产业、开拓创新、勇创一流"的发展方针和"自主研制、国际合作、国际标准"的技术路线，矢志让中国大型客机翱翔蓝天。[1]

2. 企业技术创新成果

中国民用航空局于 2022 年 9 月 29 日在北京首都机场举行仪式，正式将 C919 飞机型号合格证颁发给中国商飞。这标志着我国首架完全按照国际先进适航标准研制、符合《中国民用航空规章》第 25 部《运输类飞机适航标准》（CCAR-25-R3）要求、能够参加民用航空运输活动的喷气式干线客机，通过了中国民用航空局适航审定。[2] 此外，在人机共驾智能飞行研究平

---

[1] 《中国商飞发展战略》，中国商飞网站，http://www.comac.cc/gywm/gsjj/。
[2] 矫月、李乔宇、殷高峰：《自主创新铸就国之重器 国产大飞机追梦成功》，《证券日报》2022 年 10 月 4 日。

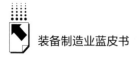

台、航电系统装备及材料标准件、5G 应用场景等多个领域，中国商飞也有较高成就。

（三）技术创新经验总结

1. 创新人才评价机制

中国商飞实施的"万人精兵工程""千人骨干计划"等人才识别与评价工程，以发现和培养更多忠诚于大飞机事业的人才为目标，着力构建以创新能力为先导，以质量和贡献为导向的人才评价体系。中国商飞借鉴国内外团队建设经验，以咨询机构专业测评理论、方法工具和大数据分析能力为依托，全方位、多角度、立体式地打造人才素质能力模型和识别骨干人才的能力模型。模型结合公司发展需要和商用飞机高端复杂产品实际，充分考虑工作属性、人岗匹配等因素，综合运用内容分析、相关性分析等方法，形成人才分类、评价指标萃取、素质能力重组赋权等人才评价集成方案。

2. 建设大飞机创新谷

为贯彻落实习近平总书记关于大飞机重要指示精神，中国商飞提出建设大飞机创新谷、打造与产业紧密协同的科技创新平台的应对策略。于 2019 年 9 月 29 日正式开谷。大飞机创新谷致力于成为大飞机科技创新的引领者、大飞机产品实现的助推者，成为上海科创中心的重要组成部分，以建设具有全球影响力的大飞机科技创新中心为愿景。围绕"强基础、强弱项、补短板、筑优势、可持续"，建设航空科学中心、绿色发展中心、知识产权中心、专业能力特区"三中心一特区"。[①] 大飞机创新谷主要聚焦大飞机研发过程中关键核心技术的自主可控，目的在于打造大飞机创新人才、创新装置、创新机构等要素的集聚地。[②]

---

① 《大飞机创新谷介绍》，《民用飞机设计与研究》2021 年第 2 期。
② 《航飞学院赴上海飞机设计研究院大飞机创新谷学习交流》，上海工程技术大学网站，2021 年 11 月 12 日，https：//www.sues.edu.cn/56/f4/c17462a218868/page.htm。

3.完善协同创新体系

为了打造中国民机品牌，中国商飞最大限度地集聚国内外资源，建立了民机产学研一体化的研发体系，确立了"主制造商—供应商"的模式。在国内合作方面，民机产业链已经成型，涉及 22 个省区市 200 多家企业近 20 万人。在 C919 的研制过程中，先后有近 40 所高校的数百名师生参与，承担了大型客机的多项攻关课题。中国商飞已经形成了产学研用一体化的大飞机技术研发体系，通过与军工企业和科研院所紧密合作，在大飞机设计试验、飞控系统和综合保障等关键环节均有所突破。在国际合作方面，中国商飞与俄罗斯联合航空制造集团公司合作，构建 CR929 大飞机研发创新体系，实现中国大飞机"走上去"发展战略。

三 国机智能技术研究院有限公司

（一）企业基本情况

1.企业介绍

国机智能技术研究院有限公司（以下简称"国机智能研究院"），隶属于世界 500 强、中央直管大型央企中国机械工业集团有限公司（以下简称"国机集团"），是国机集团旗下国机智能科技有限公司（以下简称"国机智能"）的下属企业。国机智能研究院以"数字赋能发展 智造引领未来"为企业使命，着力研究工业软件、智能装备关键核心技术，重点发展智能制造、工业互联网相关技术产品与系统集成业务，致力于为客户提供以工业软件及智能装备为核心的系统解决方案，① 是国内一流的智能制造系统解决方案供应商。

2.产品介绍

国机智能研究院的主要产品及业务涵盖咨询规划、工业软件及智能装备

---

① 《企业介绍》，国机智能技术研究院有限公司网站，http：//www.sinomiti.com/gywm/qyjs/。

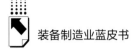

等。在咨询规划方面，主要面向智能工厂顶层设计，提供信息化管理及自动化改造的咨询服务，以助力制造业企业走总体规划、分步实施的智造转型路线；在工业软件方面，研发有 iMOM 智能制造运营管理系统平台化产品，该产品及相应的数字化车间/智能工厂解决方案已在机械、电力、医药、汽车、新材料等行业领域成功实施并示范应用；在智能装备方面，自主品牌智能机器人及相关伺服、视觉产品的能力已在轨道交通、国防军工等领域应用中得到验证，凭借优秀的设计、实施能力面向带电作业、化学流体灌装、真空环境作业、精密零部件组装、智能检测等场景，围绕机器人平台技术应用，提供了多领域的智能装备集成化、系统化、工程化应用示范。

（二）技术创新情况

1. 企业技术创新战略

国机智能研究院立足于国机集团和国机智能面向现代制造服务业的产业协同优势，通过搭建技术创新平台、构建技术协同体系、汲取行业市场需求、攻关短板软件及装备，充分运用智能制造、工业互联网技术，融合运用 5G、人工智能、数字孪生等赋能手段，在研发共性、关键技术基础上开发面向市场且应用性较强的系列化产品，为客户提供包含智能工厂方案咨询规划、智能制造运营管理工业软件及信息系统集成、基于机器人核心技术的智能装备单元与系统集成在内的综合性智能制造解决方案，着重以"MT+IT+OT"（"管理技术+信息技术+控制技术"）技术理念打造系统解决方案。

2. 企业技术创新成果

国机智能研究院凭借出色的技术实力和创新能力，在平台建设、人才培养、知识产权、标准制定、体系认证、科技项目、行业奖项等方面建树颇丰。核心技术产品形成自主知识产权 100 余项，积极承担国家重点研发计划、智能制造综合标准化与新模式应用、工业互联网创新发展工程、国机集团科技专项等 20 余项任务，牵头、参与形成 10 余项国家、行业、团体标准，获得中国机械工业科技进步二等奖、中国机械工业集团科学技术奖二等奖、首届智能制造创新大赛全国二等奖、金砖国家工业创新大赛全国二等奖、新一代人工智能产业创新重点任务揭榜优胜、新一代信息技术与制造业融合发展试点示范等殊荣。

（三）技术创新经验总结

1.坚持以智能制造为主攻方向，不断突破关键核心技术

国机智能研究院始终以智能制造为主攻方向，不断突破关键核心技术，持续深化智能装备集成控制、视觉、力觉技术面向特定场景、特种工艺、特殊环境，应用并研发系统解决方案，持续深耕国内 MOM 领域，研发关键领域机理模型和工业算法，充分发挥工业知识软件化能力，融合工业互联网、5G、人工智能、数字孪生等新技术应用，面向关系国计民生和新兴战略性产业高端制造领域提供智能制造系统解决方案，致力于为制造业数字化转型升级与高质量发展提供国机方案。

2.形成平台化核心产品体系，打造"双智能"技术发展优势

国机智能研究院围绕 MES/MOM 工业软件和机器人智能装备的研究开发，形成了平台化、系列化、行业化的核心技术产品体系。工业软件方面，自主研发的 iMOM 平台产品以自主可控的 iOAP（智能开放应用平台）软件架构平台为基础，在特定的工业场景中形成特定的核心算法和制造模式。为了应对不同企业的个性化需求，iMOM 平台提供了低代码 IDE 开发平台，提高产品对不同制造业企业的适配性。自主知识产权的软件平台，融合信息技术与管理技术，将运营管理与工艺装备相集成，建立数字化通路、减少信息孤岛。智能装备方面，国机智能研究院在智能机器人领域，掌握核心技术、关键技术、平台技术、工程应用技术，能够快速开发具有良好的可配置、可组合、可拓展的系列智能机器人，同时基于自主机器人平台技术，可面向特定工艺过程需求，深挖自动化技术与工艺过程改造的结合点，面向多领域的自动化改造与工艺优化过程，结合复杂环境机器换人需求，融合智能感知、决策、控制等要素进行创新集成。真正做到了以自主研发的工业软件及智能装备平台产品为基础，形成一软一硬"双智能"驱动的创新发展模式。

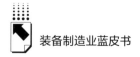
3. 潜心组建科技型研发团队，致力于智能产业数字化蓄能

国机智能研究院通过搭建技术创新平台、构建技术协同体系、汲取行业市场需求、攻关短板软件系统，会集一批以工业管理技术、工业软件技术和自动化集成技术见长的高素质人才，组建工业软件以及智能装备创新团队。团队通过科研成果的创新填补了机械行业智能制造转型技术体系相关关键技术的缺失，研究产生的相关软著、专利、论文、标准等知识产权成果的公开推广应用将改变机械行业在智能制造转型过程中缺少关键技术支持的状况。自主研发的平台产品成功推广应用到农机装备、电力装备、机床工具等多个领域，帮助用户企业实现了生产效率提升、运营成本降低、产品不良率降低、能源利用率提升，得到了良好的应用验证，发挥了标杆示范作用。

4. 深耕高端装备制造领域，打造智能制造示范应用案例

国机集团是科技创新的引领者、机械工业的排头兵，在智能制造领域有产业链协同和技术创新优势，作为国机集团智能制造技术的支撑单位，国机智能研究院始终坚持以工业软件平台及行业解决方案服务高端装备制造业企业，助力其实现智能化转型升级以及持续性高质量发展。通过多年的积累和沉淀，国机智能研究院已经开发了数十个智能工厂和数字化车间的建设项目，在农机装备、纺机装备、电气设备、机床工具、精密基础件等多个领域实现了智能制造新模式示范应用，在高端装备制造领域客户中树立了口碑，通过示范引领带动了相关行业智能制造转型升级，取得了重大经济效益和社会效益。

小 结

自主创新是装备制造业企业发展的关键。东方电气股份有限公司、中国商用飞机有限责任公司、国机智能技术研究院有限公司在技术创新过程中均坚持政策导向和市场导向，在构建科研机制、探索合作模式、推动智能制造、创新人才评价、打造产品体系等方面制定了新的管理制度，发挥技术创新在企业发展中的先导作用，走出了一条创新驱动、结构优化的发展新路。

专 题 篇
Special Reports

B.12
国际装备制造业发展报告

王 茜　张菁如　戚 悦[*]

摘 要： 2021年，装备制造业呈现智能化升级、绿色化转型、服务化延伸的发展趋势，全球制造业复苏动能趋缓。从全球分布来看，2021年装备制造业领域仍以美国、德国、日本三国为龙头，美、德两国装备制造业的工业增加值均出现大幅增长，日本制造业的营业利润和企业运营状况均出现复苏；国际贸易方面，2021年美国装备制造业的贸易逆差持续扩大，德国装备制造业的进出口额明显提升，贸易顺差扩大，日本装备制造业的出口额在制造业出口额中占比较大。在相关政策措施上，各国积极抢占战略制高点，主要着眼于提升本国制造业竞争力，增强产业链供应链韧性，促进产业清洁发展，在数字技术方面进行布局。从科技创新形势来看，美、德、日三国都在多个领域实现了突破，如研制新型机器人、开发无人驾驶技术、培

---

    * 王茜，博士，助理研究员，机械工业经济管理研究院产业经济研究所副所长，主要从事工业经济、投资经济、政府采购研究；张菁如，博士，机械工业经济管理研究院产业经济研究所助理研究员，主要从事产业经济、科技政策等研究；戚悦，博士，国务院国资委研究中心国际合作研究处副处长。

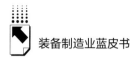

育高端医疗装备、建设智能工厂等。在产业分布上，美国的产业分布于三大带状地区，德国的产业分布均衡，优势企业多集中在原西德地区，日本的产业主要分布于五大工业区。

关键词： 国际装备制造业 美国 德国 日本

一 国际装备制造业发展概况

2021 年，全球制造业总体保持稳步回升，但力度有所减弱。向智能化、绿色化和服务化转变的趋势在装备制造业中已经显现。

（一）国际制造业复苏动能有所放缓

中国物流与采购联合会发布的关于全球制造业 PMI 指数显示，2021 年全球制造业 PMI 指数的平均值为 56.1%，高于 2020 年和 2019 年的水平，说明制造业维持回升态势。从月度数据看，自 3 月起，PMI 指数整体呈现下降态势，说明制造业复苏动能放缓（见图 1）。

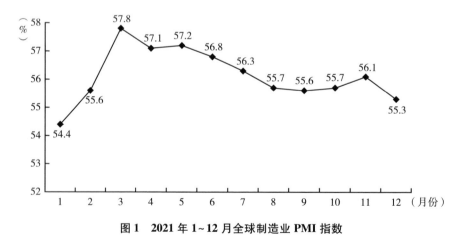

图1 2021 年 1~12 月全球制造业 PMI 指数

资料来源：中国物流与采购联合会。

（二）智能制造加速传统生产模式升级

新一代信息技术与先进制造技术的深度融合，催生了智能制造。自动化、集成化、信息化已成为装备产业发展的重要路径，而这一模式正是智能制造模式的重要组成部分，也是当前装备产业发展的重要方向。智能制造对传统生产方式进行升级主要围绕以下几个方面。一是利用自动化设备，在目标设定完成之后，使机械设备、系统或生产、管理过程完成自动检测，自动进行信息处理、分析判断以及操纵控制，全程均无人参与；二是采用一站式一体化生产系统，对硬件、软件、应用技术及配套设备进行深度整合，提高生产效率，同步实现服务一体化，包括在线监控、远程诊断和云服务；三是实现装备信息化管理，在装备中"嵌入"传感技术、计算机技术和软件技术，完成装备性能提升。

（三）产品和技术绿色低碳发展趋势显著

传统装备工业在生产运行中，排放了大量的温室气体，从世界范围来看，装备制造业的低碳转型是实现碳中和的关键。目前，装备制造业的绿色发展在全球范围内得到了多方面的推动。一是大力开发清洁能源，能源供给逐步从传统的高碳排放的化石能源转向清洁高效的可再生能源；二是培育和发展节能环保装备制造业，加强技术装备及产品的标准体系建设，巩固创新开发及产业化应用，不断增强先进节能环保技术装备的供给和利用，促进企业降低能耗、降低成本、提高效益；三是强化核心关键技术的开发与应用，增加对绿色技术、绿色工艺与装备等领域的研发投资，加速构建绿色产业技术支撑体系；四是促进绿色产业国际合作，加快绿色低碳技术、装备与产业等方面的合作。

（四）企业朝"产品+服务"方向转型

传统的装备制造业企业以生产制造设备为主要目标，当前正逐步朝"制造+服务"方向转型。一方面是纵向拓展价值链，指的是装备制造业企业在保留原有的生产制造环节之外，在产业链中向上、向下拓展服务环节，把服务环节的增值活动整合到自身的价值链中，如设计、销售、维修安装及养护服务等与生产制造密切相关的业务；另一方面是价值链的横向扩展，强调的是巩固核心的增值活动环节，从而使主营业务多元化，为原有产业提供新的经营领域以及利润增长点，如现代物流、技术咨询、金融投资及其他与保障企业正常生产密切相关的生产性服务业。

二　美国装备制造业发展概况

（一）工业增加值累计额保持稳定增长态势，比重稍有下降

2021 年美国装备制造业①工业增加值为 8947 亿美元，同比增长 4.23%。从季度数据来看，2021 年第一和第二季度，美国装备制造业工业增加值累计额占美国整个制造业工业增加值累计额的比重保持稳定，均略高于35.00%。第三和第四季度的占比出现小幅下滑，第四季度占比降至最低，达 32.96%（见图 2）。

分行业来看，2021 年，美国装备制造业各个子行业的工业增加值累计额始终保持稳定态势，整体波动幅度较小。其中，计算机和电子产品行业的工业增加值累计额最多，累计达到 1361.8 亿美元。排第 2 名的是机动车、拖车及零件行业，机械设备行业、其他交通运输设备行业则排第 3 名、第 4 名。工业增加值累计额最少的是电气设备、电器及用品行业，为 277.7 亿美元（见图 3）。

从增速来看，2021 年全年，美国装备制造业中的其他交通运输设备行业，机械设备行业，机动车、拖车及零件行业各季度工业增加值累计额的同比增速波动较大，第二季度的其他交通运输设备行业工业增加值累计额的同比增速最高，达到 10.36%。第三季度大幅下滑至 1.53%，第四季度继续下滑至 1.22%，下滑幅度较大。前两个季度机械设备行业工业增加值累计额增速保持稳定，第三季度增速大幅回落，第四季度增速出现明显回升，升

---

① 美国装备制造业包括以下 5 个行业：机械设备，计算机和电子产品，电气设备、电器及用品，机动车、拖车及零件，其他交通运输设备。

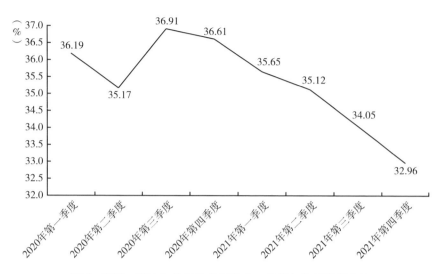

图2 2020~2021年美国装备制造业工业增加值累计额占比

资料来源：美国经济分析局。

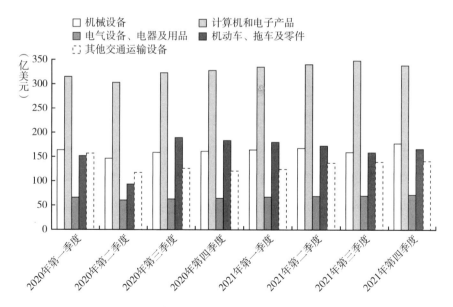

图3 2020~2021年美国装备制造业子行业工业增加值累计额

资料来源：美国经济分析局。

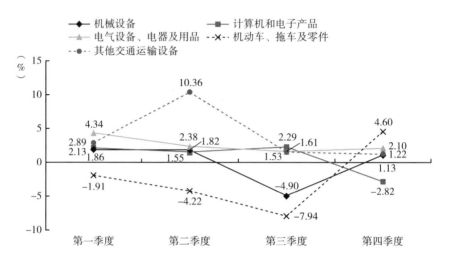

至1.13%。机动车、拖车及零件行业工业增加值累计额在前三个季度均呈现负增长，第三季度的同比增速最低，为-7.94%，第四季度呈现大幅回升，升至4.60%。电气设备、电器及用品，计算机和电子产品行业各季度同比增速较为稳定（见图4）。

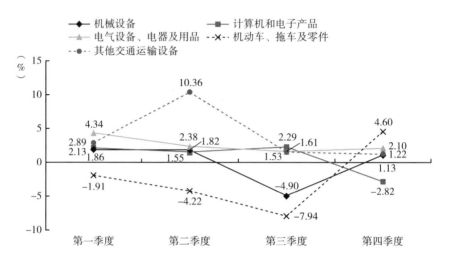

图4 2021年美国装备制造业子行业工业增加值累计额各季度同比增速

资料来源：美国经济分析局。

（二）进出口总额同比上升，逆差趋于增大

2021年，美国装备制造业进出口总额为21135.99亿美元，同比增加17%，同比增速较2020年上升28.52个百分点。出口总额达7474.40亿美元，同比增长14.15%；进口总额达13661.59亿美元，同比上涨了18.62%。2021年，美国装备制造业依旧处于贸易逆差状态，逆差额达6187.19亿美元，较2020年增加了1217.27亿美元（见图5）。

（三）发布多项政策推动制造业回流、保障供应链稳定、发展清洁能源

1. 发布《关于确保未来由美国工人在美国制造》，推动制造业回流

2021年1月25日，美国总统拜登颁布《关于确保未来由美国工人在美

图 5　2013~2021 年美国装备制造业进出口贸易情况

资料来源：https：//www.trademap.org。

国制造》的第 14005 号行政令。该行政令旨在加强政府在联邦合同签约中优先选择在国内进行采购的供应商，同时管理与预算办公室及总务管理局要建立监督和报告机制，以确保符合《购买美国产品法》（BAA）要求，从而加强国内制造业生产并为新技术创造市场。

该行政令还旨在重振美国的汽车制造业，确保美国在电动汽车及其原材料、零部件制造业领域的领导地位。美国将积极推动工厂扩建，以及实现现有制造能力的再利用，并在汽车制造业、汽车供应链以及基础设施领域提供100 万个新的工作岗位。另外，美国将以联邦采购的形式加大对美国制造及采购的清洁汽车的需求。

2. 发布《建立弹性供应链、振兴美国制造业和促进广泛增长》，加强供应链韧性

2021 年 6 月，拜登政府发表了"百日评估"报告，题为《建立弹性供应链、振兴美国制造业和促进广泛增长》。报告全面审视了半导体制造与先进封装、大容量电池、关键矿产与原材料、药品与原料药四大关键领域，分析了各产品供应链的潜在风险，提出了重建美国制造与创新能力的政策建议，培育市场发展环境，增加政府采购与投资，完善国际贸易规

则，加强国际合作，加强监测预警，并对产品供应链的风险隐患进行全面评估。

3. 多措并举促进国内清洁能源发展

目前，在碳排放总量中，美国工业制造工艺的碳排放占到了近1/3。拜登总统推动国会进行清洁能源投资和减税，以加强美国在清洁制造方面的领导地位。

一是大力推广使用清洁型氢气。对于钢铁制造等难以脱碳的行业来说，清洁氢气能减少废气排放，显得尤为重要。美国能源部发布了《两党基础设施法》（Bipartisan Infrastructure Law），明确未来将投资80亿美元用于区域清洁氢项目，10亿美元用于清洁氢气的电解计划，5亿美元用于研发项目的清洁氢气制造和循环利用。

二是启动"购买清洁产品"（Buy Clean）计划。根据美国总统2021年12月关于联邦可持续发展行政命令的指示，环境质量委员会和白宫国内气候政策办公室成立了购买清洁产品任务工作组，该工作组将说明如何促进联邦购买清洁材料以及可能造成的污染，对联邦政府采购提供参考。

三是碳捕获、利用和封存（Carbon Capture, Utilization, and Sequestration, CCUS）技术的有效推广。美国环境保护署正在制定规则，以完善温室气体报告计划和提高CCUS活动的透明度。

（四）创新产品和技术不断取得突破

1. 航空装备不断发展

航空技术与人工智能融合不断深化。美国"天空博格人"项目利用自主核心系统搭载人工智能技术的"鲭鲨"无人机进行飞行试验，对有人、无人协同能力进行进一步探索。

在绿色航空方面，美国支持可持续航空技术开发，并计划开展大型混动高效能技术验证机项目的开发，该项目将整合多项尖端绿色航空技术，以帮助美国在2060年实现零排放目标。美国将研制以液态氨作为燃料和冷却剂的涡轮电动航空推进系统，利用氢气燃烧为飞机提供动力。

在飞行器方面，美国将开展"下一代空中主宰"（NGAD）项目研究，该项目涉及有人驾驶战斗机领域。在无人战机领域，美海军于 2021 年 10 月 29 日发布了《海军航空愿景 2030—2035》（公开版），披露了下一代战斗机 F/A-XX 作战概念设计，以及致力于开发下一代多功能无人机系统的新细节，着重侦察及护航等能力的开发，准备应对复杂的空中作战环境。

2. 机器人与生物学结合实现新突破

在活体微生物机器人方面，美国塔夫茨大学（Tufts University）和佛蒙特大学（The University of Vermont，UVM）的研发团队基于非洲爪蟾细胞打造了第二代活体微生物机器人 Xenobots。与传统机器人不同的是，Xenobots 是一种由青蛙细胞创造出来的新生命体，而不是由金属和其他物质来支撑。这种机器人能够在运动中进行自我复制并孕育后代。与第一代相比，此次创造出的机器人具有更快移速、更强的信息读写功能和自愈能力，严重撕裂的伤口恢复时间在 5 分钟以内，因而该机器人在医疗领域具备应用潜力。

在仿生机器人方面，耶鲁大学研究人员开发出一种机器人，该机器人将制动设置和纤维结合在一起，能够对魔方进行操作、可以拧开瓶盖。拉伸纤维系统可以实现三种不同的抓取模式：拿起相对较小的物体时进行"捏紧抓牢"、在凹陷物内部锁定的"向外勾手"动作以及扭动动作。美国敏捷机器人公司 2020 年推出人形机器人 Digit。公开数据显示，Digit 适用于物流、仓储、工业等多种应用场景，单台售价 25 万美元，2021 年出货量为 40~60 台。

3. 无人驾驶技术进入高速发展期

在水面舰艇方面，美国国防部于 2021 年 12 月公布了大型无人水面艇"游骑兵"号试射"标准-6"导弹成功的视频。此次试射是美国国防部首次公开无人水面艇搭载导弹进行火力测试，被认为代表了美军正在打造新型无人作战"雏形"。

在道路交通方面，根据美国加利福尼亚州机动车辆管理局（DMV）公布的《2021 年自动驾驶路测报告》，有 50 家公司于 2021 年取得了在加利福尼亚州进行自动驾驶车辆（配备安全员）测试的有效许可，7 家公司获得了无人驾驶（车辆无须配备安全员）测试许可，28 家公司的 1180 辆自动驾驶汽车在加利福尼亚州进行路测，总共行驶了超过 410 万英里，比 2020 年增加了将近一倍。

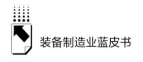

（五）装备产业集聚布局

美国在航空航天装备、高端医疗装备、电子专用装备、精密仪器仪表、新型农业机械等领域处于世界领先水平。其装备制造基地主要分布在三个带状区域。一是以传统机械制造为主地区，著名工业城市有底特律、匹兹堡等，分布在以美国伊利诺伊州、印第安纳州、密歇根州、俄亥俄州、宾夕法尼亚州和纽约州为主线的中央东北地区。二是以得克萨斯州、路易斯安那州、佐治亚州和佛罗里达州为中心的南部工业区，分布有美国新兴的航天、医疗、电子等工业基地。三是以电子专用设备、航空等工业为主的华盛顿州与加利福尼亚州连接的西部太平洋沿岸地带，包括拥有美国乃至全球领先高科技研发基地的世界最大飞机制造商波音公司总装线所在地西雅图。①

1. 航空航天装备产业在全国呈现网络化分布特征

在航空航天装备方面，美国可谓全面领跑。美国卫星工业协会数据显示，在航天卫星领域，2021年美国卫星产业约占全球航天业务的72%。在通用航空领域，美国通用航空飞机2021年的出货量为1670架，在全球范围内的份额为48%。美国的航空航天装备工业，在空间布局上，总体呈现一种网络化态势，即少数地区高度集中，又在全国范围内离散分布。堪萨斯州中南部的威奇塔市（Wichita）是飞机制造的发源地，因而形成了以航空器研发制造产业链为核心的产业集聚区。这里拥有五家飞机制造商（比奇、雷神、赛斯纳、波音、空客）的工厂，不仅如此，美国最重要的空军基地——麦康奈尔空军基地也坐落于此。

2. 高端医疗装备产业集聚西部、中部和东部地区

美国在高端医疗设备领域优势明显。美国在全球高端医疗装备市场上占有一席之地。从2021年全球高端医疗装备公司百强榜来看，美国高端医疗装备企业在20强中占15位，占据绝对主导地位。② 美国高端医疗装备产业

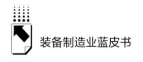

① 邹燕临：《创新生态对美国制造业发展影响研究》，博士学位论文，东北财经大学，2022。
② 医疗器械行业网站：Medical Design & Outsourcing, http://www.medicaldesignandoutsourcing.com。

主要分布在美国西部的加利福尼亚州、中部的明尼苏达州和东部的马萨诸塞州。

3. 集成电路装备产业较为集中地分布于硅谷地区

在集成电路装备（IC 装备）领域，美国实力强劲。应用材料、泛林集团、泰瑞达、科天四家著名设备制造商合计市场份额超过了 40%，在薄膜、刻蚀、前后道检测三大细分领域处于绝对的领先地位。美国集成电路装备产业主要分布在硅谷一带，其中加利福尼亚州和得克萨斯州发展尤其迅猛，涌现出旧金山、休斯敦、达拉斯等一批产业集聚地。

三　德国装备制造业发展概况

（一）制造业增加值增速明显加快，比重略有提升

中国物流与采购联合会发布了全球主要国家及地区制造业 PMI 指数，数据显示，2021 年德国制造业 PMI 指数处于波动状态，1~3 月持续回升，3 月达到 66.6% 的最高值，3~7 月 PMI 指数发展平稳，从 8 月开始德国制造业 PMI 指数持续下降，年底降至 57.4%，较年初略有回升（见图 6）。

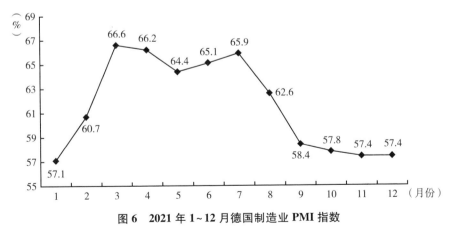

图 6　2021 年 1~12 月德国制造业 PMI 指数

资料来源：中国物流与采购联合会。

制造业增加值增速出现明显提升。2021 年德国制造业增加值增速达
4.68%，较 2020 年增长 14.7 个百分点。近年来，德国制造业增加值增速下
滑明显，自 2017 年起逐年降低，受疫情及全球发展形势影响，2019 年和
2020 年下滑严重，2020 年跌至-10.02%（见图 7）。制造业增加值占 GDP
比重波动同样明显，2013～2018 年稳定在 20% 左右，2019～2020 年回落明
显，2020 年回落至 18.17%，2021 年略有回升（见图 8）。

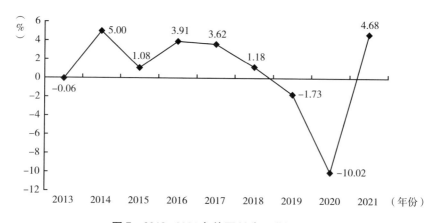

图 7　2013～2021 年德国制造业增加值增速

资料来源：世界银行数据库。

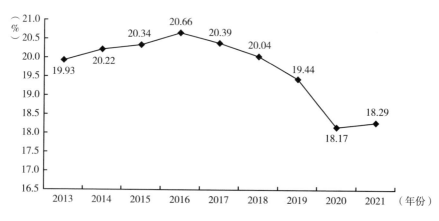

图 8　2013～2021 年德国制造业增加值占 GDP 比重

资料来源：世界银行数据库。

（二）进出口总额同比上升，顺差额度扩大

2021年，德国装备制造业的进出口总额为15117.94亿美元，同比上涨15.5%，比2020年增速提高了24.2个百分点。出口额8850.52亿美元，同比增长14.94%；进口额同比增长16.42%，达6267.42亿美元。2021年，德国装备制造业保持贸易顺差状态，顺差额为2583.10亿美元，较2020年扩大了266.16亿美元（见图9）。

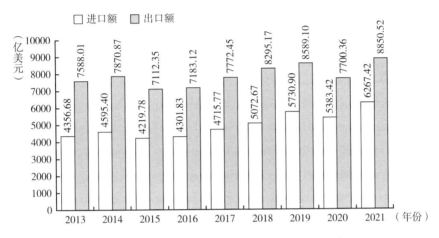

图9　2013~2021年德国装备制造业进出口贸易情况

资料来源：国际贸易数据库。

（三）发布多项政策确保工业竞争力、加强绿色制造、发展数字经济

1. 发布《国家工业战略2030》确保德国工业的竞争力

《国家工业战略2030》计划草案由德国联邦经济和能源部（BMWi）于2019年2月5日公布。该战略旨在有针对性地支持十大重点工业领域，如材料工业、化工行业、设备和机械制造、汽车制造商及汽配供应商、光学和医疗设备工业、医学仪器工业、绿色科技领域、国防装备制造商、航空航天工业及3D打印等新型制造技术领域，确保和提高德国工业竞争力。具体而言，经济界、政府和研究机构应加强合作，力争到

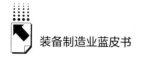

2030 年，德国和欧盟的制造业增加值占全部增加值的比重分别扩大至 25%
和 20%。①

2. 发布《德国联邦气候保护法》，发展绿色经济

德国联邦议院于 2019 年 11 月 15 日通过了《德国联邦气候保护法》，提
出到 2030 年温室气体排放量将比 1990 年下降 55%，到 2050 年实现净零排
放。该法案为德国实现碳减排目标提供了严格的法律框架，明确了各个产业
部门在 2020~2030 年的刚性年度减排目标。② 为贯彻落实《德国联邦气候保
护法》，2020 年 9 月出台了《气候保护计划 2030》，该计划对六大部门进行
了减排目标分解，明确了部门减排措施、目标调整和效果评估的法律机制，
包括建筑和房屋、能源、工业、建筑、运输和农林。2021 年 5 月 12 日，进
一步修订的《德国联邦气候保护法》发布，提出了到 2045 年实现碳中和的
路线图：一是到 2030 年德国温室气体排放量比 1990 年减少 65%，这比
2019 年制定的 55% 的目标要高；二是到 2045 年德国实现碳中和，净零温室
气体排放，这比预定的 2050 年提前 5 年。③

3. 发布《联邦数据战略》，旨在增强数字能力

2021 年初，德国政府发布《联邦数据战略》，旨在加强商业、科学、社
会和行政管理领域中数据的收集和使用，着力打造数据文化，增强德国的数
字能力，使其成为欧洲数据共享和创新应用领域的领导者。该战略确立了构
建高效可持续的数据基础设施、推动数据创新和负责任地使用数据、提升数
字能力和建设数字文化、加强国家数字治理等四大行动领域。

（四）智能、绿色、医疗领域发展迅速

1. 智能工厂建设持续推进

德国西门子公司与美国谷歌云建立了合作关系，应用谷歌云数据、人工

---

① 黄燕芬:《德国工业战略 2030：背景、内容及争议》,《人民论坛·学术前沿》2019 年第 20 期。
② 余耀军:《"双碳"目标下中国气候变化立法的双阶体系构造》,《中国人口·资源与环境》
2022 年第 1 期。
③ 王子健等:《重点国家碳排放历史趋势、碳中和政策特征及合作建议》,《中国石油勘探》
2022 年第 6 期。

智能或机器学习技术，对西门子的基础设施进行改造，将数据与产品相结合，使厂商能够对工厂数据进行协调，运行算法模型，优化工厂生产制造流程，大幅提高生产效率。

宝马丁戈尔芬工厂实现了高精度的智能化、完全自动化生产，整车底盘的焊接、喷漆完全由机器人完成，给各生产线配送零件的物流小车实现了无人驾驶，人工主要用于最后的检测环节。

2. 绿色船舶研发已见成效

2018年，《国家海洋技术总体规划》由德国联邦经济和能源部发布，绿色船舶被首次列入重点布局领域，以推进包括氨燃料船舶、氢燃料船舶、LNG动力船等绿色船舶的研发，侧重点为发动机、动力电池等关键零部件的研发。曼恩公司参与研发的多燃料发动机已在零排放船舶上成功应用，改装后可使用氨燃料。在动力电池领域，2019年，柏林科技大学即研发出采用氢燃料电池、蓄电池等混合动力驱动的氢燃料动力推船。[①]

3. 医疗设备及技术不断完善

德国是继美国和日本之后的世界第三大医疗技术市场，医疗设备市场实力雄厚。

在健康IT方面，德国卫生部及其机构健康创新中心正在实施数字医疗法案和数字健康解决方案，提出通过云计算解决方案、人工智能（AI）、机器人、智能可穿戴设备、大数据分析和医疗物联网（IoMT）等联合构建德国的数字健康系统。

在医疗生物技术方面，德国是欧洲最大的生物技术市场，德国生物技术行业继续专注于新药开发和诊断，如早期疾病检测、传染病和罕见病诊断。

在医疗设备方面，功能不断拓展。德国医疗设备制造商奥托博克（Ottobock）将推出全新改进的Ottobock Shoulder上肢辅助外骨骼，可采集佩

---

① 《技经观察｜清洁航运在必行，绿色船舶大有可为》，"全球技术地图"百家号，2022年8月31日，https://baijiahao.baidu.com/s? id=1742605674592037736&wfr=spider&for=pc。

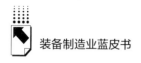

戴者上肢的势能,并将其储存在弹簧和电缆系统中,在佩戴者抬起上肢时释放储存的能量,以节省佩戴者的体力。

(五)装备产业分布均衡

德国在装备制造业领域长期保持国际领先地位,在高端机床、大型矿山及冶金设备、先进轨道交通设备、新型农业机械、高端医疗设备和航空航天设备等方面具有重要地位。其装备制造业企业在全国布局较为均衡,优势企业多集中在原西德地区。北部的石勒苏益格-荷尔斯泰因州造船工业较为发达;电气设备、精密仪器仪表在柏林较为出名,拥有西门子和通用电气两家知名企业;汉堡形成了航空装备产业集群,集聚了海洋船舶装备、微电子设备企业。中西部鲁尔区集聚了通用机械、船舶制造企业。西北的不来梅是全球最大的汽车转运港,同时是航空航天装备、船舶、电子设备三大产业的集聚区。中部汉诺威在农业装备、电工机械、轨道交通装备三个方面占据优势地位。东部的德累斯顿、莱比锡则以光学仪器、精密机械制造见长。南部以慕尼黑为首的工业区,主要分布有航空航天设备、微电子设备等产业。图林根州拥有发达的机床工业、精密仪器、高端医疗装备制造业,耶拿市的精密光学仪器制造业优势突出。图林根市是全球高端医疗装备产业的中心,集聚着顶尖的高端医疗装备生产企业。法兰克福是机械设备领域跨国公司集聚地。

1. 高端机床装备布局集中

德国是全球数控机床制造领先者,掌握着世界上最先进的超高精度机床制造技术。德国大约拥有350多家机床企业,多数为中小企业,其中约10%的大型企业贡献了50%以上的产值,产业集中度较高。主要企业有德国通快、埃马克、斯塔玛、巨浪等。德国机床产业布局相对较为集中,超过一般的机床总产量来自巴登-符腾堡州,该州是传统机械制造强州;其次是贡献了将近20%的产值的北莱茵-威斯特法伦州的鲁尔区;此外,巴伐利亚州、图林根州机床产业也较为发达。

2. 先进轨道交通装备体系完备

德国在先进轨道交通装备领域拥有完整的产业体系,其轨道交通技术在全世界处于领先地位。西门子交通技术集团是全球最主要的铁路工业供货商之一，在整车领域市场占有率全球第四，铁路自动化技术领域全球领先。在制动系统、控制系统等领域，德国的克诺尔、英飞凌等企业全球领先，在轨道板、齿轮箱、减速器、轴承等零部件领域，德国拥有很多技术领先的隐形冠军型企业。其中整车类企业主要位于德国柏林、汉诺威等工业高度发达的城市，其中德国柏林是西门子的总部所在地，每年的国际轨道交通技术展是全球轨道交通领域规模最大的专业盛会。零部件企业布局较为分散，以中小企业为主，在全国均有分布。

3. 大型矿山和冶金装备产业链完整

德国在大型矿山和冶金装备领域全球技术领先，全球三大冶金设备企业中有两家来自德国，即西马克和西门子奥钢联（2015 年被日本三菱重工控股），其中西马克生产的轧钢设备全球市场份额第一，奥钢联的冶炼设备全球领先。除了装备制造业企业，德国还拥有世界领先的冶金设备自动化控制系统企业，如爱刻迈集团等。德国冶金装备主要分布在上游钢铁、冶金等传统产业发达的北莱茵-威斯特法伦州传统工业区鲁尔区，著名冶金装备企业西马克就坐落于此。鲁尔区的中心城市杜赛尔多夫是全球冶金和铸造产业的焦点城市，每年举办国际铸造及冶金行业盛会，吸引全球知名企业参加。

四 日本装备制造业发展概况

（一）制造业经营情况显著回升

2021 年，日本制造业增加值约占 GDP 的两成，依然是支撑日本经济的中心行业之一。

制造业营业利润大幅回升。2020 年日本制造业营业利润为 8.60 兆日元（约合 618.68 亿美元），仅为 2017 年的一半，2021 年日本制造业营业利润为 18.00 兆日元，运输用机械器具制造业、信息通信机械器具制造业等逐步恢复，营业利润超过了 2017 年（见图 10）。

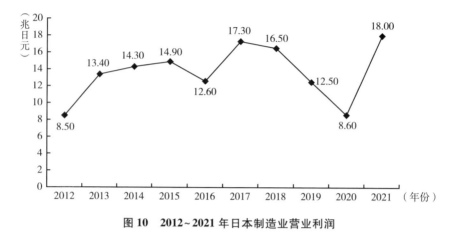

图 10 2012~2021 年日本制造业营业利润

资料来源：日本经济产业省。

制造业企业运营逐步回暖。日本银行全国企业短期经济观测调查对企业整体经营状况的判断显示，受新冠疫情的影响，制造业大企业经营状况在 2020 年第二季度达到了 11 年来的低水平，中小企业经营状况的恶化幅度远大于大型企业。从全年数据来看，2020 年约 70% 的企业销售额、营业利润减少或略有减少。2021 年，制造业企业的经营状况明显改善，47.90% 的企业销售额增加或略有增加，44.2% 的企业营业利润提升（见图 11、图 12）。

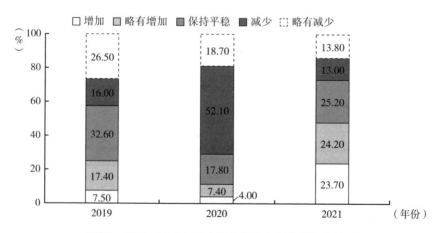

图 11 2019~2021 年日本制造业企业销售额变化情况

资料来源：日本经济产业省。

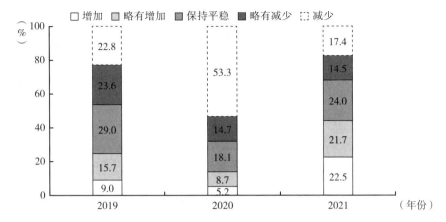

图 12　2019～2021 年日本制造业企业营业利润变化情况

资料来源：日本经济产业省。

（二）出口规模较大，对外投资收益下降

装备制造产品出口规模较大。2021 年，一般机械、运输用机器、电气设备等装备制造业产品的出口额在日本制造业总出口额中占比较大，共计占比 57%（见图 13）。

2021 年第三季度，日本制造业的对外投资收益比 2020 年同期有所下降。装备制造业领域，2021 年前三个季度来自一般机械、运输用机器、电气设备的对外投资总收益较 2020 年同期分别降低 8.58 亿美元、增加 4.21 亿美元、减少 3.04 亿美元，总体上也处于下滑状态（见图 14）。

（三）发布多项政策强化供应链韧性，推进绿色创新，发展数字科技

1. 发布《制造业白皮书》，旨在强化供应链韧性

2021 年 5 月 28 日，2021 年《制造业白皮书》在日本内阁会议上获得通过。鉴于美国、中国、欧洲加强进出口管理，白皮书从保障经济安全的角度出发，要求日本国内制造业强化供应链，必须采取措施来应对全球多地同时

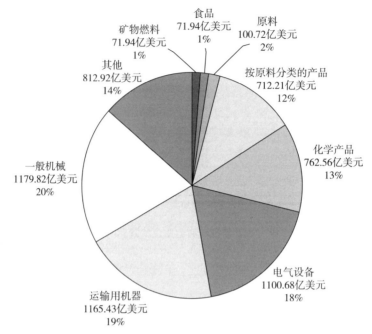

图13　2021年日本制造业各行业出口额占比

资料来源：日本经济产业省。

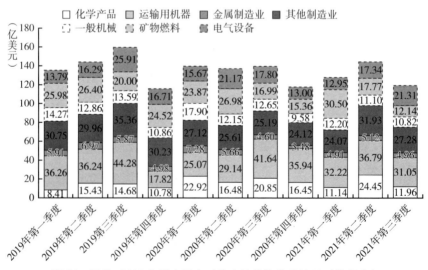

图14　2019~2021各季度日本对外直接投资收益情况（按行业）

资料来源：日本经济产业省。

发生的供应链断裂等风险，同时指出必须推进脱碳化和数字化。白皮书强调，受新冠疫情和中美贸易摩擦等因素影响，在半导体和蓄电池等关键零部件领域打造牢固供应链直接关系日本国际竞争力的提升。[①]

2. 发布《绿色增长战略》，旨在推进绿色创新

2020年10月，日本宣布"2050年实现碳中和"的目标。12月，为落实此目标，日本经济产业省发布《2050年碳中和绿色增长战略》。该战略包含了海上风电、氨燃料、氢能源、核能、汽车与电池、半导体与通信、船舶、运输物流与建筑、食品、农林水产、航空、碳循环、次世代住宅、商业建筑与太阳能、资源循环、生活方式等有望促进碳中和与经济增长的产业领域的发展规划。主要实施的政策工具包括建立激励企业研发和资金投入的2万亿日元绿色创新基金；建立税收优惠制度，促进碳中和投资研发；建立金融体制进行改造；制定碳减排技术和装备国际标准，加强环境和碳市场监管改革；推动国际合作等方面的工作。[②]

3. 发布《AI战略2021》，旨在发展数字科技

2021年6月，日本内阁府提出了《AI战略2021》草案，主要是针对"超智能社会5.0"建设、应对全球的共同问题以及满足解决日本的社会经济难题等国家总体科技战略的需求，在教育改革、研究攻关、社会应用、中小企业数字化转型、数字化政府、伦理道德、数据基础设施等方面提出了一系列新的政策措施，并设定了战略目标0（"应对迫在眉睫的危机"）。此目标基于此前4个战略目标——"人才、产业竞争力、技术体系、国际化"制定，明确提出，为应对国家级危机，将构建数字孪生（Digital Twin）作为可对防灾、减灾、救援和重建等一系列流程提供综合支援的基础。另外，还将通过数据基础设施的国际合作构建数据经济圈，通过加强与伙伴国的合作增强日本的韧性等。

---

① 《日本发布2021年制造业白皮书》，中国工信产业网，2021年6月11日，https://www.cnii.com.cn/rmydb/202106/t20210611_285429.html。
② 《日本2050碳中和绿色增长战略》，"陆拾亿"百家号，2021年7月17日，https://baijiahao.baidu.com/s?id=1705488006372454248&wfr=spider&for=pc。

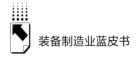

（四）绿色、数字化领域取得进展

1. 燃气轮机全球领先

三菱重工宣布在乌兹别克斯坦建造的 150 万千瓦级燃气轮机联合循环（GTCC）发电厂采用三菱的 M701JAC 燃气轮机。这也是乌兹别克斯坦第一个大型独立发电项目，建成后将成为独联体地区最大、效率最高的燃气轮机电厂。三菱制造的燃气轮机不仅可以通过燃气轮机发电，还可以利用其余热发电，其旗下的 JAC 型燃气轮机是世界上发电效率最高的顶级燃气轮机，联合循环发电效率可以达到 64% 或更高的标准，可有效降低二氧化碳排放量。此外，三菱的重型燃气轮机配备了支持脱碳的氢燃烧技术，这也有助于巩固三菱的全球地位。

2. 氢能业务布局开展

日本川崎重工（Kawasaki Heavy Industries）计划在 2040 年前开发氢动力飞机的发动机、油箱等零部件并投入实际使用。研发费用预计为 180 亿日元，由政府支持的日本新能源产业技术综合开发机构（NEDO）将拿出 90% 的经费进行资助。[①]

日本川崎重工正在开发运载量达 16 万立方米的大型液氢运输船，将使氢的海上运输成本降低 97%。川崎重工的大型液氢运输船拥有 4 个储罐，容积为 4 万立方米，一次能运载 16 万立方米的氢气，是"苏伊索福尼提尔"号（Suiso Frontier）的 128 倍。此外，该船型需要的船员约为 50 人，仅是"苏伊索福尼提尔"号的 2 倍。

3. 量子计算机即将进入市场

2021 年 4 月，富士通与理化学研究所在埼玉县和光市设立合作中心，进行量子计算机的研发，并将于 2023 年投入实际应用。这是日本企业首次研制出一种通用型计算机，可以进行广泛的领域计算。量子计算机有望用于

---

① 《川崎重工将开发氢动力飞机零部件 预计 2040 年前投入使用》，东方财富网，2022 年 6 月 20 日，https://finance.eastmoney.com/a/202206202417569274.html。

金融市场预测、新材料和药物开发，赋能新一代技术开发，对产业竞争力起到决定性作用。①

（五）装备分布以工业区为主

日本在电子专用装备、高端机床、精密仪器仪表、先进轨道交通装备等领域处于全球领先水平。其装备制造主要分布在五大产业区：一是以生产集成电路设备和高档机床为主的位于日本九州岛最北端的北九州产业区；二是以生产船舶和海洋工程装备及关键配套、基础零部件为主的濑户内海产业区；三是以大阪、神户为中心，同时生产电子专用设备的先进轨道交通装备的主要生产基地阪神工业区；四是拥有较发达精密仪器仪表和高档机床的名古屋工业区，三菱重工、住友轻金属工业公司等在此设厂；五是以东京为中心、关东平原为腹地的京滨工业区，包括东京、横滨，以及川崎、千叶、神奈川等几个大中城市，是一个集电子专用设备、高档机床、精密仪器仪表等生产于一体的综合性工业区。

1.电子专用装备生产基地优势显著

日本电子专用装备在全球市场处于领先地位，其中集成电路装备在全球占据 30% 以上的市场份额。日本生产了全球 50% 以上的半导体材料，根据各半导体设备公司的财务报告和相关公开数据，2021 年全球 15 大半导体设备供应商中，日本企业达 7 家，分别是东京电子、爱德万测试、Screen、迪思科、日立、尼康、国际电气（Kokusai Electric）。北九州工业区、阪神工业区和京滨工业区均有电子专用装备产业。其中，北九州集聚了 200 多家装备及零部件制造企业，例如拥有世界尖端技术的东京电子、斯科集成电路、日立高科、佳能、索尼、东芝、三菱等公司，是日本电子专用装备制造、材料和元器件的主要生产基地。例如拥有水源、电力和交通优势的北九州地区，大力发展芯片和电子元器件，并逐渐向上游设备和材料延伸，形成完整

---

① 《日企明年推出通用型量子计算机》，新浪网，2022 年 8 月 24 日，https：//finance.sina.com.cn/chanjing/cyxw/2022-08-24/doc-imizirav9512491.shtml。

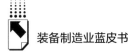

的产业链，20 世纪 80 年代就已经成为全球重要的电子专用装备生产基地。

2. 高端机床装备产业布局均衡

日本机床制造商协会公布的数据显示，日本机床在 2021 年度创下了 15413.44 亿日元（约 111 亿美元）的年度订单记录（速报值），同比增长 70.9%。在超高精度机床领域，日本制造出了全球精度最高的机床主轴和母机——全球唯一精度突破纳米级的慢走丝电火花加工机，在内燃机超大型活塞环的专用精密加工母机领域拥有全球六成份额。主要企业有山崎马扎克、天田、大隈、牧野、片冈机械等。日本机床产业以京滨工业区、名古屋工业区和阪神工业区为主要布局区域。机床的最大的客户来自汽车产业，尤其是汽车工业发展初期，大约贡献机床需求的 40% 左右。日本拥有一大批优秀的机床整机和零部件生产企业，比如 NSK、NTN、BIG、Fanuc 等。

B.13
国际工业互联网行业发展报告

宋嘉 赵妍 黄靖宇 李天洋*

摘　要： 2021 年是工业互联网发展行动计划第二个三年计划的开局之年，标志着我国工业互联网从起步期走向快速发展期，进入了快速发展阶段，预计未来三年核心产业在独立保持高质量发展的同时，对渗透产业的赋能和倍增效应将继续保持高速发展。本报告对 2021 年美国、欧洲、亚洲等全球工业互联网主要国家和地区的发展情况进行梳理，分析研究我国工业互联网的行业发展状况、行业规模、对渗透产业的影响、行业创新特征、信息安全状况；总结中国工业互联网行业的发展前景、面临的挑战与发展建议。

关键词： 工业互联网　智能制造　数字化赋能　工业信息安全

2021 年，我国工业互联网总体完成了从起步期向快速发展期的跨越。工业和信息化部发布的《工业互联网创新发展行动计划（2021—2023年）》，标志着我国工业互联网产业在过去三年完成工业互联网起步发展期主要任务，已经进入快速发展阶段。工业和信息化部及有关部委发布实施十余项产业指导性文件，建立健全产业政策体系，通过实施工业互联网创新发展工程，培育了全产业链和创新体系，打造了行业共性公共服务平台，推动

---

* 宋嘉，硕士，机械工业经济管理研究院两化融合协同创新研究中心主任，主要从事产教融合、协同创新、两化融合、智能制造、区域经济研究；赵妍，高级工程师，中国科学院云计算产业技术创新与育成中心，主要从事信息化战略规划、云计算与大数据研究；黄靖宇，中国科学院大学博士研究生，主要从事智能电气材料、人工智能深度学习算法研究；李天洋，创客总部总经理，智慧中国（福建）科技成果转化中心常务副主任，主要从事高校院所科技成果产业化研究。

建立了科技创新与产业协同发展的新格局。工业互联网赋能应用行业不断加快、成效显著，工业互联网网络基础、数据要素、行业平台行业节点、数据安全保障等环节显著加强，夯实了构建制造强国、服务实体经济发展的数字经济基础，各种创新技术、创新模式、创新场景的不断出现，为产业进入高速发展阶段打下良好基础，为新一代信息技术与实体经济深度融合、新型产业生态培育、价值链重构奠定了基础。

2021 年，我国工业互联网产业总体形势稳定向好，稳居全球第二，产业增加值再创新高，突破 4 万亿元大关。工业互联网产业增加值包括直接产业与渗透行业产业的增加值。2021 年我国工业互联网产业增加值达到了 4.10 万亿元，较 2020 年的 3.57 万亿元有显著提升；产业增加值增速高于 GDP，达到了 14.53%，占 GDP 比重由 2020 年的 3.51% 增长为 3.58%。工业互联网产业成为稳定经济增长、促进实体产业高质量发展的重要力量。①

一 国际工业互联网行业发展概况

（一）总体情况

全球工业互联网行业呈现高速增长态势，抢占竞争高地、竞争行业发展定义权与产业价值链重塑重点集中在美国、欧洲、亚洲等三大区域。国际各主要国家和地区持续发力布局，抢占发展机遇，促进产业转型升级，形成了大国领跑抢占发展主赛道、竞争行业发展定义权的格局，美国、中国、德国、日本等国家位于第一梯队，英国、法国、俄罗斯、巴西等发达国家、新兴国家位于第二梯队。其中，美、中、德、日四国工业互联网产值总和在全球产业产值的占比超过 50%；科研、产业的协同创新效能不断提升，中国、美国、欧洲专利申请量远超其他国家和地区的总和。第二梯队结合自身优势，增速高于第一梯队，努力把握第四次工业革命的战略机遇。

---

① 《中国工业互联网产业经济发展白皮书（2022 年）》。

（二）美国着力巩固全球制造业领导地位

美国基于互联网优势聚焦"再工业化战略"，以国家战略驱动，强化科技引领，促进制造业深刻转型。美国发挥科技创新生态系统优势，推动由重创新轻制造向全产业价值链延伸，重点推动高端制造、先进制造以及制造业全产业链发展，加强产业链协同效应，着力巩固全球制造业领导地位，由此影响了全球制造业的价值链格局。重点推动构建国家级制造业创新网络，推动产业界、科研界及金融等生态形成联动；促进新型创新伙伴关系，推动国家级科研机构与各类企业，优先推动中小企业参与创新和科技成果产业化，极大地激发了中小企业的创新活力，提升了其经营效能；推动建立容错机制，加大财政资金引领力度，促进社会资本长期持续投资，使产业链形成较为良好的预期与持续创新动能。

（三）德国推动装备创新，加快智能化升级

德国工业 4.0 战略重点依托装备优势，推动智能化升级。近年来发布的《高技术战略 2025》《国家工业战略 2030》等国家战略，重点推动汽车、高端装备制造业、新材料等十大关键工业部门的科技投入和持续升级，建立了一系列的税收政策、反垄断政策等促进中小企业发展的优惠政策，旨在提高德国制造业的全球竞争力。加强中小企业共性服务支撑，重点支持解决中小企业在应用工业互联网、AI 等领域的共性问题，由国家支持行业协会、高校及行业研究机构开展共性研究并免费向中小企业提供可操作性强、专业度高的数字转型技术路线。

（四）英法两国加大转型力度

英国发布了《英国数字战略》等国家战略，加快推动实施产业数字化转型，重点围绕基础设施、数字转型、数字化技能、网络空间等七大领域，支持数字技术的研发创新，支持企业数字化应用，采用前沿技术提高生产效率，降低排放。法国发布了《人工智能战略》《利用数字技术推动工业数字

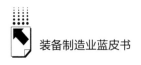

装备制造业蓝皮书

化转型方案》，从国家战略到具体举措及政策配套措施均致力于加速推动制造业"未来工业"转型。

（五）亚洲主要国家深化数字化对制造业价值链的影响

日本数字化转型落后于欧美，以高端制造业为基础，发布了较为完善的政策制度和规范指引，从而推动制造业数字化转型，加强工业互联网的共性技术支撑，加强数字基础建设，推动数字化研发设计与工艺原型的集成创新，提供数字转型评估，打造标杆应用案例，引导企业发展转型。韩国结合制造业比较优势，发布了《基于数字的产业创新发展战略》等"数字+"发展战略，优先发展在全球竞争中具有比较优势的制造业，推动产业生态中的中小企业进行设备升级改造，促进工业数据的流通与应用，挖掘数据价值，进一步提升制造业竞争力与价值链。印度提出的"数字印度战略"，重点支持电子制造产业等高附加值产业的数字化转型，着力提高电子元器件、半导体等电子制造业创新动力和能力，支持企业厂房、机器设备及关键基础设施的升级，旨在摆脱关键器件的进口依赖，提升全球竞争力。

二 中国工业互联网行业发展概况

（一）中国工业互联网完成了起步期向快速发展期的跨越

中国工业互联网行业已经处于蓬勃发展阶段，从发展阶段上看，工业和信息化部发布《工业互联网创新发展行动计划（2021—2023 年）》，标志着我国工业互联网产业在过去三年完成了工业互联网起步发展期主要任务，进入快速发展期。

工业和信息化部及有关部委发布实施了十余项产业指导性文件，建立健全产业政策体系，通过实施工业互联网创新发展工程，培育了全产业链和创新体系，打造了行业共性公共服务平台、推动了科技创新与产业协同发展的新格局。工业互联网赋能应用行业不断加快、成效显著，工业互联网网络基础、数据要素、行业平台、行业节点、数据安全保障等环节显著加强，夯实了构建制造强国、服务实体经济发展的数字经济基础，新技术、新模式、新场景不断涌现，为产业进入高速发展阶段打下良好基础，为新一代信息技术与实体经济深度融合，促进形成新型产业生态、价值链重构奠定了基础。

（二）中国工业互联网产业总体形势稳定向好，稳居全球第二

2021 年，中国工业互联网产业增加值再创新高，突破 4 万亿元大关，产业增加值增速远高于 GDP 增速。工业互联网产业增加值包括直接产业与渗透行业产业的增加值。行业报告显示，我国 2021 年工业互联网产业增加值达到了 4.10 万亿元，较 2020 年的 3.57 万亿元有显著提升；产业增速高于 GDP，达到了 14.53%，占 GDP 比重由 2020 年的 3.51% 增长为 3.58%。2017~2021 年，工业互联网产业增加值增长了 73.73%，复合增长率超过11%（见图 1）。

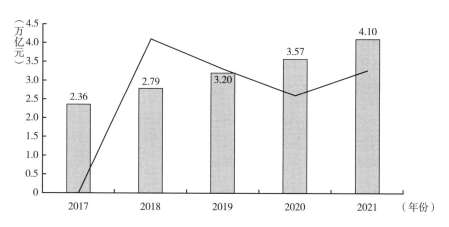

图 1 2017~2021 年中国工业互联网产业增加值

资料来源：《中国工业互联网产业经济发展白皮书（2022 年）》。

（三）工业互联网发挥带动作用，支撑产业经济高质量发展

工业互联网通过独立发展与渗透其他行业的带动效应，已经成为促进一

二三产业高质量发展和稳定经济增长的重要支撑。工业互联网促进了应用产业的转型升级，提升了产业链的稳定与弹性，增加了新场景、新技术、新应用，有效促进了数据在行业间的流动。从产业增加值规模上看，工业互联网对各个应用行业的增加值持续稳步提升带动效能显著，工业互联网渗透产业增加值为 2.93 万亿元，占我国工业互联网产业增加值总额的 71.46%，是工业互联网直接产业产业增加值的 2.5 倍，说明工业互联网的带动效能更强。

（四）工业互联网赋能千行百业，促进制造业大中小企业高质量发展

制造业是工业互联网重要的应用领域，工业互联网在 45 个国民经济大类中均发挥着不同程度的引领和推动作用，有力支撑大中小企业融通发展，呈现了由龙头企业引领，产业链、供应链大中小企业高效协同的高质量发展趋势，形成了"用户使用—研发设计—供应链—生产制造—售后服务"新循环，以用户使用数据驱动产业发展，形成了需求个性化、生产智能化与服务化的产业创新模式，产业价值链正在围绕数据价值进行重塑。第二产业正在由单点应用向全面应用发展，由局部创新向系统全面创新演进，在垂直行业形成制造业龙头与信息企业联合驱动的新的应用范式、经营模式，对企业提质降本增效效果显著。

（五）工业互联网创新活跃，产学研融合创新提速

工业互联网正在从单点、局部创新向系统性、全面创新发展，呈现模式创新与产业实际需求紧密结合的趋势。工业互联网涉及不同主体、不同要素以及不同时空，形成了交叉融合、协同创新的模式，产业界与科研界融合进一步加深。专利总数迅速增加，行业机构统计，工业互联网专利申请量超过 3000 件，其中约 70% 为发明专利，[①] 显示了极快的创新速度和极高的创新质量。创新特点主要体现在，5G、人工智能、TSN、XR（AR、VR、MR）在超短时延、广域链接等优势支撑智能制造的复杂现场环境的需求；云计算与

---

① 中国工业互联网研究院：《全球工业互联网创新发展报告（2022 年）》。

边缘计算的协同极大提升了网络云端的资源对现场复杂应用的赋能，降低了设备端边缘侧的计算负载提升效率；工业互联网信息安全领域，新型网络安全产品与工业互联网结合，如北京云弈科技自主研发，在主机层面构建了纵深防御体系，对全网安全事件进行统一监控和分析，可以提供七层安全体系和多达 80 多种的攻击防护秒级时延。

（六）工业互联网工控安全

万物互联的当前，工业互联网的安全面临与传统互联网安全不同的重大挑战，形成了跨技术体系、多层面、多环节的新的数据安全挑战。政策层面，工业和信息化部印发《关于开展工业互联网企业网络安全分类分级管理试点工作的通知》，启动部署分类分级试点工作。企业工控数据泄露风险严重制约了企业应用工业互联网转型的信心。局端安全受到严重挑战，物理系统隔绝不能规避系统安全风险，工业数据传输交互风险加剧；企业内部数据暴露面增大，设备边缘侧成为新的安全隐患。信息安全理念需要进一步更新，需要尽快普及工业智能化的全系统、超系统的信息安全观。

（七）促进制造业节能降碳，实现绿色发展

制造业是节能减排的重点领域之一，是我国实现"双碳"目标的重要领域。工业互联网等数字技术应用于智慧能源、智慧制造等领域，有效提升了制造业综合效率、能源使用效率，为制造业节能降耗、实现绿色发展提供了有力支撑。据全球电子可持续发展推进协会（GeSI）的研究，数字技术在未来十年内通过赋能其他行业可以减少全球碳排放的 20%。这主要体现在工业互联网的高精度感知、人工智能的优化应用、工业软件提升整体工艺精度等方面，极大地推动了制造业绿色化发展。

（八）我国工业互联网区域发展情况

从全国主要经济圈、经济区带看，工业互联网有力地支撑了产业经济发展、数字化升级，形成全面升级的格局。分区域看，长三角是第一梯队，从

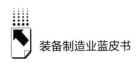

产业增加值看遥遥领先于第二梯队，产业需求与创新水平均处于较高水平；珠三角、长江中下游经济带、京津冀及成渝经济带是第二梯队，产业间、城市间协同效应呈现高质量发展格局；西北地区、东北地区充分发挥政策引导优势，结合本地区产业升级需求，实现了高速增长，并依托国家"东数西算"等战略正在成为产业互联网中数字要素的新节点性区域。

城市群内形成联动发展、错位发展、协同发展新格局。京津冀三地共建工业互联网协同发展示范区，形成三地联动协同发展、错位发展模式；长三角三省一市结合区域发展特色与优势协同打造"长三角工业互联网一体化发展示范区"，签订了《共同推进长三角工业互联网一体化发展示范区建设战略合作协议》，重点推进创新要素资源集聚与共享，发挥制造业与科技创新、金融服务、人才等四个生态链的融合与协同作用。广东珠江沿海沿江城市群立足于粤港澳大湾区充分发挥国际交往与制造业密集的优势，以"城市群+产业集群"模式推动数字化升级，积极引入国家级大院大所等科研院所共创新型创新主体。

三 我国工业互联网行业发展面临的主要挑战

发展环境由政策驱动型向企业需求驱动型转变，正在释放更大活力和对经济的驱动力。同时因企业智能化升级具有较强的系统性、复杂性，且改造投资在促进核心竞争力、收入增长、降本增效、节能减排方面有一定的滞后性等，我国工业互联网行业发展面临共性挑战。

从宏观层面看，标准体系有待完善，数字化对经济发展的放大、叠加、倍增作用有待进一步释放。发展基础有待进一步夯实。智能装备核心关键技术、关键零部件、关键工艺的模型化以及数字化人才等关键支撑需要加强。发展质量有待进一步提高。发展不充分不平衡的问题有待进一步解决，行业中还存在四代工业化并存的局面，东西中部地区产业发展程度、发展理念存在差异。

从中观层面与地方区域发展层面看，一是对数字化赋能千行百业的重要性认识不充分，对用户行业、企业数字化转型的规律性认识不足，对行业、企业的个性化认识不足。二是过于注重龙头企业的数字化标杆建设，对解决普遍性、共性、支撑性问题的投入不充分，例如对区域内重点行业的数字化现状、发展面临的挑战等的调研工作，以及对企业管理者、数字转型人才的培养等还需要加强。三是外部资源不足，资源对接效率低，对国家级行业智库资源的整合效率低，常态化合作不够。

从微观企业层面看，企业实施层面基础性、共性核心问题较多。一是缺乏顶层设计和组织，企业还未从战略层面绘制智能制造发展思路或顶层设计。二是关注技术单点优化，轻视制造系统的整体提升，将智能制造等同于软件的高级化和对局部设备的自动化投资。三是数据孤岛现象严重，数据是智能制造的基石，多数企业核心生产数据未实现自动化采集，处于人工、自动混合采集占55%的阶段，关键部门数据没有在企业内各主要部门实现互联互通。

从信息安全层面看，传统网络安全威胁持续向工业领域渗透和蔓延。从近三年来全球工业互联网安全威胁态势来看，工业信息安全事件频发，工业信息安全形势日趋严峻。用户企业对信息安全的认识停留在传统互联网理念阶段，对物理隔绝的信任和依赖过于严重，亟须构建新的工控安全、信息安全和数据安全理念。以北京云弈科技"云戟自适应安全平台"为代表的新一代信息安全理念及技术，引领从主机层面构建纵深防御体系，基于攻击检测、漏洞发现、主动防御、回溯事件的多层立体防护和安全闭环，实现全网安全事件统一监控与分析。

四　我国工业互联网发展对策

（一）工业互联网自主化程度更高，坚持创新驱动发展

工业互联网关键核心技术及整体系统将不断增强自主性。《"十四五"智能制造发展规划》提出要加强关键核心技术攻关，提升关键软硬件技术

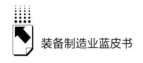

创新和供给能力。重点在工业芯片、人工智能、工业控制、云计算、边缘计算、高端传感器、高端分布式控制系统等工业互联网关键基础核心技术，持续提升自主创新和关键技术的自主供给能力，推动产业需求引领创新，加强产业上下游协同创新。推动完善数据确权法律法规、建立数据交易交换机制，促进数据要素流通，全面释放数据资源价值。

（二）降低使用工业互联网的门槛，提升中小企业普及率

通过建设国家级行业工业互联网平台，围绕国家支撑性产业及战略性新兴产业研究共性问题及实践指导，提升共性关键技术的供给能力与复用能力，有效降低中小企业工业互联网应用的成本。地方政府聚焦本地重点行业，积极对接国家级创新主体，共建地方区域性工业互联网创新与服务平台，开展三年跟踪，开展工业互联网应用情况调研，针对年度应用情况不断优化扶持政策，重点不断提高工业互联网在企业中的普及率，推动当地产业集群智能化、绿色化转型。

（三）坚持工业互联网发展与安全并重

随着工业互联网的应用加深，其渗透范围更广，数据安全重要性更加显著，信息安全形态也面临深刻变革。国家层面将进一步加强信息安全的顶层规划，标识关键领域、关键环节以及对应的标准，进一步明确责任主体和边界。企业实践层面应该注重信息安全理念的更新，与信息安全创新企业进行更深入的协同，营造更具可靠性的工业互联网使用环境。

（四）工业互联网更加垂直，使用轻量化

工业互联网将在垂直行业领域形成，由生产全生命周期向"价值全周期"发展，不同行业的场景化应用形成更加专业化，交付的产品或服务更加轻量和便捷，有效降低用户进入或改造升级成本。包括关键场景、低代码开发、全程可视化应用，敏捷部署等模式，将极大地提升企业部署效率，提高使用效果，降低使用成本。同时对行业级数字化人才也提出了更高的要求和更多的需求。

Abstract

Equipment manufacturing industry is a general term for industries that manufacture various technical equipment to meet the needs of national economic development and national security. During the "14th Five-Year Plan" period, Chinese equipment manufacturing industry has significantly enhanced its supporting and leading role in the development of the national economy, significantly improved the competitiveness of enterprises, and continuously improved its international influence. However, at the same time, there are problems such as unreasonable supply structure, weak industrial foundation and innovation ability, and poor circulation on both sides of supply and demand, it is necessary to vigorously promote the high-end, intelligent, green and international development of equipment manufacturing industry to provide a solid guarantee for China's economic and social development and national strategic security.

Report on the Development of Equipment Manufacturing Industry in China (2022) consists of general reports, industry reports, enterprise reports and special reports. The general reports introduce the industrial scale, economic operation, industrial structure, technological innovation and foreign economic overview of China's equipment manufacturing industry in 2021, put forward the main problems faced in the current industrial development, analyze the external environment and investment and financing status faced by development, and look forward to the future development prospects while putting forward development suggestions from multiple aspects. In the industry reports, from the aspects of industrial scale, economic operation, industrial structure, technical level and other aspects, the development situation in 2021 of six sub-industry fields of electrical, construction machinery, agricultural machinery and machine tools, petrochemical equipment,

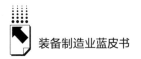
and instrumentation is systematically studied. The results show that the industries are in the stage of gradual recovery, the growth rate of development is steadily increased, and some core technologies have made major breakthroughs. However, there are still some problems such as weak ability of independent innovation and unreasonable industrial structure, and corresponding development suggestions are put forward. The enterprise reports introduced the value creation of listed companies in China's manufacturing industry in 2021, which shows that the listed manufacturing companies have excellent performance in asset value, industrial value, innovation value and other aspects. The typical cases of technological innovation enterprises in the equipment manufacturing industry are summarized. The special reports conduct a systematic special study on the development of the international equipment manufacturing industry in 2021, and analyze the development trend and industrial layout of the equipment manufacturing industry in the United States, Germany, and Japan. In addition, the reports systematically study the general development situation of international and Chinese industrial Internet industry, identify the main challenges faced by Chinese industrial Internet industry, and put forward development countermeasures.

Keywords: Equipment Manufacturing; Industrial Development; Industrial Structure

Contents

I General Reports

Abstract: This report mainly summarizes the development of China's equipment manufacturing industry in 2021 from the aspects of industrial scale, economic operation, industrial structure, and technological innovation. In the first year of the "14th Five-Year Plan", the growth rate of added value of China's equipment manufacturing industry rebounded significantly, the scale of assets maintained a stable growth trend, the growth rate of fixed asset investment rebounded significantly, and the product structure continued to upgrade. The overall operation of China's equipment manufacturing industry is stable and improving, operating income and operating costs show a growth trend, total profit increases steadily, operating capacity rises steadily, profitability has also improved slightly, and solvency is basically flat. From the perspective of subdivided industries, the scale of assets in major industries has differentiated characteristics. In terms of technological innovation, China's equipment manufacturing industry research and development expenditure has maintained steady growth, and the ability and level of scientific and technological innovation have been continuously enhanced. In terms of foreign economy, the growth rate of foreign trade in China's equipment manufacturing industry has increased, the scale of foreign direct

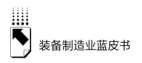
investment has grown steadily, and foreign investment has been strengthened. The report of the 20th National Congress of the Communist Party of China proposed to promote the high-end, intelligent and green development of the manufacturing industry. Compared with this requirement, China's equipment manufacturing industry is still facing many problems, mainly in terms of economic operation, in 2021, the overall recovery momentum of China's manufacturing industry will slow down, the loss of the equipment manufacturing industry will be weakly improved, the accounts receivable will rise, and the pressure of raw material price increases will continue to be released. In terms of "making up for shortcomings", at present, China's equipment manufacturing industry has problems such as relatively weak core technology self-control and imperfect collaborative innovation mechanism. In terms of "forging long plate", there are problems such as hindered promotion and application of advanced equipment and incomplete standard system. In terms of industrial structure, there are problems such as the level of high-end development that needs to be improved, the collaborative pattern of the industrial chain has yet to be built, and the effect of cluster construction needs to be enhanced. In terms of development model, there are problems such as insufficient momentum for digital and intelligent transformation, lagging green and low-carbon transformation, and insufficient depth of industrial integration.

Keywords: Equipment Manufacturing Industry; Industrial Structure; Technology Innovation; China

B.2 China's Equipment Manufacturing Industry Development

Prospect   *Zhongguang Shi*, *Ting Zhang* / 041

Abstract: In 2021, the global economy accelerated the pace of recovery, and the economic development of major economies gradually returned to normal. Internationally, with the recovery of international trade growth and the strong rebound of foreign direct investment, the industrial chain and supply chain have formed an interdependent and inseparable pattern, but the new technological revolution will widen the digital divide, and the related risks cannot be ignored. Domestically, under the epidemic, China has performed well in terms of economic aggregate, industrial structure transformation, scientific and technological achieve-ments and foreign trade volume. Generally speaking, the overall development of China's manufacturing industry is stable, but the contradiction of large but not strong, comprehensive but not excellent is increasingly prominent, and the development of manufacturing industry has entered the stage of climbing the slope and crossing the threshold. At present, China's equipment manufacturing industry investment market venture capital is more active, the scale of enterprise mergers and acquisitions and public offerings are constantly increasing, some emerging technologies, high-end equipment and other fields have become investment hotspots, such as "5G + industrial Internet", industrial robots, commercial aerospace, high-performance medical equipment, lithium battery equipment, etc.

Keywords: Equipment Manufacturing; "5G+Industrial Internet"; Industrial Robots; Medical Equipment; Lithium Equipment; Commercail Aerospace

B.3 China's Equipment Manufacturing Industry Development
Policy Suggestion   *Hexin Li, Ting Zhang and Qian Wang* / 063

Abstract: This report puts forward policy suggestions to promote the high-quality development of China's equipment manufacturing industry from nine aspects: promoting high-end upgrading, accelerating intelligent upgrading, supporting green transformation, guiding service-oriented extension, optimizing application ecology, promoting enterprise gradient cultivation, promoting agglo-meration development, strengthening the construction of talent system, and improving the level of openness and cooperation. In terms of high-end improve-ment, this report proposes to improve the innovation ability of the equipment manufacturing industry, build a high-level innovation carrier, implement the quality brand improvement strategy, and accelerate the construction of the standard system; In terms of intelligent upgrading, it is recommended to promote the

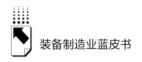
digitalization of manufacturing processes, promote the digitalization of equipment products, and accelerate the application of industrial Internet platforms; In terms of green transformation, it is recommended to accelerate green transformation by building a green manufacturing system and promoting green technology innovation; In terms of service-oriented extension, it is suggested to improve the level of enterprise total integration and general contracting, and at the same time cultivate and develop new formats and models of service-oriented manufacturing; In terms of optimizing the application ecology, it is recommended to focus on promoting the diversification of the promotion and application of innovative products and the implementation of their support policies; In terms of promoting the cultivation of enterprise gradients, it is recommended to make efforts from two aspects: building leading backbone enterprises in the industrial chain and cultivating "specialized, specialized and new" small and medium-sized enterprises; In terms of promoting the development of agglomeration, it is recommended to forge the synergy of the industrial chain and build an industrial cluster of equipment manufacturing industry; In terms of strengthening the construction of talent system, it is recommended to improve the talent introduction and training mechanism and talent management evaluation system; In terms of improving the level of openness and cooperation, it puts forward policy suggestions to promote international industrial cooperation and promote the integration of enterprises into the new development pattern.

Keywords: Equipment Manufacturing Industry; High-quality Development; Innovation Ability; Green Trans-formation; Service-oriented Extension

II Industry Reports

B.4 Development Report on the Electrical and Electrical

Industry   *Peng Li, Xirong Nie* / 073

Abstract: This report combs the development situation and trend of domestic and international electrical equipment industry. Through annual and monthly analysis, the changes in the scale, operation and industrial structure of electrical equipment industry in 2021 have been studied. The technical level and major technical breakthroughs of the main products in China's electrical international industry have also been analyzed. The main problems existing in the development of electrical equipment industry and the future development trend are discussed. The research results show that in 2021, after experienced the impact of the global economic slowdown and the pandemic, the electrical equipment industry will gradually recover and the growth rate will steadily increase. At present, the traditional power system is transiting towards a new type of power system. Advanced information and communication technologies such as artificial intelligence, big data, internet of things and other advanced information and communication technologies are integrated with power technology interactively. Through data empowerment, a technical platform for intelligent and digital transformation is built to continuously improve the data utilization rate and realize the transformation from traditional manufacturing to intelligent manufacturing. Strengthening the construction of smart grid and the intelligent upgrading and transformation of distribution network which were promoted by national grid, have also greatly promoted the intelligent upgrading and transformation of power equipment. With the construction of smart grid, the upgrading of power facilities and the construction of new power systems dominated by new energy, the market demand for high security, reliability and intelligent, information and modular power equipment will be greatly increased. Although the domestic electrical equipment industry has reached the international advanced level in partially technologies such as power transmission and transformation systems, the core components of some electric equipment still rely on the global supply chain, it needs to improve the research of core technologies, and also needs to improve industrial competitiveness through independent innovation and other measures, and build a strong industrial chain.

Keywords: Electrical Equipment Industry; Intelligent Manufacturing; New Energy; Wind Power; Photovoltaic

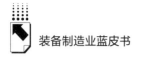

B.5   Development Report on the Construction Machinery

Industry   *Tieyin Wang*, *Jingru Zhang and Aimin Song* / 099

Abstract: In 2021, although China's construction machinery industry experienced the impact of the global economic slowdown and the COVID－19, the industry is gradually recovering. From the perspective of policy orientation, with the deployment of important construction projects determined in the "14th Five-Year Plan" and the steady progress of local bond issuance, the growth of infrastructure investment will drive the market demand of domestic construction machinery; From the perspective of technical level, the manufacturing technology of China's construction machinery industry has become more mature, and many major technologies have achieved breakthroughs. Electrification, intelligence, energy conservation and environmental protection have become the driving force for the long-term development of the construction machinery industry. In general, the strength of China's construction machinery industry continues to improve, but there are still problems such as the imbalance between research and development capacity and demand, and the irrational industrial structure. The next step still needs government guidance, industry coordination, and enterprise efforts to accelerate the development of advanced industrial clusters, promote the green digital transformation of industry, strengthen scientific and technological innovation, and improve the talent training mechanism, so as to improve the international competitiveness of the industry.

Keywords: Construction Machinery; Digitization; Infrastructure Constru-ction; Scientific and Technological Innovation

B.6   Development Report on the Agricultural Machinery Industry

Hui Wang, *Lijun Feng and Lina Niu* / 131

Abstract: This report compares the development status and trends of the international agricultural machinery industry in 2021, studies and analyzes the technical level, development scale, industrial structure and operation of China's agricultural machinery industry, and summarizes the main problems and development prospects of the agricultural machinery industry. The analysis shows that: China's agricultural machinery manufacturing capacity and level of continuous improvement, production efficiency and product quality to obtain a qualitative leap, agricultural machinery manufacturing has basically covered all categories, basically to meet the domestic market demand, and gradually participate in international competition. However, the current unbalanced and inadequate development of agricultural mechanization is still relatively prominent, there are agricultural machinery science and technology innovation capacity is not strong, high-end agricultural machinery and key components of the effective supply of insufficient, agricultural machinery R& D talent shortage and other shortcomings. The full implementation of the rural revitalization strategy, to speed up the promotion of agricultural mechanization upgrade has put forward new and higher requirements for China's agricultural machinery industry to bring more challenges and opportunities.

Keywords: Agricultural Machinery; Rural Revitalization; Industrial Upgrading

B . 7 Development Report on the Machine Tool Industry

Wenna Guo, Tiantian Yang / 159

Abstract: This report starts with an analysis of the state and trends of the market and technological development of the international machine tool industry, based on which the report focuses on the economic operation and industrial structure of the machine tool industry in China in 2021, as well as the level of technologies and issues existing within the industry. The analysis shows that the overall development of China's machine tool industry in 2021 remains good, with the growth rate of operational indicators picking up and key components achieving breakthroughs, but with a weak industry foundation, the product numerical

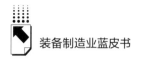

control rate is still low, the contradiction between supply and demand in the industry is prominent, and components lag behind the development of the host. It is recommended that China's machine tool industry should enhance the top-level design of the industry, focus on accelerating structural adjustment, concentrate on the development of high-grade CNC machine tools, and attach importance to the integration of the industrial chain development.

Keywords: Machine Tool; Computer Numerical Control Machine Tools; Numerical Control System; 5-axis Simultaneous Machining Centre

B.8 Development Report on the Petrochemical Equipment Industry

Tong Tong, Yige Zhi, Wei Guo and Leiqiao Li / 180

Abstract: This report combs the status and trend of the international petrochemical equipment industry from 2020 to 2021, as well as the China's petrochemical equipment industry, studies and analyzes the industrial scale, industrial structure, technical level and existing problems of China's petrochemical equipment industry, looks forward to the prospects of China's petrochemical equipment industry, and puts forward targeted suggestions for industry development. The analysis shown that in 2021, the asset scale and revenue of China's petrochemical equipment industry grew steadily, the profit margin remain stable, and the overall operation capacity of the industry improved. The localization of major products has been improved, and major technological breakthroughs have been made in oil drilling and production equipment. China's petrochemical general equipment industry should seize the major development opportunities of the country, build a green manufacturing system, promote the integration of information and intelligent development, and further enhance the competitiveness of petrochemical general equipment enterprises.

Keywords: Petrochemical Equipment; Smart Petrochemical Park; Green Chemical

Abstract: Based on the analysis of current situation and development trend of international instrumentation industry in 2021, this report analyzes the industrial scale, operation status and technological level of China's instrumentation industry and its major subsectors, in addition to policy recommendations based on the current situation. The study shows that the development of China's instrumentation industry in 2021 has slowed down compared with 2020, with a slight increase in various economic indicators and an increase in overall profitability. Several sub-industries have achieved technological breakthroughs, and some core instrumentation technologies have reached world-leading levels. In the future, China's instrumentation industry should focus on talent training, improve the industrial standard system, promote the synergistic development of all links in the industry's supply chain, and proactively enhance the international competitiveness of the whole instrumentation industry.

Keywords: Instrumentation; Intellectualizatio; Opticalization; Electronicization

Ⅲ   Enterprise Reports

Abstract: In 2021, a number of indicators of listed companies in China's manufacturing industry grew rapidly. From the perspective of capital value, compared with 2020, the average PE, average return on assets and return on net assets of listed manufacturing companies in 2021 are higher than the average level of A-shares. In terms of industrial value creation, the focus of China's manufacturing

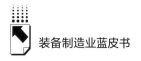

industry development has accelerated from the traditional end to the science and technology side, and the equipment manufacturing industry has become a new growth engine for the manufacturing industry. In terms of innovation value creation, the R&D expenditure of listed manufacturing enterprises has continued to maintain rapid growth, the scientific and technological strength has been significantly enhanced, and major scientific and technological achievements have continued to emerge. In terms of social value creation, between 2019 and 2021, listed manufacturing companies increased significantly in three indicators: total dividends, employment and tax contribution. In terms of export value creation, during the impact of the global epidemic, China's resumption of work and production was much faster than that of other major economies in the world, resulting in a significant increase in the export value of some products. Listed manufacturing companies have contributed their due value to maintaining social stability.

Keywords: Manufacturing Industry; Listed Companies; Value Creation

B.11 Case Analysis of Equipment Manufacturing Industry Technology Innovation Enterprises

Xin Cai, Hanyang Lyu and Yongsheng Liang / 283

Abstract: This report analyzes the basic situation, technological innovation and technological innovation experience of the two equipment manufacturing enterprises of Dongfang Electric Co., Ltd. and Commercial Aircraft Corporation of China, SINOMACH Intelligence Technology Research Institute Co., Ltd. The results show that these three enterprises adhere to policy orientation and market orientation in the process of technological innovation, and have formulated new management systems in terms of building scientific research mechanisms, exploring cooperation models, promoting intelligent manufacturing, and evaluating innovative talents, which has important reference significance for equipment manufacturing enterprises' technological innovation and management method improvement.

Keywords: Equipment Manufacturing Industry; Technological Innovation; Innovation Experience

Ⅳ Special Reports

B.12 Development Report on International Equipment

Manufacturing Industry

Qian Wang, Jingru Zhang and Yue Qi / 293

Abstract: In 2021, the recovery momentum of the global manufacturing industry slowed down, and the equipment manufacturing industry showed a development trend of intelligent upgrading, green transformation and service-oriented extension. From the perspective of global distribution, in 2021, the United States, Germany and Japan were the leading powers in the field of equipment manufacturing, the industrial added value of the equipment manufacturing industry of the United States and Germany has been significantly improved, and the operating profit and business conditions of Japan's manufacturing industry have recovered; From the perspective of international trade, the trade deficit of the US equipment manufacturing industry has further expanded, the import and export volume of the German equipment manufacturing industry has increased significantly, the trade surplus has expanded, and the export volume of Japan's equipment manufacturing industry accounts for a relatively large proportion of the manufacturing export. In terms of relevant policies and measures, countries mainly focus on improving the competitiveness of their manufacturing industry, improving the resilience of the industrial chain and supply chain, promoting clean industrial development, and laying out digital technology and other fields, and actively seize the strategic high ground. In terms of scientific and technological innovation, countries have made breakthroughs in many fields such as robots, unmanned driving, medical equipment, and smart factories. In

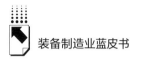

terms of industrial distribution, the industries of the United States are distributed in the three major belt regions, Germany's industrial distribution is balanced, the dominant enterprises are mostly concentrated in the former West Germany, and Japan's industries are mainly distributed in the five major industrial zones.

Keywords: International Equipment Manufacturing Industry; US; Germany; Japan

B.13 Development Report on the International Industrial Internet Industry

Jia Song, Yan Zhao, Jingyu Huang and Tianyang Li / 317

Abstract: 2021 is the first year of the second three-year plan of the Industrial Internet Development Action Plan, marking that China's industrial Internet has completed the initial period to rapid development and entered the rapid development stage, and it is expected that the core industry will continue to maintain rapid growth in the next three years while maintaining high-quality development independently. This report sorts out the development of major global industrial Internet countries including the United States, Europe, and Asia in 2021, and analyzes and studies the industry development status, industry scale, impact on the penetration industry, industry innovation characteristics, and information security status of China's industrial Internet; The development prospects, challenges and development suggestions of China's industrial Internet industry are summarized.

Keywords: Industrial Internet; Intelligent Manufacturing; Industrialization Empowerment; Industrial Information Security

社会科学文献出版社

皮 书

智库成果出版与传播平台

❖ 皮书定义 ❖

皮书是对中国与世界发展状况和热点问题进行年度监测，以专业的角度、专家的视野和实证研究方法，针对某一领域或区域现状与发展态势展开分析和预测，具备前沿性、原创性、实证性、连续性、时效性等特点的公开出版物，由一系列权威研究报告组成。

❖ 皮书作者 ❖

皮书系列报告作者以国内外一流研究机构、知名高校等重点智库的研究人员为主，多为相关领域一流专家学者，他们的观点代表了当下学界对中国与世界的现实和未来最高水平的解读与分析。截至2022年底，皮书研创机构逾千家，报告作者累计超过10万人。

❖ 皮书荣誉 ❖

皮书作为中国社会科学院基础理论研究与应用对策研究融合发展的代表性成果，不仅是哲学社会科学工作者服务中国特色社会主义现代化建设的重要成果，更是助力中国特色新型智库建设、构建中国特色哲学社会科学"三大体系"的重要平台。皮书系列先后被列入"十二五""十三五""十四五"时期国家重点出版物出版专项规划项目；2013~2023年，重点皮书列入中国社会科学院国家哲学社会科学创新工程项目。

皮书网

（网址：www.pishu.cn）

发布皮书研创资讯，传播皮书精彩内容
引领皮书出版潮流，打造皮书服务平台

栏目设置

◆ **关于皮书**
何谓皮书、皮书分类、皮书大事记、
皮书荣誉、皮书出版第一人、皮书编辑部

◆ **最新资讯**
通知公告、新闻动态、媒体聚焦、
网站专题、视频直播、下载专区

◆ **皮书研创**
皮书规范、皮书选题、皮书出版、
皮书研究、研创团队

◆ **皮书评奖评价**
指标体系、皮书评价、皮书评奖

◆ **皮书研究院理事会**
理事会章程、理事单位、个人理事、高级
研究员、理事会秘书处、入会指南

所获荣誉

◆ 2008 年、2011 年、2014 年，皮书网均
在全国新闻出版业网站荣誉评选中获得
"最具商业价值网站"称号；
◆ 2012 年，获得"出版业网站百强"称号。

网库合一

2014 年，皮书网与皮书数据库端口合
一，实现资源共享，搭建智库成果融合创
新平台。

皮书网

"皮书说"
微信公众号

皮书微博

权威报告·连续出版·独家资源

皮书数据库
ANNUAL REPORT(YEARBOOK)
DATABASE

分析解读当下中国发展变迁的高端智库平台

所获荣誉

- 2020年，入选全国新闻出版深度融合发展创新案例
- 2019年，入选国家新闻出版署数字出版精品遴选推荐计划
- 2016年，入选"十三五"国家重点电子出版物出版规划骨干工程
- 2013年，荣获"中国出版政府奖·网络出版物奖"提名奖
- 连续多年荣获中国数字出版博览会"数字出版·优秀品牌"奖

皮书数据库

"社科数托邦"
微信公众号

成为用户

　　登录网址www.pishu.com.cn访问皮书数据库网站或下载皮书数据库APP，通过手机号码验证或邮箱验证即可成为皮书数据库用户。

用户福利

- 已注册用户购书后可免费获赠100元皮书数据库充值卡。刮开充值卡涂层获取充值密码，登录并进入"会员中心"—"在线充值"—"充值卡充值"，充值成功即可购买和查看数据库内容。
- 用户福利最终解释权归社会科学文献出版社所有。

数据库服务热线：400-008-6695
数据库服务QQ：2475522410
数据库服务邮箱：database@ssap.cn
图书销售热线：010-59367070/7028
图书服务QQ：1265056568
图书服务邮箱：duzhe@ssap.cn

社会科学文献出版社 皮书系列
SOCIAL SCIENCES ACADEMIC PRESS (CHINA)
卡号：929638618345
密码：

S 基本子库
SUB DATABASE

中国社会发展数据库（下设 12 个专题子库）

紧扣人口、政治、外交、法律、教育、医疗卫生、资源环境等 12 个社会发展领域的前沿和热点，全面整合专业著作、智库报告、学术资讯、调研数据等类型资源，帮助用户追踪中国社会发展动态、研究社会发展战略与政策、了解社会热点问题、分析社会发展趋势。

中国经济发展数据库（下设 12 专题子库）

内容涵盖宏观经济、产业经济、工业经济、农业经济、财政金融、房地产经济、城市经济、商业贸易等 12 个重点经济领域，为把握经济运行态势、洞察经济发展规律、研判经济发展趋势、进行经济调控决策提供参考和依据。

中国行业发展数据库（下设 17 个专题子库）

以中国国民经济行业分类为依据，覆盖金融业、旅游业、交通运输业、能源矿产业、制造业等 100 多个行业，跟踪分析国民经济相关行业市场运行状况和政策导向，汇集行业发展前沿资讯，为投资、从业及各种经济决策提供理论支撑和实践指导。

中国区域发展数据库（下设 4 个专题子库）

对中国特定区域内的经济、社会、文化等领域现状与发展情况进行深度分析和预测，涉及省级行政区、城市群、城市、农村等不同维度，研究层级至县及县以下行政区，为学者研究地方经济社会宏观态势、经验模式、发展案例提供支撑，为地方政府决策提供参考。

中国文化传媒数据库（下设 18 个专题子库）

内容覆盖文化产业、新闻传播、电影娱乐、文学艺术、群众文化、图书情报等 18 个重点研究领域，聚焦文化传媒领域发展前沿、热点话题、行业实践，服务用户的教学科研、文化投资、企业规划等需要。

世界经济与国际关系数据库（下设 6 个专题子库）

整合世界经济、国际政治、世界文化与科技、全球性问题、国际组织与国际法、区域研究 6 大领域研究成果，对世界经济形势、国际形势进行连续性深度分析，对年度热点问题进行专题解读，为研判全球发展趋势提供事实和数据支持。

法律声明

　　“皮书系列”（含蓝皮书、绿皮书、黄皮书）之品牌由社会科学文献出版社最早使用并持续至今，现已被中国图书行业所熟知。“皮书系列”的相关商标已在国家商标管理部门商标局注册，包括但不限于LOGO（▨）、皮书、Pishu、经济蓝皮书、社会蓝皮书等。“皮书系列”图书的注册商标专用权及封面设计、版式设计的著作权均为社会科学文献出版社所有。未经社会科学文献出版社书面授权许可，任何使用与“皮书系列”图书注册商标、封面设计、版式设计相同或者近似的文字、图形或其组合的行为均系侵权行为。

　　经作者授权，本书的专有出版权及信息网络传播权等为社会科学文献出版社享有。未经社会科学文献出版社书面授权许可，任何就本书内容的复制、发行或以数字形式进行网络传播的行为均系侵权行为。

　　社会科学文献出版社将通过法律途径追究上述侵权行为的法律责任，维护自身合法权益。

　　欢迎社会各界人士对侵犯社会科学文献出版社上述权利的侵权行为进行举报。电话：010-59367121，电子邮箱：fawubu@ssap.cn。

社会科学文献出版社